“十四五”职业教育河南省规划教材

融媒体版
入眼·入脑·入手
易教·乐学

幼儿语言教育与活动指导

You'er Yuyan Jiaoyu Yu Huodong Zhidao

编审委员会
主　任：杨俊良　李　森
副主任：张元奎　王身佩
委　员（按照姓氏笔画排序）：
王仲英　王彩凤　乔　锦　刘颂华　李　萍　李晓慧
张瑞平　赵丽英　柳阳辉　段青珍　徐红娟　梅纳新
韩培庆　靳　祺

本书主编：段秋月
本书副主编：杜晓萍　王瑜珂　余文霞
本书参编（按照姓氏笔画排序）：仝　玲　王　莉　朱虹晖

北京师范大学出版集团
BEIJING NORMAL UNIVERSITY PUBLISHING GROUP
北京师范大学出版社

图书在版编目(CIP)数据

幼儿语言教育与活动指导 / 段秋月主编．—北京：北京师范大学出版社，2023.10

河南省职业院校学前教育专业教材

ISBN 978-7-303-29313-1

Ⅰ.①幼… Ⅱ.①段… Ⅲ.①语言教学－学前教育－高等职业教育－教材 Ⅳ.①G613.2

中国国家版本馆 CIP 数据核字(2023)第 129498 号

图书意见反馈 **gaozhifk@bnupg.com 010-55805079**

营销中心电话 010-58802755 58800035

编 辑 部 电 话 010-58807468

出版发行：北京师范大学出版社 www.bnupg.com

北京市西城区新街口外大街 12-3 号

邮政编码：100088

印　　刷：优奇仕印刷河北有限公司

经　　销：全国新华书店

开　　本：890 mm×1240 mm 1/16

印　　张：14

字　　数：380 千字

版　　次：2023 年 10 月第 1 版

印　　次：2023 年 10 月第 1 次印刷

定　　价：37.00 元

策划编辑：王　超　　　责任编辑：冯　倩　王贺萌

美术编辑：焦　丽　　　装帧设计：焦　丽

责任校对：陈　荟　　　责任印制：陈　涛

丛书序

教材是职业院校组织教育教学活动、开展教育教学改革、实现党的人才培养目标的基本依据，是职业院校培养合格人才的重要保证。教材建设是国家事权和铸魂工程，习近平总书记强调“用心打造培根铸魂、启智增慧的精品教材”。党的二十大报告提出要“加强教材建设和管理”，将教材建设作为深化教育领域综合改革的重要环节。因此，编写一套既能全面准确体现习近平新时代中国特色社会主义思想和党的二十大精神，又能及时反映学前教育发展水平、凸显职业教育类型特色、适应社会发展和职业需求的优质教材，不仅是当今职业院校学前教育相关专业人才培养的需求，也是深化教育教学改革发展的重要政治任务。为深入贯彻落实习近平总书记关于职业教育和教材建设工作的重要指示批示精神，以及中共中央、国务院关于加强和改进新形势下大中小学教材建设的意见，不断提高职业院校学前教育专业人才的培养质量，现由多方合作编写了这套职业院校学前教育相关专业系列教材。这套教材很好地体现了全国职业教育大会和全国教材工作会议精神，契合了《学前教育专业师范生教师职业能力标准（试行）》的要求，具有鲜明的时代特色和创新之处。

第一，坚持党的教育方针和正确价值导向，落实立德树人根本任务。教材是党和国家意志的体现，建设什么样的教材体系和教材，深刻影响着国家的人才培养，教材建设是国家事权。这套教材，能够坚持正确的政治方向，以习近平新时代中国特色社会主义思想为指导，坚持党的教育方针和正确价值导向，落实立德树人根本任务，有机融入党的二十大精神、中华优秀传统文化、革命传统、法治意识和国家安全、民族团结以及生态文明教育，努力构建中国特色、融通中外的概念范畴、理论范式和话语体系，防范错误政治观点和思潮的影响，引导学生树立正确的世界观、人生观和价值观，坚定不移听党话、跟党走，努力成为德智体美劳全面发展的社会主义建设者和接班人。

第二，把好教材的科学关，发挥好教材的基本工具作用。教材是体现职业院校教学内容和方法的知识载体，是职业院校教学中最基本的工具。把好教材的科学关，即保证教材内容的科学性、先进性和针对性。在编写教材时，一是要依据国家职业院校教材建设规划以及学科专业或课程教学标准（规范）等，服务职业院校教育教学改革和人才培养，全面准确阐述学科专业的基本理论、基础知识、基本方法和学术体系，体现创新性和学科特色，满足教学需要；二是要符合高素质人才成长规律和学生认知特点，体现先进职业教育理念，适应人才培养模式创新和优化课程体系的需要，突出理论和实践的统一；三是要编排科学合理，符合学术规范，遵守知识产权保护等国家法律、行政法规，不得有民族、地域、性别、职业和年龄歧视等内容，不得有商业广告或变相商业广告。

第三，创新教材呈现形式，满足个性化“教”与“学”的需求。在飞速发展的信息时代，信息技术已成为最具潜力的生产力，也是人们工作、学习和生活的重要方式和手段。创新教材呈现形式，即适应“互联网＋教育”的发展需求，推进新形态立体化教材建设。在编写教材时，一是以纸质教材为核心，积极开发配套的多媒体课件、视频、音频、习题库、案例库等教材资源，实现“纸、数”融合；二是对教材资源进行开发与整合，建立动态、共享的教材资源库，实现优质教材资源的共建与共享；三是搭建资源平台或网络课程，构建人人皆学、处处能学、时时可学的智能化学习平台，实现线上、线下教学畅通无阻，促进教与学、教与教、学与学的全面互动，进一步提高教学质量与人才培养质量。

第四，保持教材的开放性，适应时代发展的需要。系统论告诉我们，一个开放的系统具有不断地与外界进行物质、能量和信息交换的性质和功能，是系统向上发展的前提，也是系统稳定存在的条件。保持教材的开放性，即编撰教材应解放思想，立足现在，面向未来，要适应时代发展的需要。在编写教材时，一是要坚持理论联系实际，关注教育实践和社会发展中出现的新情况、新问题，积极为研究和解决这些新情况、新问题出谋献策；二是要对接先进教育理念，反映学科教学和科研最新进展，确保教材内容与时俱进；三是要建立健全质量评价和更新制度，要重视采集广大师生在使用过程中的信息反馈，建立第三方纠错机制，充分吸纳社会监督意见，对教材进行定期审查和升级，不断改进、完善教材。

教材建设是系统工程，需要教材编写者、出版者、使用者和教学管理者等多方面的共同努力。确保每一本教材都成为精品，是广大教材编撰工作者追求的目标。我们期望这套教材能对职业院校学前教育相关专业的人才培养作出一些贡献。我们期待全国职业院校的广大师生以及相关工作者的意见和建议，以便在教育教学实践中不断完善教材。

郑州幼儿师范高等专科学校校长

前　言

人生百年，立于幼学。学前教育是国民教育体系的重要组成部分，是为个体终身学习和全面发展奠定基础的重要阶段。它不仅对个体身心全面健康发展，而且对义务教育质量、国民素质整体提高和社会发展均具有极其重要的奠基性作用。近年来，中共中央、国务院对学前教育发展高度重视，2018年颁布《中共中央　国务院关于学前教育深化改革规范发展的若干意见》，各地学前教育三年行动计划相继出台，2020年9月7日，《中华人民共和国学前教育法草案(征求意见稿)》(以下简称《草案》)向社会公布。全国各省(区、市)政府纷纷把学前教育作为本地教育工作和改善民生的重要方面，大力发展学前教育，有力地促进了各地学前教育事业的发展。

要保障学前师资培养与培训的质量，必须对学前教师教育的课程与教材体系进行新的系统建设。更为重要的是，教育部先后颁发了《教师教育课程标准(试行)》《幼儿园教师专业标准(试行)》，对幼儿园教师的专业素养与能力以及学前教师教育的课程与教学等提出了明确的新要求，而这些新要求也急需通过一套新的更加完善的课程和教材才能更好地得到贯彻和落实。

正是在国家教育改革与大力发展学前教育的大背景下，在习近平新时代中国特色社会主义思想的指导下，依托河南省职业技术教育教学研究室，经过北京师范大学出版社周密安排，编写组严格依照《中小学和幼儿园教师资格考试标准(试行)》《教师教育课程标准(试行)》的要求，编写出一套反映课程改革新成果、校企双元合作开发的职业教育学前教育专业的省级规划教材。

相信本套教材的出版，不仅能提高河南省学前教育专业的科研和教学水平，提升河南省学前教育在全国之地位，还有望培养出一大批师德高尚、专业理论厚实、专业技能娴熟、操作能力过硬的幼师人才，从而为河南省普及学前教育提供人才支持。

《幼儿语言教育与活动指导》是本套教材中的一本。以“育人为本、引领发展、能力为重、终身学习”的教育理念为依据，以科学性、创新性、实用性、时代性为原则，定位于帮助学习者了解学前儿童语言发展的一般规律，从而使他们树立正确的幼儿语言教育观念，通过理论联系实际的学习过程，掌握幼儿语言教育与活动指导的方法，该课程是学前教育专业人才培养的专业核心课程，注重与幼儿园的岗位素质需求对接，与学前教育技能大赛对接，与幼儿园教师资格考试对接，与幼儿照护“1+X”证书对接，达到“课”“岗”“赛”“证”四融通的目的。就总体而言，这套教材及其编写过程具有以下四个突出特点。

一是教学做评，教学体系完整。以课程化的实践体系为引导，以实践过程为教学主线，把理论模块化，融“教、学、做、评”为一体，更好地培养学前教育专业学生的语言教育活动设计和组织、评价的能力。根据学生完成项目任务的需要，建立基于项目教学的教材体例的新模式，将学生的谈话、讲述等活动分九个项目。

二是思政引领，立德铸魂育人。2020 年 5 月 28 日教育部关于印发《高等学校课程思政建设指导纲要》的通知，要求“发挥好每门课程的育人作用”。传道授业解惑，重在传道，为把干巴巴的教法课的说教转成热乎乎的感人素材，特设“铸魂育人”目标，明确课程思政建设要求和内容重点，在文学活动等项目注重中华优秀传统文化教育，有机融入人文精神、仁爱之心等思政元素，努力培养全面发展，具有家国情怀、创新精神、国际视野，担当民族复兴大任的幼教工作者，为幼儿系好人生第一粒扣子。

三是栏目丰富，体例守正创新。每个项目都有相同的栏目：“学习目标”——学生在学习之后要达到的目标，“思维导图”——明确学习该模块的思维链条，“想一想”——引发学生情感共鸣、思想碰撞的内容，“温馨提示”——提醒容易理解错误的知识，“考证要点”——教师资格证考试要点，“典型案例”——来自幼儿园教学一线中的经典案例，“职场实训”——模拟幼教岗位的实践训练等，达到提纲挈领、突出重点，激发兴趣、导读导学、反思提升的目的，更好地培养学前教育专业学生的语言教育活动设计和组织、评价的能力。

四是资源丰富，便于查找。为了方便教师教学和学生自主学习，本教材配备了视频资料、课件等，只需扫描二维码就可以看到海量资源，以“互联网＋”的形式融入教材，便于激发学生学习兴趣和方便教师的教及学生的学。按照模块还设计了思考与练习题，整本书还设计了考证模拟试题，并严格按照幼儿园教师资格考试真题设置题型，如单选题、简答题、论述题、材料分析题、活动设计题等，让学生进行考证实战练习。

本书编者团队包括本科院校教育理论者、高职院校教师、一线园长和老师、幼儿产品行业企业人员等。河南省实验幼儿园园长张秋萍审定教材。相信这本恰逢其时的教材，将有利于促进河南省乃至我国幼儿教师教育工作的开展和质量的提升，促进我国学前教育事业高质量、健康、可持续地发展。也希望这本教材的广泛使用能进一步集结和吸纳更多高校及幼儿园一线教师的智慧与经验，使这本教材不断得到发展和完善，从而不断推动我国学前教师教育教材的建设发展，并且积极服务和促进河南省及我国学前教育事业的发展。

基于以上特点，本教材适用于职业院校学前教育相关专业学生，并且对幼儿园教师及热爱幼教事业的社会各界人士也有重要的作用。

建议各位教师在使用本教材时根据学生的情况和专业特点有所侧重，灵活处理，在条件具备的情况下，建议按表 0-1 分配学时。

表 0-1　学时分配表

项目	课时	理论教学课时	实践教学课时
项目一　幼儿语言教育概述	2	2	
项目二　幼儿语言发展和学习特点	2	2	
项目三　幼儿语言教育的原则和方法	2	2	

续表

项目	课时	理论教学课时	实践教学课时
项目四　幼儿谈话活动的设计、实施与评价	6	2	4
项目五　幼儿讲述活动的设计、实施与评价	4	2	2
项目六　幼儿听说游戏的设计、实施与评价	6	2	4
项目七　幼儿文学活动的设计、实施与评价	4	2	2
项目八　幼儿早期阅读活动的设计、实施与评价	4	2	2
项目九　幼儿语言区角活动的设计、实施与评价	6	2	4

参与本教材的编写人员与分工情况如下：河南经贸职业学院杜晓萍执笔项目一，河南物流职业学院朱虹晖执笔项目二、项目三，洛阳师范学院王莉执笔项目四、项目五的任务一及任务二，河南经贸职业学院段秋月执笔项目五的任务三，河南经贸职业学院仝玲执笔项目六、项目八，河南经贸职业学院王瑜珂执笔项目七、项目九，河南省郑州市嘉贝幼儿园余文霞老师提供所有语言活动案例。全书由段秋月做统一的体例调整和文字润色，河南省实验幼儿园园长张秋萍审核。

在编写过程中，编写人员就幼儿语言活动的内容、活动设计及实施、学前教师教育和教师队伍建设中的主要问题等多次深入研讨。在编写过程中，编写人员参考了大量的书刊、互联网的相关内容，分别以脚注和参考文献的形式标示于书中、书后。在此，对相关作者表示感谢，同时因未能及时与原作者一一联系而致歉。

虽然参与本教材编写的人员都是承担相应课程教学的骨干教师和本行业的专家、学者等，但毕竟能力、水平有限，不足之处仍在所难免，敬请广大读者批评指正。

编　者

目　录

模块一　基础理论

模块二　实践训练

模块一　基础理论

项目一　幼儿语言教育概述

学习目标

1. 了解语言的基本概念；
2. 掌握幼儿语言教育的相关知识；
3. 理解幼儿园语言教育的意义和价值。

铸魂育人

本项目注重经典语言案例的选择，旨在引导学生体悟语言的美，增强学生的语言情怀。作为准幼儿教师，学前教育专业的学生在今后会展开语言基础理论教学，因此应增加学生对母语的了解，提升民族语言自豪感。

思维导图

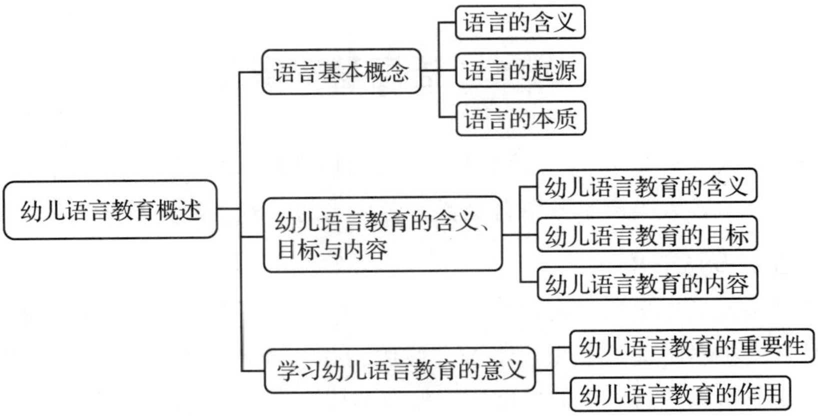

单元导入

美国教育家霍华德·加德纳(Howard Gardner)曾提出：人的智能包括八种，语言交往能力是第一位。语言发育是智力发育的基础，幼儿期是人大脑发育最迅速的时期，这个时期是幼儿语言发展特别是口语发展的关键时期。在这一关键时段如果引导得当，幼儿的语言能力能获得质的突破与飞跃，并可开发幼儿语言智能及语言发展潜能。作为幼教工作者要做到这一点，就必须了解语言的含义和特点、幼儿语言教育的基本概念、意义和价值。

情境创设

春游踏青活动设计

春天来了，幼儿园的王老师和李老师决定带领小班幼儿外出踏青，感受大自然带来的亲切感。行走在桃红柳绿的公园里，教师和幼儿可以说些什么呢？

教师：春天来了，柳树有什么变化？

幼儿：发芽了。

教师：柳树的芽是什么颜色的呢？

幼儿：绿色的。

教师：春天的柳树长出了碧绿的嫩芽，那桃树呢？

幼儿：开花了。

……

谈话活动实录《春天》

幼儿在轻松愉快的春游踏青活动中，在教师们的积极引导下，无形中积累着有效的词汇和语句，促使他们由不规范、不完整的语言向着规范完整的语言方面转换，从而提高幼儿的语言表达能力。

幼儿语言能力的教育形式多种多样，只有真正懂得幼儿语言教育及其重要性的教师才能够将语言教育渗透到幼儿活动的方方面面。什么是幼儿语言教育？幼儿语言教育的意义和价值又体现在哪些方面呢？

任务一　语言基本概念

语言是人类最重要的交际工具，是人们进行沟通交流的各种表达符号。在社会交往中，人类离不开语言交流，各领域的学习也都离不开语言。

一、语言的含义

语言是人类传递信息内容的工具。人类的语言，是传递情感信息的工具，以符号、文字、图案、音乐、语音、肢体动作与面部表情等形式为载体，来传递或交流情感信息。人们借助语言保存和传递人类文明成果。

广义的语言，是指一套共同采用的沟通符号、表达方式与处理规则，而符号会以视觉、声音或者触觉的方式传递。

狭义的语言，指的是人类沟通所使用的自然语言。通常人类须通过学习才能获得语言能力，语言的目的是交流观念和思想等。语言的功能主要分为社会功能和思维功能。语言是思维工具和交际工具，是思维的载体和具体化表现形式。语言是一种社会现象，其社会功能包括信息传递和人际互动两方面。语言也有其独有的特征：符号性和系统性、任意性和线条性、不变性和可变性、传承性和交际性。

拓展链接

语言和言语

语言通常指一个抽象的系统，是由词语和规则构成的整体。例如，一般说的现代汉语就是从现代汉民族共同使用的汉语中抽象出来的系统，包括《现代汉语词典》里面的大约5万个词语，和在“现代汉语语法”著作中的各种规则。

言语是指运用这个系统产生的具体事实。从语言到言语的语言使用过程叫作语用。语言中的每个词、每一条语法规则，从形式到内容，都可以在言语中出现许多相似又不同的事实。例如，“家里有人吗?”“叔叔，我不就是人吗?”在这个对话中，说明语言中的“人”，在言语中出现不同的事实。

语言和言语是抽象和具体的对立统一关系。

语言和言语的对立具体表现在：第一，语言是概括在一起的静态的心理现象，言语是具体表现出来的动态的现实现象。第二，语言是相对有限的抽象要素和规则，言语是相对无限的具体事实。第三，语言是社会集体共同使用的，言语是社会个体使用的。第四，语言舍弃了言语中的杂质，主要留下言语中的精华。言语中包含着语言需要的精华，也包含不少偏离同标准的杂质，所以语言对言语有规范作用。

语言和言语的统一具体表现在：第一，语言体现在言语中，语言是言语体现在人的大脑中的一种心理现象，没有言语我们无法体会语言。第二，言语包含着语言，每个句子都是在一定的语言规范的指导下出现的，没有语言我们无法产生可以相互明白的言语。第三，言语中的杂质和语言中的精华在一定条件下可以相互转化。

区分语言和言语，使我们能够在语言研究中分清主要和次要，首先抓住矛盾的主要方面，特别是对语言规范化有重要意义。①

二、语言的起源

语言的起源大致可以分为神授说、人创说和劳动创造说。

(一)神授说

从远古到17世纪盛行神授说。神授说认为，语言是神赐予人类的学说。当时科学文化水平极其低下，人类无法解释语言这种现象是如何产生的，因此只能归因于神的恩赐。

(二)人创说

17世纪以后出现人创说。人创说认为，语言是人类自己创造的，不是神

---

① 彭泽润、李葆嘉：《语言理论》，96～97页，长沙，中南大学出版社，2006。

赐予的。由于该学说缺乏科学的依据，是由主观思辨产生的，所以有其相应的局限性。主要代表观点有摹声说、社会契约说、手势说、感叹说和劳动叫喊说。

摹声说认为，语言起源于人类对外界各种声音的模仿。这种观点只能解释摹声词的产生，无法说明人类语言的起源问题。

社会契约说认为，语言起源于人们的彼此约定。这种观点虽然注意到了语言的社会功能和性质，但无法解释没有语言的情况下人们是如何彼此约定的。

手势说认为，人类最开始是用手势来代替有声语言的，但无法解释如何从手势语言发展成有声语言。

感叹说认为，人类的有声语言是由抒发感情的各种叫喊声演变来的，这种解释和摹声说一样都存在局限性。此观点无法解释叹词是如何发展成具有理性意义的其他词语的。

劳动叫喊说认为，人类的有声语言从人的劳动叫喊声发展而来，这种观点虽然注意到了语言起源与劳动的关系，但无法解释劳动号子是如何发展为语言的。

(三)劳动创造说

劳动创造说将语言的起源归于三方面。其一，人类的思维能力要发展到一定的水平，能对客观事物进行分类和概括，并且具有一定的想象力、记忆力、判断力和推理能力。其二，人类要具备一定的生理条件。人的喉咙和口腔声道必须进化到能够发出清晰的声音，才有产生有声语言的可能。其三，语言在人类社会中具有功能性。语言起源的三方面缺一不可，而实现这三方面需要靠人类的劳动。恩格斯说："语言是从劳动中并和劳动一起产生出来的。"①他还认为："劳动的发展必然促使社会成员更紧密地互相结合起来，因为劳动的发展使互相支持和共同协作的场合增多了，并且使每个人都清楚地意识到这种共同协作的好处。"②劳动本身为语言的产生提供了心理和生理上的条件。

想一想

关于人类语言的起源有很多种说法，你认为哪一种更合理呢？

三、语言的本质

人们对语言的本质问题主要有三方面的认识：一是语言是一种音义结合的符号系统；二是语言是人类重要的交际工具和思维工具；三是语言是人类

---

① 恩格斯：《自然辩证法》，306页，北京，人民出版社，2015。
② 同上。

的一种特殊社会现象。

(一)语言是一种音义结合的符号系统

语言是符号系统，这句话概括了语言本身的性质和特点。所谓符号，可以是一种记号、标记或信号，它代表一定的意义。符号包含形式和意义两个方面，形式是人的感官可以感知的，感知的形式又是和意义结合在一起的。例如，汉语中“山”的语音形式“shan”，是听觉上可以感知的声音，它的意义是指“地面上由土、石形成的高耸的部分”。但语言符号中的形式和意义的结合并不是必然的，而是由社会约定俗成的。汉语中为什么把“地面上由土、石形成的高耸的部分”这样的意义和“shan”这个语音形式结合起来，这是没有什么道理可言的，完全由社会的习惯所决定。

因此，正因为语言符号的这种约定俗成性，人类的语言不能自发产生，而只有通过后天学习才能掌握。如果一个幼儿从未被告知或听说过“饭”这个词，那么他就不知道每餐吃的饭就是“饭”。或许单靠幼儿的自然成熟，他能形成一套自己的语汇，以表达饿、渴、不舒服等信息，但他无法说出别人都能理解的语汇。

(二)语言是人类重要的交际工具和思维工具

语言是重要的交际工具。沟通的目的是表达思想、进行交际，沟通时所使用的语言就是表达思想、进行交际的工具。除了语言之外，人们还使用其他的交际工具，如手势语、数学符号、化学公式、信号灯、文字等，但人类最重要的交际工具还是语言。

语言也是重要的思维工具。首先，语言是思维的介质。从思维的整体过程来说，语言首先是实现思维的工具；其次，整个思维过程以及思维的成果都由语言来体现；最后，思维必然要通过语言来呈现。

有一种有趣的现象，幼儿常把自己的思维过程说出来，进行“出声的思维”。例如，当幼儿画画或玩游戏的时候，我们常听见他们的喃喃自语：“树叶是绿色的，我把所有树叶都涂成绿色。”“我睡觉的时候妈妈会唱歌，我也唱歌给布娃娃听。”

(三)语言是人类的一种特殊社会现象

斯大林在《马克思主义在语言学中的问题》一文中说：“社会以外，无所谓语言。”①也就是说，语言是一种特殊的社会现象。语言在社会中产生，并且随着社会的发展而发展，随社会的变化而变化，随社会的分化而分化，随社会的统一而统一。然而，语言却不是一般意义上的社会现象，它既不属于经济基础，又不属于上层建筑，它是一种具有特殊性的社会现象，社会性是语言的本质属性。语言的特殊性主要体现在语言没有阶级性，它不属于哪一个

① ［苏联］斯大林：《马克思主义与语言学问题》，20 页，北京，人民出版社，1953。

特定的阶级或阶层，语言是属于社会全体成员的，具有全民性。

想一想

人类语言与动物语言的本质区别在哪里？

我们知道所有的动物都能以自己特殊的姿态或声音向同伴告知一些信息，如蜜蜂可以用复杂的舞蹈通知同伴花蜜的方位和距离；灵长类动物可以通过手势和特殊符号交流信息。但即便是脑结构与人类相似的猩猩也无法使用人类的语言，那请你思考一下，人类语言与动物语言的本质区别是什么？

任务二 幼儿语言教育的含义、目标与内容

一、幼儿语言教育的含义

幼儿语言教育是研究幼儿语言发展的现象、规律及其训练和教育的一门科学，是学前教育专业培养教师的一门应用性科目。

由于对象和内容的不同，幼儿语言教育有广义和狭义之分。广义的幼儿语言教育把0～6岁幼儿的所有语言获得和学习现象、规律以及训练与教育作为主要研究对象，对其进行听、说、读、写训练。而狭义的幼儿语言教育只把3～6岁幼儿掌握母语的听、说、读、写训练和教育过程作为主要研究对象。

拓展链接

关于幼儿语言教育

《3—6岁儿童学习与发展指南》(以下简称《指南》)中强调语言是交流和思想的工具。幼儿期是语言发展，特别是口语发展的重要时期。幼儿语言的发展贯穿于各个领域，也对其他领域的学习与发展有着重要的影响：幼儿在运用语言进行交流的同时，也在发展着人际交往能力、理解他人和判断交往情境的能力、组织自己思想的能力。通过语言获取信息，幼儿的学习逐步超越个体的直接感知。

《指南》中明确指出："幼儿的语言能力是在交流和运用的过程中发展起来的。应为幼儿创设自由、宽松的语言交往环境，鼓励和支持幼儿与成人、同伴交流，让幼儿想说、敢说、喜欢说并能得到积极回应。为幼儿提供丰富、适宜的低幼读物，经常和幼儿一起看图书、讲故事，丰富其语言表达能力，培养阅读兴趣和良好的阅读习惯，进一步拓展学习经验。"

二、幼儿语言教育的目标

教育是有目的、有计划地对受教育者施加影响，使他们在认知、情感、

行为等方面发生变化的过程。语言教育目标正是通过每一个具体活动落实到幼儿身上的。因此，正确设计语言教育活动目标是教育活动成功与否的关键，能够体现幼儿语言发展的预期成果。

职场实训

雨中的森林

下雨了，一群小动物到森林里躲雨。各种各样的树站得笔直，它们在欢迎小动物的到来。芭蕉树送给每位客人一片叶子当小伞。花瓣在雨中飘落。小青蛙在花的地毯上跳舞。小树叶变成小帐篷，欢迎七星瓢虫来避雨。松鼠张开大尾巴，为新孵出的小鸟遮风挡雨。雨中的百合花开放了，像被举起的酒杯。雨打落了浆果，刺猬打了个滚儿，扎了一身。小蜘蛛吐出银丝，串起小雨点，将银丝做成项链。雨点儿落在地上，变成一个个蘑菇。小动物们都来采蘑菇。天晴了，一道彩虹通向树林外面。小动物们跨上彩虹，各自高兴地回家了。

请思考一下该如何引导大班幼儿学习这首优美的散文诗？这个活动的目标该如何设计呢？

散文诗教案《雨中的森林》

散文诗课堂实录《雨中的森林》

幼儿语言教育目标的结构，从纵向的角度看，主要包括总目标、具体活动目标、年龄阶段目标。

(一)幼儿语言教育的总目标

幼儿语言教育的总目标，是幼儿阶段语言教育任务要求的总和，也是幼儿园三年语言教育所期望的最终结果，又叫终期目标。幼儿语言教育的目标侧重于幼儿语言学习中积极情感态度的培养，关注幼儿语言运用能力的培养，重视支持性语言环境的创设。我国教育部于 2001 年颁布了《幼儿园教育指导纲要(试行)》(以下简称《纲要》)。这是我国幼儿教育领域的纲领性文件，其中对语言教育提出了总的目标和要求，它是幼儿园教育总目标的一个组成部分。

拓展链接

《幼儿园教育指导纲要(试行)》语言领域目标

语言的目标：

1. 乐意与人交谈，讲话礼貌；
2. 注意倾听对方讲话，能理解日常用语；
3. 能清楚地说出自己想说的事；
4. 喜欢听故事、看图书；
5. 能听懂和会说普通话。

(二)幼儿语言教育的具体活动目标

幼儿语言教育的具体活动目标一般由教师自己制定，它有两层含义。

一层是指各项幼儿教育活动所指向的幼儿语言发展目标，如日常活动中发展幼儿与同伴和成人语言交往的目标，游戏活动中发展幼儿根据游戏角色和游戏内容进行谈话和讲述活动的目标，科学教育活动中发展幼儿用语言陈述自己的科学探索过程和成果并与同伴互相交流的目标。

另一层含义则特指语言教育活动目标，如谈话活动目标、讲述活动目标、听说游戏活动目标、文学作品的学习活动目标、早期阅读活动目标。就具体的语言教育活动看，其目标往往不局限于语言发展这一个领域。因为语言是语言符号及其反映的思想内容的结合体，幼儿学习语言、练习运用语言的过程必然是多种语言内容相交叉的过程。幼儿不仅学习和运用各种语音、词语或句式，而且要思考和体会这些语言符号所反映的丰富的思想感情。因此，在专门的语言教育活动中，其目标要指向于为幼儿提供尽可能丰富的有益经验，为其全面发展做贡献。

练一练

我是家庭小主人

妈妈洗衣服，我来拿衣架；
爸爸回到家，我去倒杯茶。
爷爷看报纸，我把眼镜拿；
奶奶看电视，扶她坐沙发。
我是家庭小主人，样样事情都参加。

这是一首中班儿歌，请结合幼儿语言具体活动目标思考一下，该如何引导中班幼儿学习这首优美的儿歌？这个活动的目标该如何设计呢？

教学建议：

1. 以问答的形式导入教学，引导幼儿理解“家庭小主人”的含义。
2. 利用音视频资源引导幼儿理解儿歌的内容，学会读、背儿歌。
3. 结合生活实际引导幼儿仿编儿歌。

(三)幼儿语言教育的年龄阶段目标

幼儿语言教育的年龄阶段目标是总目标在各年龄阶段的具体体现，也是对幼儿园小班、中班、大班幼儿语言发展提出的具体要求，即针对某一年龄阶段幼儿的教育目标。

尽管整个学前阶段，幼儿语言发展表现出一定的共性和连续性，但是将语言教育目标分化为不同的要求，形成对每一个年龄阶段幼儿逐步提高要求的具体目标，这是年龄阶段目标的一个特点。例如，同样是培养口语表达能力，不同年龄阶段要求是不一样的。0～1.5 岁的幼儿要求能说出几个常见物品的名称；1.5～3 岁的幼儿则要求能说出自己的姓名、年龄与性别，能用简短的语句回答别人的问题；3～4 岁的幼儿应能用简短的语言表述自己的请求和愿望，愿意在集体面前讲述自己感兴趣的事；4～5 岁的幼儿应能用完整的句子较连贯地讲述自己经历的事件和讲述图片、表演活动及影视剧的内容，会有感情地朗诵诗歌和讲述故事，能大胆、清楚地用语言表达自己的见解等；5～6 岁的幼儿能用适当的音高、音量和准确的语音说话，在适当的场合主动与人交谈，能够主动表达自己的想法，连贯讲述一件事或图片，讲述观看过的影视剧的主要剧情，有感情地朗诵诗歌、故事并表演故事等。每一个年龄阶段的具体目标都建立在上一个阶段语言发展的基础上，同时对这个阶段的幼儿具有一定的挑战意义，使幼儿在经过语言学习后能够更上一层楼。

想一想

一位幼儿园教师在小班组织了一个语言活动“奇妙的口袋”，她先让幼儿将手伸进口袋摸一件物品，让幼儿猜出物品名称，然后让幼儿用正确的量词描述物品。结果，小班二十名幼儿只有两个能用生活中常用的量词“个”说出“一个苹果”“一个橘子”，因此幼儿渐渐对活动失去了兴趣，教师只好终止活动。

请结合幼儿语言教育年龄阶段目标，思考一下是什么原因导致活动无法实施。

年龄阶段目标的另一个特点是幼儿语言发展指标和学科知识的融合，这就要求语言教育目标贯彻到幼儿所学的学科知识中。换言之，语言教育目标对幼儿语言方面的发展提出了具体的发展方向，与语言学科知识融合起来，在每一个年龄阶段的目标中，对幼儿掌握知识、获得能力提出一定的要求，以期望通过这个年龄阶段的学习，使他们在语言方面达到一定的要求。

从目标的层次分析中，我们可以清楚地认识到，幼儿语言教育目标应落实到每个幼儿身上，其中有几个关键问题必须注意：一是如何将高层次目标准确地转化为低层次目标；二是在教育实践过程中，教师如何把握各个层次教育目标的内涵以及相互关系；三是教师如何根据目标选择相应的教育内容、教育方法，从而确保目标的实现。以往的幼儿语言教育工作中有不同层次教育目标脱节的问题存在，也有忽略教育目标而随意选择教育内容、教育方法的弊端出现。上述问题必须引起幼儿教育工作者的高度重视，因此有必要加深教师对教育目标的认识与理解，从根本上解决问题。

三、幼儿语言教育的内容

幼儿语言教育的内容是指幼儿教育机构传授给幼儿的语言形式、语言内容、语言运用的总和。幼儿语言教育的内容是实现教育目标的手段，是将幼儿语言教育目标转化为幼儿发展目标的中间环节，也是设计与具体实施教育活动的主要依据。

拓展链接

《幼儿园教育指导纲要(试行)》语言领域内容及要求

1. 创造一个自由、宽松的语言交往环境，支持、鼓励、吸引幼儿与教师、同伴或其他人交谈，体验语言交流的乐趣，学习使用适当的、礼貌的语言交往。

2. 养成幼儿注意倾听的习惯，发展语言理解能力。

3. 鼓励幼儿大胆、清楚地表达自己的想法和感受，尝试说明、描述简单的事物或过程，发展语言表达能力和思维能力。

4. 引导幼儿接触优秀的儿童文学作品，使之感受语言的丰富和优美，并通过多种活动帮助幼儿加深对作品的体验和理解。

5. 培养幼儿对生活中常见的简单标记和文字符号的兴趣。

6. 利用图书、绘画和其他多种方式，引发幼儿对书籍、阅读和书写的兴趣，培养前阅读和前书写技能。

7. 提供普通话的语言环境，帮助幼儿熟悉、听懂并学说普通话。少数民族地区还应帮助幼儿学习本民族语言。

幼儿语言教育内容可以分为专门语言教育内容和渗透性语言教育内容两类。

(一)专门语言教育内容

专门语言教育内容是根据既定的语言教育目标，为幼儿提供与语言进行相互作用的环境，通过有计划地安排和组织幼儿系统学习语言的专门语言教育活动来呈现的。专门语言教育内容包括谈话活动、讲述活动、听说游戏、文学欣赏活动、早期阅读活动。

1. 谈话活动

谈话活动创设的是日常口语交往情境，要求幼儿调动已有经验，围绕一定的话题倾听他人意见，表达自己的想法。谈话活动的目标在于培养幼儿运用口头语言与他人交际的意识、情感和能力。

2. 讲述活动

讲述活动主要为幼儿创设正式的口语表达情境，使幼儿有机会在集体面前表达自己对某事物或情境的认识、看法等，学习表达的方法和技能。这类活动可培养幼儿认真倾听的习惯和完整、连贯、清楚的表述能力，促进其独白语言的发展。

3. 听说游戏

听说游戏是指为幼儿提供一种游戏情境，使幼儿在游戏中按一定规则练习口头语言，培养幼儿在口语交往活动中快速、机智、灵活的倾听和表达能力。

4. 文学欣赏活动

文学欣赏活动是指从某一具体文学作品入手，为幼儿提供全面学习语言的机会，使他们在理解、感受作品的过程中，欣赏和学习文学作品的语言。通过文学活动培养幼儿欣赏文学作品的能力以及利用文学语言表达想象、生活经验的能力。

5. 早期阅读活动

早期阅读活动是利用图书、绘画，为幼儿创设书面语言环境，使幼儿有机会接触书面语言，了解语言的基本文化内涵。早期阅读活动重点培养幼儿对书面语言的兴趣，引导他们逐渐对汉字产生敏感性，丰富他们前阅读和前书写的经验。

(二)渗透性语言教育内容

渗透性语言教育内容的核心，是促进幼儿与教师、同伴之间的有效言语交流，实现语言的有效运用。渗透性语言教育内容通常出现在以下情境：日常生活中的语言交往、自由游戏中的语言交往、其他领域活动中的语言交往、随机渗透性日常生活环节中的语言学习。

随机渗透性日常生活环节中的语言学习，主要是指教师充分利用各种生活环节，给幼儿提供自由宽松的环境，鼓励幼儿进行语言交流，增强其听、说、读的基本技能，培养幼儿对语言和文字的学习兴趣，使幼儿受到语言和文字的熏陶。

典型案例

幼儿语言学习在入园环节的渗透

某幼儿园规定，每天幼儿早上上学、下午放学时，教师都要为幼儿做示范，如和幼儿家长问好，使用“早上好”“再见”“谢谢”等文明用语，并且，幼儿教师还要鼓励幼儿与前来接送的其他同学家长、小朋友及教师积极大方地打招呼，使用“您好”“请问”等文明礼貌用语。同时，幼儿教师也要在日常学习和生活中教导幼儿在感谢别人或者为别人制造了麻烦时，都要使用文明礼貌用语，如“对不起”“请问”“麻烦啦”“打扰了”“太感谢啦”等。

这项规定，能够促使教师和家长充分利用各种生活环节，给幼儿提供自由宽松的语言交流环境，使幼儿在无形中受到语言和文字的熏陶，这就是随机渗透性日常生活中的语言学习。

幼儿园生活实录《入园》

总之，教师应了解幼儿语言教育内容，熟练掌握各种语言教育活动设计和组织的基本技能，并能有意识地将这些知识和技能运用到具体的幼儿语言教育实践中。

任务三　学习幼儿语言教育的意义

一、幼儿语言教育的重要性

语言是人类特有的一种社会现象，它随着人类的产生而产生，随着人类的发展而发展。它与社会是相互依存的，具有一切社会现象都具有的特点——为社会服务。因此，幼儿期的语言教育具有非常重要的意义。

（一）有利于及时把握幼儿语言发展的关键期

把握幼儿语言学习的关键期，对于幼儿语言水平的发展至关重要。幼儿天生具有语言发展的潜力，但语言能力不是生来就有的。幼儿出生后，虽然具备了健全的大脑和言语器官等说话的基本条件，但是如果没有模仿学习的对象和良好的语言学习环境，就不会有良好的语言发展水平。幼儿心理发展的关键期主要表现在智力和语言的发展上，而语言是反映大脑发展状态和智力发展水平的重要标志。孩子从出生到掌握语言，一般需要3～4年的时间，其中，9～24个月是理解语言的关键期，2～4岁是语言表达的关键期，此时学习语言的效果最好，而且语言习惯也容易长期保持下去。

想一想

“狼女”为什么始终学不会人类的语言？

据说，1920年9月19日，人们在印度加尔各答西面的丛林中，发现了由两只狼哺育成长的女孩。年长的估计8岁，年幼的一岁半。她们大概都是在出生后半年被狼衔去的。两人回到人类世界后，都在孤儿院里被养育，分别取名为卡玛拉与阿玛拉，也被称为“狼女”。小阿玛拉不久即死于肾炎，姐姐卡玛拉活到1929年死去。虽然人们对她们进行了专门的训练，但她们始终没有学会正确地说话。你知道这是为什么吗？

另外，外语学习也有关键期。曾经有专家对来自非英语国家的测试者进行了“英语教育环境下英语语音、语法的掌握及理解能力”的测试。结果发现，6岁以前到美国的移民的发音与纯正的美式发音接近率达到71%，13岁以后到美国的接近率仅为17%；11岁以前到美国的移民，其对英语口语的理解能力比16岁以后到达的移民更接近美国人。另有研究表明，许多6岁以后开始学习外语的测试者，很难获得纯正的语音；15岁以后开始学习外语的，其词法和句法均难以达到与作为母语学习的学生相同的水平。也就是说，错过了关键期并不意味着不能进行其他语言的学习，只是学习效果没有关键期内学习效果理想。

拓展链接

巴甫洛夫(Ivan Petrovich Pavlov，1849—1936)学派的科学家在研究了儿童高级神经活动的发展以后，认为可把儿童两种信号系统协同活动的发生，也就是语言活动的发生，划分为四个阶段：

(1)第一阶段：直接刺激物→直接反应。

(2)第二阶段：词的刺激物→直接反应。

(3)第三阶段：直接刺激物→词的反应。

(4)第四阶段：词的刺激物→词的反应。

儿童七八个月以前，主要属于第一阶段；10～11个月属于第二阶段；满1岁时，进入第三阶段；而真正建立语言听觉分析器和语言运动分析器之间的复杂联系，真正和成人进行语言交流，则是1岁以后的事了。

儿童不断掌握语言的过程，就是儿童语言发展的过程，就是第一和第二信号系统协同活动发展的过程。巴甫洛夫关于第一和第二信号系统的学说，为儿童意识的发生发展提供了科学的说明。①

因此，社会与家庭都应该高度重视幼儿语言的发展与教育工作，为幼儿学习语言创设良好的环境，使幼儿及时把握语言发展和教育的关键期，促进幼儿语言的发展。

(二)有利于提高幼儿适应社会的能力

幼儿适应社会的过程就是幼儿在一定条件下逐渐掌握社会规范，正确处理人际关系，从而适应社会生活的心理发展过程。在会说话之前，幼儿会通过各种方式引起周围人对他的关注，例如，用哭喊来表示饥饿、疼痛、不满或抗议等生理和心理上的需求，但是这种表达方式常常不被成人完全理解，他们的需求也得不到很好的满足。随着与周围人交往不断增加，他们迫切地需要与他人进行思想、情感和信息的交流。而语言作为一种交际性工具，可以同时获得理解外部世界和表达自己对外部世界认识的途径，满足幼儿在交际中的各种需要，使幼儿产生愉快的体验和积极的情绪，学会表达自己、理解他人，获得合作和关怀的语言经验。这些经验既促进了幼儿语言交际能力的发展，也促进了他们社会化行为的发展。

(三)有利于促进幼儿全面发展

语言是交流和思维的工具。语言是人类社会特有的一种现象，就个体而言，语言是思维的工具，是认知能力的一种，也是社会交往的工具，是幼儿社会化、个性发展的重要标志。幼儿期是语言发展，特别是口语发展的重要时期。幼儿语言的发展贯穿于健康、科学、艺术、生活等领域，也对这些领

---

① 唐燕儿：《华文教育心理学》，52～53页，广州，广东高等教育出版社，2011。

域的学习与发展有着重要影响：幼儿在运用语言进行交流的同时，也在发展着人际交往能力、理解他人和判断交往情境的能力、组织思想的能力。当婴儿降临人间，他们便通过语言和非语言的交际活动，不断接受人类千百年来积累的经验，逐渐获得大量关于周围世界的知识，从而发展智力，习得社会道德行为规范。同时，幼儿通过语言理解他人的思想、情感，利用语言表达自己的感受、见解、愿望，倾诉自己的感情，参与社会交往活动，指导和评价自己的行为。总之，语言的发展与认知、个性和社会性等方面的发展有着密切的联系。

拓展链接

名人名言

如果人不具有言语能力，那么神经同情和喊叫、面部表情、躯体运动等感知表现就会是人们之间心灵交往的唯一手段了。①

(四)为幼儿学习书面语言打下良好的基础

语言是传递信息的主要方式和载体，主要包括口头语言和书面语言两方面。根据幼儿年龄特点和人类掌握语言的规律，幼儿的语言教育以发展口头语言为主，发展书面语言为辅。因为口头语言是书面语言的基础，掌握了口头语言，才能更好地学习书面语言。幼儿在学习口头语言的过程中所积累的知识和经验，对其学习书面语言也有很大的帮助，能够在很大程度上降低幼儿学习书面语言的难度。因此，口头语言是书面语言的基础。

总之，幼儿期是人类语言发展的关键时期，这一时期的语言教育不仅在学前期有着重要的意义，而且对个体一生的发展也有着重要的影响。因此，不管是家庭、幼教机构还是社会，都必须重视语言教育工作，并且有目的、有计划、科学地发展幼儿的语言。

二、幼儿语言教育的作用

幼儿语言教育作为幼儿教育的支柱学科之一，是研究幼儿语言发展的特点及其教育的一门独立学科。它与其他幼儿教育学科相联系，从不同侧面研究了幼儿教育的理论与实践，促进幼儿身心和谐发展。

(一)探讨幼儿语言教育的作用

1. 促进幼儿语言和行为的社会化进程

幼儿语言教育的基本任务在于促进幼儿语言能力的发展。因此，幼儿语言教育的首要任务就是使幼儿的发音清晰、词汇丰富、口语表达完整、语言交往技能得到提升。

在幼儿语言教育中，成人为幼儿提供各种各样的语言范例，包括日常对

① [俄]康·德·乌申斯基：《人是教育的对象》，张佩珍等译，728页，北京，人民教育出版社，2007。

话、故事、诗歌等，让幼儿自己去感知、体会、理解和记忆。在此过程中，幼儿不断积累新的语音和词汇，吸收新的句式和表达方法，然后逐渐把他人的语言转化为自己的语言，用来表达自己的思想和情感，对他人的行为施加影响，完成各种交际任务。

幼儿获得语言，在心理学上被称为幼儿社会化发展历程的一个里程碑，对幼儿身心健康、全面发展具有积极的影响。幼儿获得语言之后，就能用语言与周围人进行交流。这种交流有助于幼儿克服自我为中心的言行，使他们能够主动适应他人的行为调节，并在此基础上逐渐形成语言自我调节能力，使自己的情感、态度、习惯、行为等与社会规范逐渐接近并相吻合。例如，“未经允许不能随便拿别人的东西”“自己能做的事情自己做”“得到别人的帮助要说声谢谢”等，都是社会对幼儿的行为要求。先是成人用语言对幼儿进行他律，以后幼儿就可以用语言进行自律，从而形成较稳固的行为习惯。幼儿语言和社会化行为的发展，也使得幼儿社会交往的精神需要得到一定的满足。

2. 促进幼儿学习能力和认知能力的发展

语言具有高度的概括性，语义内容也相当丰富。幼儿语言的加工，与其他认知加工有许多相似之处。语音需要被理解，语法是抽象的和概括的。幼儿加工语言使其认知能力得到训练与提高，但是语言加工又不等同于其他的认知加工。语言通过语词、概念向幼儿传递间接经验，有助于扩大幼儿的眼界，提高思维和想象能力，也有助于幼儿学习能力的发展。

在语言输出的加工中，幼儿要把话语表达得正确、清楚、完整和连贯，也需要有感知、记忆、思维、想象过程的积极参与。随着幼儿语言水平的提高，语言和认知能力的结合也渐趋密切。我国心理学家朱智贤教授认为，幼儿言语连贯性的发展是幼儿言语能力和逻辑思维能力发展的重要环节。心理学家们普遍认为幼儿早期语言能力的发展是他们认知发展的重要标志。

练一练

摇篮

蓝天是摇篮，摇着星宝宝，白云轻轻飘，宝宝睡着了。
大海是摇篮，摇着鱼宝宝，浪花轻轻翻，宝宝睡着了。
花园是摇篮，摇着花宝宝，风儿轻轻吹，宝宝睡着了。
妈妈的手是摇篮，摇着小宝宝，歌儿轻轻唱，宝宝睡着了。①

这是一首幼儿园中班孩子学习的诗歌，请结合所学知识，设计一则具体的教学活动方案。

幼儿园诗歌活动教案《摇篮》

教学建议：

1. 教师可结合音视频等资源及信息化手段，引导幼儿体会诗歌优美的意

幼儿园诗歌活动实录《摇篮》

① 张秋生：《中外儿歌·童诗大王》，142页，上海，上海远东出版社，1996。

境和丰富的想象，激发幼儿对诗歌的兴趣。

2. 教师可根据幼儿特点，引导幼儿在掌握诗歌的基础上，学习仿编同类型诗歌。

3. 通过诗歌学习，引导幼儿体悟妈妈的爱，使幼儿学会感恩，并做一些力所能及的事回报妈妈。

3. 促进幼儿语言学习兴趣的提高

随着语言的不断丰富，语言交往能力的不断提高，幼儿学习和运用语言的兴趣也越来越大。听和说的兴趣，自信和主动都有赖于语言听说能力的提高，而幼儿一旦产生学习语言的兴趣，就会主动寻找学习语言的机会，从而学习更多语言符号，尝试新的言语技巧，语言的潜能就能得到尽情发挥。这种兴趣不仅对幼儿当前的语言学习活动有积极影响，而且可能影响到他们入学乃至成年后学习和运用语言的兴趣。

(二)揭示幼儿语言发展与教育规律

当前学术界已经揭示了一些幼儿语言发展与教育规律，如前置的语法形式比后置的语法形式先被掌握，无标记成分比有标记成分先被掌握，肯定句比否定句先被掌握：幼儿先理解“感觉比喻”，后来才能理解“关系比喻”等，因此，幼儿语言教育中要针对这些特点开展教育与训练。许多教育工作者在实际教学中也摸索出了丰富的经验，揭示了幼儿语言教育的一般规律，而且在实际应用中也取得了一定的成效。但是，上述探索所揭示的规律还是很有限，而且许多规律是在有限的材料基础上概括出来的，是否具有普遍性，还有待事实的检验。

(三)解释幼儿语言发展过程及各种现象

幼儿语言发展的过程尤其是幼儿语言习得的过程，无论幼儿出生的地点、出生后所接触的语言如何，也无论幼儿开始掌握语言的时间快慢、智力发展的水平高低如何，幼儿掌握母语的过程都惊人地相似。幼儿语言教育可以对幼儿语言发展过程中出现的典型特征、发展顺序等做出对应解释，并针对某一阶段可能出现的典型现象做出科学解释。例如，幼儿在生活中出现“爸爸”“妈妈”“宝宝”等叠词，这是幼儿语言发展的一个阶段，针对这一现象幼儿语言教育可以给出相应解释和发展建议。

(四)研究幼儿语言教育实践应用的理论和方法

研究教育实践应用的理论和方法，从一般意义上说，就是探索幼儿语言教育“有什么价值”和“怎样实现价值”的问题。当然，这一问题也是与学前教育相关的应用学科领域所关心的问题。

学习评价与反思

本项目学习已经结束，你认为自己学得怎么样？对于幼儿语言教育的基本理论有没有掌握？是否理解了幼儿语言教育的重要性？请把你的感悟写在下面吧！

记录与反思：

____

____

思考与练习

思考与练习答案

一、基础理论

（一）单项选择题

1.（　　）是人与动物的本质区别。

A. 人类语言　　B. 体态　　C. 饮食　　D. 物种

2.（　　）认为语言起源于人类对外界各种声音的模仿，这种观点只能解释摹声词的产生，无法说明人类语言的起源问题。

A. 摹声说　　B. 社会契约说

C. 手势说　　D. 感叹说

3.（　　）认为语言是神赐予人类的学说。在当时科学文化水平极其低下，人类无法解释语言这种现象是如何产生的，因此只能归因于神的恩赐。

A. 人创说　　B. 劳动创造说

C. 神授说　　D. 感叹说

4. 下列关于"幼儿语言发展与全面发展内在关系"的理解，不正确的是（　　）。

A. 幼儿语言发展与认知发展相互促进、共同发展

B. 幼儿语言的发展能帮助幼儿逐步发展对外部世界、对他人和对自己的认识，使幼儿社会性发展得以正常进行

C. 幼儿在运用语言进行交流的同时，也在发展着人际交往能力、理解他人和判断交往情境的能力、组织自己思想的能力

D. 幼儿语言发展与个性发展密切相关，但与社会性发展无关

5. 不同年龄阶段的幼儿口语表达能力要求是不一样的，（　　）的儿童要求能说出几个常见物品的名称。

A. 0～1.5 岁　　B. 1.5～3 岁

C. 3～4 岁　　D. 4～5 岁

（二）判断题

1. 社会性是语言的本质属性。（　　）

2. 考虑到幼儿园小孩的年龄过小，在幼儿语言教育活动中，过程应尽量单纯化，教语言就教语言，不能掺杂其他诸如艺术、科学等领域的内容。（　　）

3. 幼儿期是人类语言发展的关键期，这一时期为了更好地发展幼儿的母语，不能对幼儿进行第二语言的教育。（　　）

（三）名词解释

1. 幼儿语言教育

2. 幼儿语言教育总目标

（四）简答题

简单论述幼儿语言教育主要包括哪些内容。

二、实践操作

1. 结合本章幼儿语言教育目标的相关理论，为大班幼儿设计故事“梨子小提琴”的具体教学活动目标。

梨子小提琴

一天早晨，小松鼠与往常一样，出门去找食物。它在树枝上跳来跳去，希望能发现什么。突然，一个黄黄的东西进入了它的视线。小松鼠仔细一看，原来是一个大梨子。它马上把大梨子带回了家。

回到家后，小松鼠把梨子切下一半，做成了一把小提琴。一拉，一个接一个的音符跳起了优美的舞蹈。动听的琴声传得很远很远，动物们纷纷议论着：“这可是森林里没有过的音乐啊！”“就是啊，太好听了。”……

狐狸正在捉小鸡，它听到优美的琴声，忙停下来：“我不捉你啦，我要去听音乐！”小鸡说：“我也去！”狮子正在捉兔子，听到琴声忙停下来：“我不捉你啦，我要去听音乐！”兔子说：“我也去！”……

音乐，把一切变得又安静又祥和。

2. 请认真阅读下列案例，运用幼儿语言教育的作用以及幼儿语言教育年龄阶段目标的相关理论进行分析。

“动物的雨伞”教学活动设计

活动名称：动物的雨伞

年龄段：3～4岁

活动目标：

（1）理解诗歌内容，能跟随教师完整朗诵诗歌。

（2）理解并学习动词：爬、飞、钻、举。

（3）愿意听、读诗歌。

活动准备：

（1）背景图、小鸟、小蚂蚁、小青蛙、小乌龟的图片。

（2）投影仪。

活动过程：

（1）看看、想想、说说，并理解诗歌内容。

看图：请幼儿说说，这是什么地方？有谁？忽然怎么了？下雨了，它们该怎么躲雨呢？如果你是小鸟你会怎么办呢？

（2）学习诗歌。

①教师读一遍诗歌，然后请幼儿给诗歌起个好听的名字。

②幼儿跟着教师读一遍诗歌，并能准确读出动词。

③师生(教师扮演“雨伞”，幼儿扮演各种“动物”)边表演边学念诗歌，体验主动学习的快乐感受(集体、分组等方式)。

④引导幼儿想一想：这几个小动物相互交换雨伞行不行？为什么？(引导幼儿相互讨论，发现动物各自的特点和本领)

附原文：

动物的雨伞

哗啦，哗啦，下雨了。

燕子飞到树枝上，大树伞！蚂蚁爬到蘑菇下，蘑菇伞！青蛙举起了荷叶，荷叶伞！小鸡钻进妈妈的翅膀，妈妈伞！瓢虫飞到花瓣下，花瓣伞！乌龟和松鼠找不到雨伞，真着急！嘿！小甲壳、大尾巴不就是最好的雨伞吗！

单元综合检测题一

单元综合检测题一参考答案

一、单项选择题

1. 儿童语言中约定俗成的符号系统和系列规则是(　　)。

A. 语言形式　　B. 语言内容　　C. 语言运用　　D. 语言操作

2.(　　)幼儿应能用简短的语言表述自己的请求和愿望，愿意在集体面前讲述自己感兴趣的事。

A. 0～1.5 岁　　B. 1.5～3 岁　　C. 3～4 岁　　D. 4～5 岁

3. 幼儿语言教育目标的层次结构可以分解为(　　)。

A. 总目标、年龄阶段目标和具体活动目标三个层次

B. 总目标和年龄阶段目标两个层次

C. 年龄阶段目标和活动目标两个层次

D. 总目标和活动目标两个层次

4. 3～4 岁幼儿的语言教育目标是(　　)。

A. 能说出几个常见物品的名称

B. 能用简短的语句回答别人的问题

C. 能用简短的语言表述自己的请求和愿望

D. 能用完整的句子较连贯地讲述自己经历的事件

5. 幼儿语言教育内容大体上可以分为(　　)。

A. 专门的语言教育内容

B. 渗透的语言教育内容

C. 专门的与渗透的语言教育内容相结合

D. 专门的语言教育内容和渗透的语言教育内容

6. 学前期幼儿使用的基本句型是(　　)。

A. 复合句　　B. 单词句

C. 简单陈述句　　D. 否定句

7. 幼儿语言教育活动目标一般由(　　)制定。

A. 幼儿园　　B. 教师自己

C. 专家研讨　　D. 教育部

二、判断题

1. 幼儿语言的发展妨碍其社会交往能力的发展。(　　)

2. 语言在社会中产生，并且随着社会的发展而发展，随社会的变化而变化，随社会的分化而分化，随社会的统一而统一。(　　)

三、名词解释

1. 语言

2. 神授说

3. 人创说

4. 幼儿语言教育的年龄阶段目标

5. 渗透性语言教育内容

四、简答题

1. 语言与言语有怎样的区别与联系?

2. 简单论述幼儿语言教育主要包括哪些内容。

3. 学习幼儿语言教育有哪些作用?

单元综合检测题二参考答案

单元综合检测题二

一、单项选择题

1. (　　)创造了语言起源的条件。

A. 交流　　B. 思维　　C. 劳动　　D. 行走

2. (　　)认为语言是神赐予人类的学说。

A. 人创说　　B. 劳动创造说

C. 神授说　　D. 感叹说

3. 语言的本质属性是(　　)。

A. 沟通性　　B. 文字性　　C. 思想性　　D. 社会性

4. 语言的功能不包括(　　)。

A. 交际工具　　B. 学习工具　　C. 思考工具　　D. 劳动工具

5. 狭义的幼儿语言教育是专门研究(　　)幼儿语言发展及教育的学科。

A. 0～3 岁　　B. 1～3 岁　　C. 3～6 岁　　D. 0～6 岁

6. 幼儿谈话活动的组织与开展以幼儿(　　)的发展为基础和宗旨。

A. 书面语言　　B. 口头语言　　C. 手势语言　　D. 第二语言

7. 不同年龄阶段幼儿的口语表达能力要求是不一样的，(　　)的幼儿要求能说出几个常见物品的名称。

A. 0～1.5 岁　　B. 1.5～3 岁

C. 3～4 岁　　D. 4～5 岁

8. 幼儿语言中的约定俗成的符号系统和系列规则是(　　)。

A. 语言形式　　B. 语言内容　　C. 语言运用　　D. 语言操作

9. 1.5～3 岁的幼儿的语言教育目标是(　　)。

A. 能说出几个常见物品的名称

B. 能用简短的语句回答别人的问题

C. 能用简短的语言表述自己的请求和愿望

D. 能用完整的句子较连贯地讲述自己经历的事件

10. 幼儿语言教育不包括(　　)。

A. 社会化　　B. 认知发展

C. 情绪情感发展　　D. 身体发展

二、判断题

1. 语言符号中的形式和意义的结合并不是必然的，而是由社会约定俗成的。(　　)

2. 语言内容是指语言中约定俗成的符号系统和系列规则。(　　)

3. 幼儿语言教育的年龄阶段目标是指在某一具体的教育活动中要达到的目的。(　　)

4. 重视幼儿早期阅读能力的培养是当前幼儿语言教育的一个发展趋势。(　　)

5. 幼儿语言教育目标是幼儿教育总目标的一个部分，它与总目标是一致的。(　　)

三、名词解释

1. 幼儿语言教育活动目标

2. 专门语言教育内容

3. 劳动创造说

四、简答题

1. 语言的本质是什么?

2. 幼儿语言教育目标要落实到每个幼儿身上，需要关注哪几个关键问题?

3. 幼儿期的语言教育具有哪些意义?

项目二　幼儿语言发展和学习特点

学习目标

1. 了解幼儿语言产生的三大学派的主要代表人物及其主要观点；
2. 理解幼儿语言学习的特点及方式；
3. 掌握幼儿语言发展的各个年龄阶段及其特点。

铸魂育人

本项目旨在引导学生从探究表层现象到深层原理和规律的过程中掌握幼儿语言发展和学习的特点，促使学生感受到根据科学的语言发展和学习特点进行幼儿语言教育的有效性，培养学生对幼教事业的热爱和追求。

思维导图

- 幼儿语言发展和学习特点
  - 幼儿语言产生与发展的历程
    - 幼儿语言的产生
    - 幼儿语言的发展
  - 幼儿语言学习的特点
    - 幼儿语言学习的三个特点
    - 幼儿语言学习的方式

单元导入

语言是人类最重要的交际工具，是传递信息、交流和沟通感情的手段。幼儿时期是语言学习最为关键的时期，这时期的语言教育对人的一生发展起着至关重要的作用。幼儿教师要在科学运用幼儿语言发展和学习特点的基础上，引导幼儿开展语言活动，使幼儿乐意运用语言进行交往，帮助他们积累运用语言的技能，培养幼儿初步的听说能力以及交往技能，进而使幼儿各方面都得到一定的发展。

情境创设

绕口令：《画凤凰》

对门有个白粉墙，

白粉墙上画凤凰，
先画一只粉黄粉黄的黄凤凰，
后画一只粉红粉红的红凤凰。
红凤凰看黄凤凰，
黄凤凰看红凤凰，
红凤凰，黄凤凰，
两只都像活凤凰。

某天，幼儿园小班张老师在进行教学设计时，计划在课堂中加入绕口令游戏，这个绕口令生动活泼，很有童趣，但是适合小班幼儿进行吗？幼儿在语言经验的获取上是否存在一般规律呢？

任务一　幼儿语言产生与发展的历程

一、幼儿语言的产生

从呱呱坠地到蹒跚学步，从第一次开口说话到具有独立意识，幼儿为什么能在短短几年内掌握复杂的语言？幼儿的语言知识和能力从何而来，是先天具有的还是后天习得的？自 20 世纪 50 年代生成语法学诞生以来，语言学、心理学、认知科学等学科对幼儿学习语言的这种现象非常重视，并给出了各种各样的解释，由此产生了许多关于语言产生的理论。

(一)环境理论

环境理论以行为主义学习理论为依据，认为言语是后天获得的行为习惯，是学习结果。它强调环境和学习对语言获得的决定影响，否定或轻视幼儿语言发展中的先天性或遗传性因素。

1. 模仿说

模仿理论也称社会学习理论。这一理论认为幼儿学习语言，大部分是在没有强化的条件下进行的观察和模仿，但对幼儿语言发展起重大作用的是社会语言的范型。如果没有这种社会语言范型，幼儿就不可能获得词汇和语法结构。

拓展链接

早期儿童语音习得研究现状

一、外国儿童语音习得研究

关于儿童语音系统发展的研究，国外已经取得的成果较多。1968 年雅各布森(Jacobson)提出了普遍性理论，他指出在世界语言中分布越广泛的音位，儿童习得就越早、越快。雅各布森对辅音的习得顺序作出了“儿童习得辅音音位的顺序是先前辅音后后辅音，先塞音后擦音，先鼻音后非鼻音”的预言。另外，具有较大影响的还有斯金纳(Skinner)提出的发音学习理论和洛克

(Locke)提出的成熟理论等多种语音习得理论。对儿童音位习得的顺序、早期儿童语音习得的阶段特点等这些儿童语音习得研究中的重要研究任务，这些理论都作出了一些合理的解释。但在他们的研究理论中，也都存在着一些局限。他们在阐述这些理论的过程中，既有支持这些理论的事实和数据，但也都遇到了一些无法解释的现象。

二、我国儿童语音习得研究

我国的儿童语言研究起步较晚。语前阶段普通话儿童的语音习得是我国儿童语言研究的重要研究对象，研究主要包括对普通话儿童声调、元音、辅音产出的描写，音位的自然习得顺序、发展进程、发音准确度和音位产出的错误类型等方面。我国在普通话儿童语音习得方面的研究还只是刚刚开始，我们还需要从更多的视角、更多层面去认识、去探索语音习得过程中的许多问题。①

(1)机械性模仿说

机械性模仿说是较早的行为主义理论。它最早由美国心理学家阿尔波特(Allport)于1924年提出。他认为幼儿语言只是对成人语言的模仿，是成人语言的简单翻版。这一学说实际上强调的是一种机械的模仿，该学说往往将幼儿语言发展的结果与过程相混淆，忽视了幼儿掌握语言过程中的主动性和创造性。

(2)选择性模仿说

心理学家怀特赫斯特(Whitehurst)和瓦斯托(Vasta)在1975年对机械模仿说进行了改造，进一步提出了选择性模仿说。他们认为幼儿学习语言不是对成人语言的机械模仿，而是选择性模仿。第一，示范者的行为与模仿者的反应之间具有功能关系，即不仅在形式上，更重要的还在于功能上相似。模仿者(幼儿)对示范者(成人)的言语行为不必是一对一地完全临摹，可以有差异和选择。第二，选择性模仿不是在强化和训练的情况下发生的，而是在自然环境中发生的语言获得模式。所以，模仿者的行为和示范者的行为之间在时间上不是很相近，在形式上又不是一对一的。幼儿能模仿成人话语的结构，并在新的情景中用以表达新的内容，或组合成新的结构，这样获得的语言既有学习和模仿的基础，又有新颖性。

选择性模仿说给“模仿”增加了新的内容，对幼儿语言的发展具有一定的解释力，但还不能充分说明语言获得的过程，表现在以下两个方面：第一，它难以解释幼儿语言发展的速度。如果幼儿的语言完全由模仿获得，那么，在学会说话以前幼儿必须听过大量的句子并把它们像录音带一样储存起来，显然这是不可能的。幼儿的全部语言并不是逐字逐句模仿得来的。第二，幼

① 龚勤：《早期儿童语音习得的若干特点探析》，载黄石理工学院学报(人文社会科学版)，2011(5)。

儿在获得语法结构之前(4 岁以前)，其模仿早已大大减少，他们说出的句子要比听过的多得多，更重要的是幼儿说出的句子中有许多是成人语法中所没有的奇怪的句法结构，这种句子是无法模仿的。由此可见，选择性模仿说既有一定的合理性，又有一定的局限性。

2. 强化说

强化理论是行为主义理论体系的具体表达，其代表人物为斯金纳。

斯金纳试图用操作行为和强化等概念来解释幼儿语言的获得，即把幼儿的语言看成“刺激—反应—强化”的过程。在这一过程中，幼儿对一个刺激作出的正确反应，就会得到成人的强化(口头赞许或物质上的满足)，这就增强了在类似情境中作出正确反应的可能性，这个过程就叫作强化。成人往往用话语表达赞许，这些话语大多与特定的情境相联系，因此，成人的话语逐渐成为有区别意义的刺激，既是下一个反应的刺激，又是对反应的强化因素，幼儿就这样学到了语言。例如，幼儿在牙牙学语时期，常常会自发地、无目的地发出各种声音，一旦有些声音近似成人说话声音时，父母或其他成人便对这些声音进行强化，并对正确的声音加以正强化，对不正确的声音给予负强化(这在操作性条件反射的形成中称为选择性强化)。语言的操作性条件反射，正是建立在环境引起的声音和声音连接的选择性强化的基础上的。由此可见，选择性强化是语言操作性条件反射中的核心问题，对幼儿语言行为的形成、巩固极其重要，通过这种强化，幼儿的语言逐渐变得有效和得体。

斯金纳试图从理论上阐述幼儿获得语言的过程，强调提供正确语言范型和正确强化的作用，对心理学界和语言学界产生了很大的影响。但也受到越来越多的批评，一些人认为这种理论对以下三个问题难以作答：第一，强化如果是渐进的、累积的过程，那如何解释幼儿在短短的几年就迅速获得听、说的能力？第二，在幼儿语言发展过程中，成人通常很少对幼儿语言的正确语法进行强化，成人关心的是语句内容的真实性，那么幼儿又是怎样掌握语法结构的呢？第三，强化并不能促使幼儿了解句子为什么正确或不正确，那么幼儿怎么理解句子？

想一想

强化在幼儿语言发展过程中无疑是有相当作用的，那么如何客观地评价强化说呢？

(二)先天决定论

先天决定论强调先天禀赋的作用，认为语言获得不是后天学习的结果，该学说同后天环境论可谓针锋相对。其中较有影响的是乔姆斯基的先天能力说和勒纳伯格(Lenneberg)的自然成熟说。

1. 先天能力说

先天能力说又称转换生成语法说，主要是乔姆斯基在其《句法结构》一书中提出的语言理论。其主要观点是，决定幼儿能说话的因素不是经验和学习，而是先天遗传的语言能力。乔姆斯基注意到以下的事实：幼儿掌握本民族的语言异常迅速，尽管语言环境不同，但世界各民族幼儿获得语言，尤其是句法结构的顺序基本一致，时间也大致相同；尽管各种句子的形式不一样，但它们都有着共同的语言的基本形式，即语法结构。据此，乔姆斯基提出了自己的理论假设：人脑有一种受遗传因素决定的先天语言获得装置(Language Acquisition Device，LAD)，语言获得过程就是由"LAD"实现的。由于有这种装置，幼儿虽然只从周围环境听到有限的句子，却能产生无限的句子。

幼儿语言的获得，是通过 LAD 的活动实现的，即以生来具有的普遍语法知识为依据，对所接受的具体的原始语言材料进行处理，并逐步形成个别语法能力。在此过程中，幼儿能发现语言的深层结构(显示基本的句法关系，与语义相联决定句子的实质性意义)，以及将其转换为表层结构(用于交际中句子的形式，与语音、表达形式相联)的转换规则，因而幼儿能产生和理解无限多的新句子，从而创造性地使用语言。

这一学说从根本上改变了语言获得中幼儿被动模仿的看法，开始注意到幼儿本身的特点，强调了语言获得与脑结构有关。该学说是一个假设，要证实这个假设并不容易，目前还没有得到有力的研究证据。该学说过分强调先天性，过分夸大 LAD 的作用，低估了环境和教育在言语获得过程中的重要作用，忽略了语言的社会性，这也是片面的。

2. 自然成熟说

自然成熟说由美国心理学家勒纳伯格提出。他认为，生物的遗传素质是人类获得语言的决定因素。幼儿语言的发展是一个受发音器官和大脑等神经机制制约的自然成熟的过程，人类大脑具有其他动物所没有的主管语言的区域，所以语言为人类所独有。语言是人类大脑机能成熟的产物，只要受到适当的外在条件的刺激，就能激活或诱发出原来潜在的语言能力。大脑功能的成熟存在关键期，所以，语言获得也有关键期。这一学说的某些观点，如提出大脑中存在语言中枢，语言获得有关键期等，得到一些相关科学研究的证实，有一定的科学性。但是，该学说否定环境和语言交往在语言发展中的重要作用，将先天禀赋和自然成熟的作用提高到不适当的程度，是有缺陷的。

(三)先天与后天相互作用论

无论是后天环境论还是先天决定论的观点，都是较为极端、激进的。它们要么只强调后天因素而否定先天因素，要么只强调先天因素而否定或轻视后天因素，两者都难以对幼儿语言获得作出令人满意的解释。

1. 皮亚杰的认知说

皮亚杰认为：①幼儿的语言能力仅仅是大脑一般认知能力的一个方面，

认知结构的形成与发展是主体和客体相互作用的结果，所以语言也是主客体相互作用的结果，是遗传机制与社会环境相互作用的产物。②语言是幼儿许多符号功能(指幼儿应用一种象征或符号来代表某种事物的能力)中的一种，因此同其他符号过程一样，出现在感知运动阶段的末尾，即1岁半到2岁之间。③认知结构是语言结构发展的基础，语言结构随着认知结构的发展而发展，具有普遍性。④幼儿的语言结构具有创造性。

2. 社会交往说

社会交往说的代表人物主要有布鲁纳(Bruner)、班杜拉(Bandura)等。该学说认为，语言获得不仅需要先天的语言能力，而且也需要一定的生理成熟和认知的发展，更需要在交往中发挥语言的实际交际功能。幼儿和成人的语言交流是幼儿获得语言的决定性因素。假如幼儿早期被剥夺其社会交往环境，幼儿就不可能学会说话。这一学说不乏合理的成分，揭示了幼儿语言获得的大前提。然而，对于幼儿怎样通过社会交往来掌握语言的过程和机制，尚还缺乏令人信服的阐述。

综上所述，语言获得的各派理论中均有一定的合理成分，但也存在不同程度的缺陷。先天与后天的因素在幼儿语言获得中的作用应该是不相矛盾的，但这种机制只提供了语言发展的可能性，要使这种可能性变为现实性，就离不开一定的语言环境和教育条件，离不开幼儿的实践，离不开个体与社会环境的相互作用。

考证要点：

幼儿语言获得理论主要有(　　)。

A. 环境理论　　　　B. 先天决定论

C. 后天决定论　　　D. 先天与后天相互作用论

二、幼儿语言的发展

(一)0～3岁幼儿语言发展

3岁前是人的一生中学习语言最为迅速和关键的时期。在短短的3年内，幼儿从开始感知语言，到慢慢能听懂成人语言，从学说单词句，发展到能用基本完整的句子来表达自己的意思。3岁前幼儿的语言发展可划分为三个阶段：0～1岁是幼儿言语发生的准备阶段，又称为前言语阶段；1～2岁是幼儿开始进入正式的学说话阶段，又称为言语发生阶段；2～3岁是幼儿初步掌握口语阶段；进入小学后，幼儿才达到基本掌握口语阶段。

1. 0～1岁幼儿语言发展

在0～1岁的前言语阶段，幼儿从第一声啼哭到咿呀学语做好说话的准备，经过了大量的语音练习，这个过程大致可以分为三个阶段。

(1)简单音节阶段(0～3个月)

0～3个月是简单音节阶段。婴儿首先学会区别语音和其他声音：出生不到10天的新生儿就能区别语音和其他声音，并作出不同反应。出生12天的新生儿能以目光、吮吸、蹬腿等身体行为，对说话声音和敲击物体声音的刺激作出不同反应。之后，婴儿获得辨别不同话语声音的感知能力：出生24天的婴儿能够对男人和女人的声音、父母和他人的声音作出明显不同的反应。1个月以后，其听觉比较敏锐，对语音较敏感，如在其身边摇铃等，会有改变身体运动强度的反应。3个月左右，其对声音的反应出现目标性，当听到声音时，会转头寻找声源。当成人与婴儿面对面"交谈"时，婴儿能对说话者的声音(伴随目光、微笑以及翕动的嘴唇等)作出反应；能发出一些简单的音节，多为单音节——婴儿在睡醒之后或吃饱穿暖了躺着时，会发出愉快的自言自语的声音，出现了喁喁作声的情况。

(2)连续音节阶段(4～9个月)

这个阶段又大致可以分为两个时期：4～6个月和7～9个月。

4～6个月的婴儿感受语调的能力明显增长，能感知一些词，如婴儿因为饥饿等而哭闹时，成人说"来了，来了"时，婴儿的哭声会变小或停止。婴儿并非真正听懂了词，而是能通过语调感知成人的意思；能对熟悉的人微笑并能笑出声来；能对镜中自己的影像说话；独自玩或对成人的逗弄作出反应时能发出一些成串的语音，如ba－ba－baba等；会用语音来吸引别人的注意，出现"小儿语"，这些"小儿语"听起来似乎含有提出问题、发出命令和表达愿望等不同的意思，但具体是什么谁也听不懂。

7～9个月的婴儿能同时感知3种不同的语调，对于微笑、平淡或恼怒的语调有了表示。对陌生的声音，婴儿会表现出好奇心，懂得简单的手势、词语和命令；能够辨别家人的名字和一些熟悉物体的名称；会用舌头和嘴唇发一些非语言的声音并努力模仿别人发出的语音；开始用动作进行交流，如挥手表示再见。

(3)学话萌芽阶段(10～12个月)

这一阶段，婴儿发出的声音的音调开始多样化，四声均已出现，听起来像是在说话。这个阶段婴儿语言发展的特点表现在：能理解一些简单的命令性语言，如"坐下""过来"等；努力模仿成人发出新的声音；生气或发怒时能用哭或摇头表示不满；能模仿一些非语言的声音，如咳嗽或用舌头打出声响；能执行成人的简单指令，并建立相应的动作联系，如成人说"跟奶奶再见!"，婴儿就会挥挥小手；开口说话，出现第一个有意义的单词。大约从10个月开始，有的婴儿会说出第一个单词，如"妈妈"等。

温馨提示

成人可以先叫婴儿的名字，然后用目光注视他，并以唱歌的形式发出一些简单的韵母，如“a……”，接着再抚摸他，冲他微笑。如果他真的发出了声音，那么成人应立即重复他的声音，并且和他反复进行这种游戏，使婴儿很快学会发出一些声音并学会模仿成人的声音。

2. 1～2 岁幼儿语言发展

经历了近一年的言语准备，从 1 岁开始幼儿便进入了正式学习语言的阶段，他们从发出一些无意义的连续音节、少数的模仿音，到开始说出有意义的词。1～2 岁时，幼儿的口语发展还处于不完整句时期，根据幼儿语言发展的基本情况，该时期可分为两个阶段。

(1)单词句阶段(1～1.5 岁)

当一个句子只有一个词时，我们称为单词句。如幼儿在叫“妈妈”时，这个词往往代表多重意思。有可能是要妈妈抱，有可能是要吃东西，或者是要玩具等。所以单词句阶段的词所表达的意思是不明确的，家长常常需要把其说话时所使用的手势、表情、体态等联系起来，以确定幼儿所要表达的真正意思。

单词句阶段幼儿言语发展有如下特点：

①语音方面，这个时期，幼儿自发地模仿所听到声音的积极性明显提高。在所能模仿的音之中，连续的音节增多，如 a－ba－ba－ba－ba；无意义的音节逐渐减少；模仿的词音不完整，成人说“小汽车”，幼儿只能说“车”或“车车”。

②词汇方面，出现了“以音代物”“消极词汇”“积极词汇”等现象。

以音代物是 1 岁半以前的幼儿说出词汇的一个明显特点，即常常发出以物体形象来代替物体的名称的声音，如称汽车为“滴滴”，称猫为“喵喵”等。

1 岁至 1.5 岁是幼儿“理解词”发展最迅速的时期，但是对词的理解还包括既理解又会用的“积极词汇”和能理解但不会用的“消极词汇”。对消极词汇的理解，大都体现在能根据成人的指示行动，如婴儿要去碰热度高的东西时，听到成人说“烫！”会马上缩回手，但是这些词语婴儿还不会运用。

婴儿会使用的积极词汇有几个明显特点：一是一词多义。由于这个年龄的幼儿对词的理解还不够明确，所说出的一个词往往代表着多种对象。如“毛毛”代表所有带毛的动物或者用毛皮做的东西。二是固定化理解。这一阶段，幼儿在对词的理解上往往与某种固定的物体相联系，甚至把该物体同某种背景固定起来。例如，“妈妈”就是指自己的妈妈。三是以词代句，如前例“妈妈”一词。

③句型方面，幼儿所能理解的句子有以下几类。

一是呼应句。所谓呼应句就是指婴儿呼唤他人(呼唤句)或是对他人呼喊的应答(应答句)。这发生在本阶段的初期，是使用频率较高的功能句。二是述事句。所谓述事句就是指幼儿对自己发现的事情的述说。如妈妈问：“你的球呢？”婴儿说“没”，是说他没看见球，不知道球在哪儿。这大约发生在 15 个月以后。三是述意句。所谓述意句是指幼儿述说自己意愿的句子。所表述的意愿大多是表示否定的。如让幼儿赶快收拾玩具来吃饭，他会说“不”，表示不愿意，这多发生在本阶段后期。这个阶段的幼儿对成人命令式的语言能理解并执行，对成人具有方向性的命令式语言，幼儿不用凭借动作或面部表情就可以完全理解。

(2)双词句阶段(1.5～2 岁)

1.5 岁以后，幼儿说话的积极性明显提高了，他们能说出由两个单词组成的句子，称之为“双词句”；会逐渐用简单句表达自己的想法，所表达的意思远远比单词句阶段清楚。然而，这种简单句在表现形式上仍是断断续续的、简略的或结构不完整的。双词句阶段婴儿语言发展的特点主要表现在以下几点。

①掌握新词的速度突飞猛进，出现“词语爆炸”现象。这个阶段幼儿的语言表达能力将发生质的飞跃，基本以每月平均说出 25 个新单词的速度递增。

②能说出由两个单词组成的双词句且增长速度加快。如“妈妈抱抱”“苹果削”，这些话听起来像我们发电报时所用的省略语句，因此又被称为电报句。

③随着幼儿生活范围的扩大，认知能力的逐渐提高，他能给看到的物体命名，命名时常会出现泛化、窄化等现象。如将“狗”叫作“汪汪”，将所有带皮毛的动物或用皮毛做的东西统称为“毛毛”等。

④疑问句较多，不断地提出问题，理解并能正确回答成人提出的一些问题。这个阶段，幼儿开始不断向成人提问，总是要求告知他各种事物的有关信息，如名称、特征、用途等，这实际上也是幼儿语言学习的一个途径。

幼儿园听说游戏活动教案《猜猜看》

职场实训

猜猜看

把玩具放在一个口袋或箱子里，也可藏在手掌或衣服里，让幼儿猜是什么物品，并让幼儿大声地说出来。无论幼儿猜出还是猜不出，成人都要正确地告诉幼儿物品的名称。

幼儿园听说游戏活动教案《词语接龙》

词语接龙

由于这一阶段是幼儿词语爆炸时期，成人可通过此游戏来丰富和巩固幼儿的词汇。如采用问答式接龙，往往是一问一答。成人问：“谁会飞?”幼儿答：“鸟会飞。”成人问：“谁会游?”幼儿答：“鱼会游。”

教育建议：依据以上游戏规则，与幼儿玩语言听说游戏。

3.2～3 岁幼儿语言发展特点

2 岁以后直到入学前，这一时期是幼儿基本掌握口语的阶段，他们开始学习使用合乎语法规则的完整句准确地表达思想，也基本能运用语言与人交往，语言成了这一阶段幼儿进行社会交往和思维的一种工具。该阶段被称为“复合句阶段”，又可分为初步掌握口语阶段和目标口语初步发展阶段。

(1)初步掌握口语阶段(2～2.5 岁)

初步掌握口语阶段的幼儿基本能理解成人所用的句子；发不出的语音逐渐减少，语言逐渐稳定和规范，会用语言与成人进行简单交流；喜欢提问并且疑问句逐渐增多；能运用多种简单句句型，并开始使用复合句进行表达，但“重叠音”和“接尾”现象较多；能够运用语言表达请求、拒绝、肯定、求助等，并学会倾听别人的讲话，表达自己的要求和愿望。

(2)目标口语初步发展阶段(2.5～3 岁)

目标口语初步发展阶段的幼儿，在语言发展上的特点表现为：词汇增长十分迅速，几乎每天都能掌握新词，且学习新词的积极性非常高；能抽象出句子规则，且能表现出系统整合的语言内在能力；能说出完整的句子，出现了多词句和复合句；说话不流畅，表达方面常出现“破句现象”；语言功能则显现出越来越丰富和准确的趋势。

(二)3～6 岁幼儿语言发展与教育

1. 语音发展特点

语言的交际功能要借助语音才能实现，幼儿期是掌握语音的关键期，同时也是幼儿语音可塑性最强的时期。因此，在该阶段，成人要根据其语音发展特点有针对性地对其进行教育。幼儿语音发展的特点主要表现如下。

3～4 岁幼儿的发音中，相比较而言，韵母发音的正确率较高，声母的发音正确率则稍低。该时期，幼儿言语器官尚未得到充分发展，他们还不能协调使用发音器官，即不会运用发音器官的某些部位，或者不能掌握某些发音方法，以致发音不清楚、不准确。在发某些声母时，幼儿常常把握不好，并出现相互替换的情况。如“n”和“l”不分，会把“奶奶”说成“来来”；翘舌音“zh”“ch”“sh”常被替换成舌尖前音“z”“c”“s”或舌面音“j”“q”“x”，如“汽车”说成“汽切”，“这个”说成“介个”等。4 岁以后，幼儿发音的正确率明显提高。

4～5 岁幼儿的发音器官已发育完善，能正确发大多数的音。如果能够坚持练习并进行反复的语言实践，基本能够掌握全部的语音了，只是对某些相似的音，发音仍有困难，需要反复练习加以区分。

5～6 岁幼儿发音已基本没有问题。在成人的适宜教育下，能做到发音正确、咬字清楚，并能区分四声音调。

拓展链接

开展听音和发音游戏

0～3 岁婴儿阶段最适宜家长和婴儿之间展开亲子游戏，以训练婴儿的听音和发音能力。

1. 唤名游戏。家长在每次靠近婴儿的时候都可以用不同的语调呼唤他的名字。如果你坚持每天靠近他的时候都叫他的名字，用不了多久，婴儿便会在你每次呼唤他名字的时候给你积极的回应。同时，家长可以以多种方式对婴儿的回应予以鼓励，如给他一个拥抱，并亲吻孩子。

2. 发音游戏。家长可以一边抱着孩子，一边发出一些简单的韵母音，如“a、o、e”等。家长可以作出比较夸张的发音方式以引起孩子的兴趣，家长还可以用比较轻柔的声音呼唤孩子的名字，然后用目光注视他，并发出“a——”的声音，接着再微笑地抚摸他。这时候，家长要耐心地等待孩子的反应。如果他真的发出了声音，那么家长应该及时重复他的声音，并且反复和他进行这种游戏，婴儿会很快学会模仿家长的声音并发出近似于韵母的声音。①

2. 词汇发展特点

词是语言的基本构成要素，词汇是否丰富，使用是否恰当，直接影响语言表达能力。幼儿词汇的发展主要是通过口语词汇的掌握而体现的，3～6 岁幼儿词汇的发展主要表现在词汇数量的增加、词类范围的扩大、词义理解渐深等方面。

(1)词汇数量迅速增加

幼儿期是掌握词汇最迅速的时期。随着年龄增长，词汇数量几乎以每年一倍的速度增加，具有直线上升的趋势。有报道称，3 岁幼儿的词汇量为 800～1 000 个，4 岁为 1 600～2 000 个，5 岁为 2 200～3 000 个，6 岁则为 3 000～4 000 个。但这与成人的 12 000～13 000 的词汇量相比还是有一定差距的，也说明词汇的掌握需要更长的时间。

(2)词类范围日益扩大

词可以分为实词和虚词两大类。实词是指意义比较具体的词，包括名词、动词、形容词、数量词、代词、副词等；虚词是指意义比较抽象，不能单独作为句子成分的词，包括连词、介词、助词、语气词等。幼儿一般先掌握实词，然后掌握虚词。

3～4 岁的幼儿所掌握的词汇，大多以名词和动词为主。那些代表具体事物的名词和具体动作的动词是幼儿生活中常常经历和感知到的，因此较易掌握。

幼儿词类的扩大还表现在词汇内容的变化上。幼儿最初掌握的是与饮食起居等日常生活、活动直接相关的词，之后会逐渐积累一些与日常生活距离稍远的词，甚至开始掌握与社会现象相关的词。

(3)词义理解渐深

在词汇量不断增加、词类不断扩大的同时，幼儿所掌握的每个词的本身含义也逐渐地确切和加深了。

首先能理解的是词的具体意义，以后才能深刻地理解词义，但仍难理解词的隐喻和转义。如听到成人说“那个人长得很甜”，孩子会说“很甜吗？你尝过他吗”。

再者，对于同一个词，幼儿对其含义的理解水平是不同的。最初掌握词

① 刘新学、唐雪梅：《学前心理学》，139 页，北京，北京师范大学出版社，2018。

时，幼儿对它的理解往往不准确，以后逐渐确切和加深。如一个1岁左右的幼儿把圆形物称为“鸡蛋”，之后可能也会把天上圆圆的月亮和爸爸手中的乒乓球以及桌上的橘子统称为“鸡蛋”。这说明，在最初，幼儿对词的理解是笼统的、不确切的，常用一个词来代表多个对象。随着幼儿生活经验的丰富，他们会慢慢区分事物的差别，从而加深对词的理解。

(4)开始有一定的构词能力

随着幼儿认知能力的发展，他们可以把已经掌握的词拆开，并与其他已经熟悉的词重新组合成新词。如可以把“秋天”的“秋”组成秋叶、秋风、秋季、秋雨等词，又可以把“秋天”的“天”组成春天、夏天、冬天、晴天、天空等词。

3～6岁幼儿在词汇的学习上，虽然取得了多方面的发展，对各类词都有一定的掌握，对词语的理解也渐渐深刻，但词汇量还是比较贫乏的，理解和使用上也常常发生错误，因此还须加强词汇教育。

典型案例

识字游戏

1. 通过游戏引出词语。

师：老师和你们一起来猜谜语，好不好？看看准的本领最大，脑筋转得最快！

2. 幼儿说出一个词语，老师拿出一张词卡，并让幼儿逐一反复认识。

3. 玩捉迷藏游戏。

将幼儿眼睛蒙上，老师任意拿走词卡，然后让幼儿睁开眼睛看一看什么词卡不见了。

4. 请幼儿做小主持，组织游戏活动。

5. 请幼儿说一说，什么水果是自己最喜欢吃的，并把相对应的词卡找出来。请幼儿再说说自己不喜欢吃什么，并把相对应的词卡找出来(提供苹果、葡萄、菠萝、橘子、草莓、香蕉的词卡)。

6. 玩小蜜蜂游戏。

老师与幼儿一起念儿歌：小蜜蜂，飞飞飞，飞到东，飞到西，飞到某字摸一摸。幼儿一边念儿歌一边做小蜜蜂飞的样子，听到老师指定的词，幼儿“飞”到词卡前摸一摸。两两合作游戏，一个幼儿来说词语，另一个幼儿做小蜜蜂“飞”到相应的词卡前。

活动评价：此活动所使用的代表具体事物的名词和具体动作的动词是幼儿生活中常常经历和感知到的，从幼儿在活动中较易掌握单词这一特点出发，以在游戏中认识苹果、葡萄、菠萝、橘子、草莓、香蕉等名词并大胆表达为目标，培养幼儿对识字游戏的兴趣。

3. 语法发展特点

掌握大量词汇以后，还必须将这些词汇按一定的语法规则合乎逻辑地组织起来，才能准确表达语言的含义，达到交际目的。换言之，想要表达自己的思想，理解他人的观点，单靠语音和孤立的词汇是无法实现的，只有语句才能真正起到交流的作用。

幼儿语法系统的发展，由于所学语言的不同和幼儿学习语言的主客观条件的不同，而表现出不同程度的差异，但是都有一个基本相同的发展过程和特点。幼儿语法发展大致呈现以下发展特点。

(1)从简单句向复合句

幼儿最初所表达的句子结构是不完整的，大多在 2 岁之前，幼儿主要能说一些单词句和双词句。幼儿一开始只能说一些连主谓语也不分的单词句，句子结构混沌不分，如“狗狗”“猫猫”。之后，单词句逐渐分化为只有主谓结构和动宾结构的双词句，如“妈妈抱”“坐车车”等。大约 2 岁以后，幼儿使用句子的结构越来越分明了，复合句逐渐出现。复合句的使用数量和比例随着年龄的增长而增长。幼儿使用复合句大致有几个特点：①数量少，比例小。学前初期，复合句的使用在 10%以内，随着年龄的增长，复合句的使用比例也在增长，但 5～6 岁时，仍然在 50%以下。②结构较为松散，大多是简单句意义上的组合，往往省略关联词。③由于幼儿思维水平的限制，幼儿所说联合复句出现较早，偏正复句出现较晚。

(2)从陈述句到非陈述句

从陈述句发展到多种形式的句子，也是这个时期幼儿语法发展的特点之一。幼儿最初掌握的是陈述句，在学前阶段，陈述句占 60%～70%，是幼儿使用的基本句型；非陈述句中，疑问句产生较早，疑问句的难易程度随着年龄的增长而变化，所占比例不高于 15%；祈使句和感叹句一般都在 10%以内。

(3)从无修饰句到修饰句

幼儿最初所说的简单句是没有修饰语的，之后会慢慢出现具有修饰语的句子。据研究，2 岁幼儿运用的修饰句仅占 20%左右，3～3.5 岁是复杂修饰语句数量增长最快的时期，3.5 岁幼儿使用修饰句的比例为 50%以上，3～3.5 岁时，幼儿会使用如“大灰狼”“小白兔”等修饰语，4 岁以后，有修饰的句子开始占优势，如“熊猫有两只黑色的眼睛”，到 6 岁时使用比例上升至 91.3%。

(4)句子结构逐步严谨且灵活

严格地说，幼儿刚开始说出的单词句和双词句还不是真正的句子，只是一个简单的词语链，不是完整的句子结构。幼儿最初会说的句子不仅简单，而且不完整，漏缺句子成分或句子成分排列不当等现象经常出现。例如，有的 3 岁幼儿把“你用筷子吃饭，我用小勺吃”说成“你吃筷子，我吃勺子”。

由于认识的局限性和词汇的贫乏，学前幼儿最初说出的语句中只有能表明事情的核心词汇，因此显得内容单调、形式呆板。稍后，幼儿能稍微加上一些修饰语，使句子的成分变得复杂起来，表现的内容也逐渐丰富、富有感染力。学前幼儿句法结构的发展在 4～4.5 岁较为明显，5 岁时逐渐完善，6 岁时水平显著提高。

(5)从情境性语言到连贯性语言

3 岁左右的幼儿虽然能用词语组成简单的句子来进行表达，但此时他们的讲话多是断断续续的，往往需要结合具体情境，并伴随很多手势和表情来完成。幼儿这种需要听者边听边猜的情境才能懂得的语言，叫情境性语言。

4～5 岁的幼儿，其连贯性语言得到发展。连贯性语言是指句子完整、前后连贯、表述明确，听者不必考虑当时情境就能领会幼儿想表达的意思。此时幼儿虽能正确运用简单的句子来表述自己，也能独立地讲故事，但由于幼儿对关联词语或某些词义不太熟悉，在表述中仍然存在时断时续、用词不当或逻辑混乱的现象。

6 岁左右的幼儿语言表达能力有了较大提高，他们的知识经验较为丰富，也掌握了较复杂的语言形式，能用多种复句有感情地描述自己的见闻，不仅可以概括故事或图片的主要意思，还能就他人的发言进行评价或补充。

考证要点：
简述 3～6 岁幼儿语法发展的特点。

任务二　幼儿语言学习的特点

一、幼儿语言学习的三个特点

(一)语言学习是幼儿语言主动建构的过程

幼儿学习各种语言符号及其结构组织方式的过程不是完全被动的。成人不可能期望“教幼儿什么，他们就学会什么”。一方面，幼儿对于周围人提供给他们的语言范型进行着选择，只有一些他们能理解、能模仿的语言范例才会被他们所注意，并有意识地去练习；另一方面，幼儿在直接模仿成人言语的同时，总在根据自己的需要进行着变通式的模仿，即将听到的句子稍加改动，变成自己的话讲出来。此外，幼儿还通过自己的言行影响着周围人对自己的言行。也就是说，周围人向幼儿提供什么样的语言在一定程度上受幼儿自身特点的影响。

1. 幼儿对语言的模仿既有选择性又有变通性

根据心理学的研究，幼儿对语言的模仿表现出以下三种不同的方式。

(1)完全模仿

完全模仿是指幼儿将听到的语言完全重述出来。幼儿通过对语言内容和形式，甚至表情的直接模仿习得了大量的语音、词汇和表达方式。他们还可以通过模仿学会很多文学作品。不少幼儿从小经常听故事广播，他们一边听一边模仿广播里讲故事的声音和表情，经过长期积累，他们还可以把这些语句运用到日常对话或讲其他故事的活动中。可见，幼儿对语言的完全模仿也不是被动吸收的过程。当他们在新的场合对新的对象尝试说某句话时，他们已对这句话进行过“加工处理”，至少他们已知道这句从别人那里学来的话可以运用到什么场合，说给什么样的人听。

(2)结构式模仿

结构式模仿是指幼儿借用听来的话语结构，用以表达不同于原话的内容。例如，教师先指导幼儿看图学句子“小朋友在做体操”。然后呈现一幅新图画，画面是个成年女性在晾衣服。教师提示幼儿“这幅图上是谁在做什么?”幼儿很容易就回答出“妈妈在晾衣服”或“阿姨在晾衣服”。在这一例子里，幼儿模仿了先前句子的句式“谁在做什么”，表达的却是新的内容。正是由于幼儿具有这种结构式模仿的能力，教师可以指导幼儿进行句子、诗歌和散文的仿编活动，即让他们学习原作的句式或结构，表达新的内容。

(3)变通式模仿

变通式模仿是指幼儿对原话的结构进行一些调整，然后说出新的句子。有时幼儿变换语序，但仍表达相同的意思，如原句是“妈妈买牛奶”，幼儿说“牛奶，妈妈买”。有时，幼儿把原话进行压缩和省略，如原话是“大象搬进了新家，它想去交新朋友”，幼儿说成“大象搬家，交朋友”。还有的时候，幼儿会在模仿时“添油加醋”，将原话进行扩展，如“小朋友在搭积木”，幼儿将其扩展为“小朋友在一起搭积木，有的搭汽车，有的搭高楼，大家玩得真高兴”。通过各种变通式模仿，幼儿的语言表现出丰富多样的特点。虽然幼儿说不出自己为什么会进行这样或那样的转变，但他们的的确确是在运用语言的结构规则，在模仿的同时进行着创造。

2. 言语交际需要是幼儿主动建构语言的必要条件

言语交际的环境是幼儿学习语言必不可少的条件。只有在言语交际的环境中，当幼儿有交往的需要时，他们才会主动地搜寻已储存在记忆库里的语词，尝试说出以前从别人那里听来的话。也只有在有交际需要的情形下，当幼儿因词汇贫乏或语法错误引起交谈对方的误解时，他们才会感觉到学习新词的重要性，才会有意识地利用各种交流机会向别人学习、模仿各种新词新句。

语言是交际工具。人们要掌握某种工具必须靠实践，靠经常使用这种工具。这就像木工需要亲自尝试才能掌握刨子的用法，裁缝需要经常练习才会熟练运用缝纫机一样。幼儿只有在言语交际的大量实践中，才能逐渐掌握语言这种交际工具。因此，创建言语交际的环境，激发幼儿内在进行言语交际的需要是幼儿主动建构语言的必要条件。

想一想

语言学习是幼儿主动建构的过程，在怎样的环境中幼儿主动学习词汇、句子的需求会强烈呢？

(二)语言学习是幼儿语言个性化的过程

每个人的语言都具有强烈的个人特征。在语言学习时期，幼儿就已经开始展现出个性化的特点。语言学习是实现幼儿语言个性化的过程，主要表现在以下几个方面。

首先，通过幼儿模仿语言过程中表现出的选择性和变通性，我们可以看出幼儿学习语言是个性化的过程。每个幼儿都在依据自己的经验和已积累的语言与周围人交往，并从周围人的话语中学习新词、新句。如果为幼儿提供完全相同的语言范型，来自不同家庭具有不同背景的幼儿可能有不同的模仿结果，有的同语重复，有的缩减，有的扩展。在平常生活中，我们几乎没遇到过说话完全相同的两个人。许多时候，即使在同一情境，面对同一话题，不同人也可能讲不同的话。从每个人的说话情况看，不同的人常常表现出跨情境的一致性，即经常表现出特定的语言习惯，包括口头禅、习惯性的音调等。

其次，从语言所反映的事物看，人们喜欢谈论什么往往因人而异。幼儿喜欢谈论他们感兴趣的事物，而幼儿对事物的喜好和兴趣又极具个性化。这使幼儿对语言表达的兴趣表现出一定的个性特点。有的幼儿喜欢各式各样的车，他们也喜欢学习各种车的名称，于是在所掌握的词汇中，有大量反映各种车的商标和车型的名词，而且幼儿能把这些词与相应的真车或玩具车联系起来。面对这些幼儿，成人至少在车方面会感觉自己词汇的贫乏。当幼儿说出某种车名时，教师可能根本不知道指的是哪一种车。

不论是说出的话，还是说话的内容，幼儿的语言都表现出很明显的个体差异；幼儿喜欢学哪些词汇、哪些句子，喜欢模仿哪种表达方式，也有很明显的个体差异；幼儿在谈论哪些话题时有比较好的表现，对哪类文学作品学得更快，理解得更清楚，这也有明显的个体差异。总之，幼儿学习语言的过程是极具个性特征的过程。不同幼儿在语言学习速度、效果等方面表现出不同的特点，不同幼儿在运用语言进行交际的积极性方面也表现出不同的特点。为此，幼儿园的教育必须在顾及同龄幼儿群体需要的同时，照顾个别幼儿的独特发展特征。

(三)语言学习是幼儿语言综合化的过程

语言本身的特点决定了语言学习是一个综合化的过程。语言是一种符号，反映一定的事物。幼儿学习语言时，必然要弄懂语言的含义，也就是要弄清各个语词代表什么事物，反映事物的哪方面特征，表达什么样的思想感情，等等。因此，幼儿学习语言的过程往往和他们认识事物的过程相联系。例如，只有当幼儿对西红柿的各方面特征有所认识，并知道它属于蔬菜时，他们才有可能真正理解“西红柿”这个词的含义。

语言的学习也和幼儿在其他领域的学习紧密联系在一起。随着幼儿社交活动的逐渐扩大和自身对外界认识的加深，幼儿的语言也越来越丰富。语言伴随着生活的每一步，从家庭到社区，从父母到小伙伴，从自然现象到人际交往和社会常识，幼儿的成长、成熟通过语言的成长表现出来。

以科学教育为例，幼儿往往是在教师的言语指导下进行各种科学探索活动，他们在科学探索过程中不断与同伴和教师就有关的科学知识和科学方法展开讨论和交流，当他们发现取得某种探索成果之后，他们又用语言把自己的发现表达出来，和同伴互相交流……在此过程中，幼儿既获得了有关的科学概念、科学术语，又在和同伴及教师进行对话，并在探索取得成果时用完整连贯的语言报告自己的探索过程和结果。可以说，这种科学探索活动为幼儿提供了很好的语言教育机会，使他们获得了多种语言经验。从这个意义上，我们很难说这种活动究竟算科学教育，还是算语言教育，它表现出了很明显的综合化的特点。

典型案例

蔬菜认知教学活动

情景导入：青菜奶奶的生日。

(出示青菜奶奶玩偶，并放轻音乐)

青菜奶奶入场：大家好！猜猜我是谁？我是青菜奶奶，今天我特别高兴！因为今天是我的生日，我得去准备准备，等会儿我的许多蔬菜宝宝都要来给我过生日。(关音乐，摆蛋糕)辣椒爸爸、妈妈、宝宝玩偶进行自我介绍。

1. 请幼儿根据已有经验回忆生活中的蔬菜。(利用蔬菜模型认识各种各样的蔬菜)

2. 打扮蔬菜，并请幼儿介绍蔬菜名称(幼儿能够清楚地说出为什么喜欢这种蔬菜)。

3. 让幼儿品尝蔬菜，通过品尝了解蔬菜的味道。

活动评价：该活动从语言学习是幼儿语言综合化的过程这一特点出发，引导幼儿在弄清蔬菜具体特征的基础上学习语言、感受蔬菜的多种多样，萌发对文学作品的兴趣。

(四)语言学习是幼儿语言循序渐进、逐步累积的过程

语言学习是一个日积月累的过程。幼儿掌握语言，要掌握语音、词汇、语法，并将其成熟运用，这要经历从无到有、积少成多、逐步完善的过程。幼儿在他们还没有完全掌握语音的发音、词汇的选择、词义的理解、语法的

运用时，常常出现理解错误、表达错误的情况。这个时期与幼儿进行交谈时，成人应照顾到幼儿的年龄特点，多用短句，多作描述。耐心地解释和补充会比不耐烦地打断和质疑更加有助于提高幼儿说话的积极性。

教师必须把握幼儿语言学习的基本特点，在向幼儿讲述一个新词或向幼儿介绍一篇文学作品之后，不立即要求幼儿对新的学习内容进行理解性的复述，甚至改编。因为幼儿往往需要经过一段时间才能理解这个词的确切含义，需要多听几遍才能领会这篇作品的主要意思。教师要多给幼儿提供语言范例，多向幼儿介绍各种各样的文学作品，丰富幼儿的语词经验。即使对有的幼儿来说，这些语词经验在当时还看不出作用，但从幼儿的长远发展看，它们对幼儿语言的发展很有益处。在选择新的语言教育内容时，注意把握幼儿当前的语言发展水平，并以此为基础提出略高于幼儿现有水平的要求，那么幼儿就容易在教师指导下“跳一跳”，达到较高的发展水平，在语言发展方面“更上一层楼”。

父母在平日对幼儿讲话时，应多用短句，多作描述，语速放慢，语音清晰。当父母听不懂幼儿的话时，应该亲切地鼓励幼儿作一些解释或补充。父母平时要注重向幼儿介绍新的语言词汇，运用新的语言句型或者语言结构，帮助幼儿在潜移默化中感受尽可能多的语言内容，为其将来说出更加丰富的语言奠定基础。

考证要点：

幼儿对语言的模仿表现出哪些方式（　　）。

A. 完全模仿　　B. 不完全模仿

C. 结构式模仿　　D. 变通式模仿

二、幼儿语言学习的方式

幼儿学习语言的方式，与其年龄阶段的特征密切相关。

（一）在主动模仿中学习语言

幼儿对周围环境的语言刺激特别敏感，并有一种强烈的自发学习说话的积极性。因此，他人的语言就成了幼儿学习的对象，而且多以模仿形式出现。这种语言模仿，最初是在日常生活中自然而然进行的，其语言模仿渠道多种多样，如与成人或同伴交谈、与他人之间的交谈，影视、广播中人物的语言、广告词等都可能成为幼儿模仿的对象。但是，幼儿是根据自己的能力，按照自己的兴趣选择对象进行模仿的，他们模仿最多的一般是身边的成人或同伴的语言。幼儿在语言方面的模仿大致有四种方式。

①即时的、完全的模仿。如一个幼儿说：“星期天，我爸爸带我到外滩去看东方明珠电视塔。”另一个幼儿随即也会说：“星期天，我爸爸也带我到外滩去看东方明珠电视塔。”后者不一定是事实，这正说明了一种语言的模仿。

②即时的、不完全的模仿。如教师在指导小班幼儿感知物质“软”“硬”时，同时要求幼儿用语言进行表达。教师说：“玩具熊的毛摸上去软软的。”幼儿则模仿说：“玩具熊软软的。”模仿的发生往往受幼儿言语技能的限制，对于超过他们技能的范围，他们要么不能模仿，要么就表现为不完全的模仿。

③延缓模仿。幼儿从各种渠道中自然而然接受的范句，他不会立刻进行模仿，而是在隔一段时间后，在类似的情境出现时，幼儿才把范句或与范句近似的话语复述出来。如幼儿在家将布娃娃和玩具动物整齐地靠在沙发上，然后对它们说：“请大家坐好，小脚并并拢，小手放放好，眼睛看老师，我们上课了。”俨然是一副“小老师”的姿态，这显然是在模仿幼儿园老师讲话。

④创造性模仿，也称选择性模仿。按照范句的句法结构，在新的情境中表述新的内容。这类模仿不是完全重复别人的原词句，常常带有自己的创造性。如幼儿学习了某篇文学作品之后，对其中的新词或某一句式会进行创造性模仿。幼儿会说：“我一边走路，一边唱歌，真高兴。”“晚上，我一边看电视，一边吃苹果，真快乐。”还有的幼儿说：“我一边看书，一边画画，真开心。”当然，这句话是不合实际的，却反映了幼儿的纯句式的创造模仿。总而言之，创造性模仿是整个幼儿期模仿说话的主要形式。

练一练

名词解释：创造性模仿

(二)在语言建构和运用中学习

幼儿是在认知活动、交往活动和语言规则之间的相互作用中学习语言的，从而积累丰富的语词和听说经验，使其语言得以较快发展。

1. 在认知活动中学习语言

幼儿的周围，存在着众多的物体和不断变化的新环境，成人常常要通过语言向幼儿传递各种信息，开展各种认知活动，幼儿通过吸收和加工有关的语词和话语，获得多方面的信息，形成有关概念。在认知活动中，幼儿对那些新奇的、形象具体、具有鲜明特点的事物，会产生强烈的兴趣，表现出浓厚的探索愿望，他们会好奇地向成人提出“是什么”“干什么”“为什么”等许多问题，成人总是通过自己的语言予以讲解或直接回答，有时也会引导幼儿感知观察，鼓励他们自己去寻求答案。这一切都是以幼儿认知活动为基础，幼儿面对的是直观的事物现象，因此很快就能理解和接受，同时还掌握了相应的词语和句子。

2. 在交往活动中完善语言的表达

幼儿在每日生活中，在与周围人的交往活动中，经常要将自己的视觉信息、听觉信息、动觉信息以及主观感受、愿望或要求转换成语言来告知别人。在与人交往过程中，幼儿的语言表达由于受到其认知水平以及语义、句法、语用等理解水平的影响，常会出现使用错误和随意“创造”的现象。无论是“错误”还是“创造”，都会引起周围人的积极反馈，得到成人及时地、不断地补充和修正，使成人积极地参与互动。其结果使幼儿更加主动吸收、加工和输出语言信息，使他们的语言表达更加趋于完善。

3. 在游戏活动中开展语言实践

游戏是快乐而自由的一项实践活动。在游戏中幼儿自由地支配自己的行动，愉快地与同伴交往合作。游戏为幼儿提供了语言实践的良好机会和完善语言的最佳手段。

幼儿初期，在独自游戏中，幼儿往往凭借语言支配来调节自己的行为，他们边想边说边玩，而这种独自语言，正是社会语言的基础。如一名小班幼儿抱着“娃娃”正在“喂饭”，边喂边说：“快吃！快吃！不要把饭含在嘴里，要一边嚼一边咽。”“喂”完饭，又把“娃娃”放在小床上，盖好小花被说：“吃完饭，要睡觉，不要乱动，乱动会掉下来。也不要踢被子，会着凉。眼睛快点闭好，嘴巴不要有声音。”这些语言既有模仿因素，也有创造因素。其模仿也不是教师或成人的原词原句，语句中已经掺和了自己的经验和创造成分。

幼儿与同伴共同游戏，更是语言实践的好时机。游戏主题的确定，场地、游戏材料的选择，游戏角色的分配等，都需要幼儿陈述自己的观点、倾听同伴的意见，并和同伴友好合作，逐步统一玩法和游戏进程。在这些过程中，幼儿运用语言的能力得到实际练习。在游戏时，幼儿的语言又变成了角色之间的对话，实现着社会的交往，语言的对答、应变、协调能力得到很大锻炼。

对于语言表达有问题的幼儿，如不善于在集体场合说话、有口语缺陷等，在游戏中也能做到轻松自如地交谈，口吃、怯场等现象大大减少。游戏给所有的幼儿提供了说话练习的实践机会，从而促进了幼儿语言表达能力的发展。

拓展链接

游戏是幼儿园活动的基本形式，具有趣味性、自主性、假想性、探索性和重复性，适合幼儿的年龄特点，因而被幼儿广泛喜爱。因此，游戏中的交流自然成了幼儿协商、分享、表达、交往的重要手段。教师在幼儿游戏过程中就是要抓住这些契机，利用帮助式、合作式、探索式等游戏方式，适时适度地进行语言干预，让幼儿在游戏的交流中获得发展。①

学习评价与反思

本项目学习完了，你认为自己学得怎么样？对于幼儿的语言发展规律是否已经掌握？是否能够理解幼儿语言的学习特点？请把你的感悟写在下面吧！

① 王艳芳、刘秀丽：《为了孩子的语言发展》，51～52页，北京，北京师范大学出版社，2009。

记录与反思：

____

____

思考与练习

思考与练习答案

一、基础理论

(一)单项选择题

1. 目前学界关于幼儿语言获得的理论概括为三大类(　　)。

①环境论　②先天决定论　③先天与后天相互作用论

A. ①②　　B. ②③　　C. ①③　　D. ①②③

2. 强化理论是行为主义理论体系的具体表达，其代表人物为(　　)。

A. 斯金纳　　B. 怀特赫斯特

C. 乔姆斯基　　D. 勒纳伯格

3. 在语言模仿过程中，每个幼儿的选择和变通都是不同的，体现的是幼儿语言学习特点中的(　　)。

A. 主动性　　B. 个性化　　C. 综合化　　D. 过程化

4. 人的一生中学习语言最为迅速和关键的时期是(　　)。

A. 1～4 岁　　B. 3～6 岁

C. 0～3 岁　　D. 0～6 岁

5. 幼儿对语言的模仿表现出哪些方式(　　)。

①完全模仿　②结构式模仿　③变通式模仿

A. ①②　　B. ②③　　C. ①③　　D. ①②③

(二)判断题

1. 语言是先天遗传的，生理上正常的幼儿，长大就会使用语言。(　　)

2. 语音所代表的具体事物或抽象内涵是幼儿学习语言的主体内容。(　　)

3. 幼儿在学习各种语言片段和结构方式的时候是完全被动的接收者。(　　)

(三)名词解释

1. 环境论

2. 结构式模仿

(四)简答题

3～6 岁幼儿词汇发展的特点是什么？

二、实践操作

1. 小班语言教案《谢谢小猴子》。

活动目标：

(1)理解故事内容，学说故事中的对话。

丰富词汇：鼻子、脖子、伸、爬、长长的。

(2)懂得同伴间要互相帮助。

活动准备：

(1)教学挂图《谢谢小猴子》。

(2)大象、长颈鹿、小猴子头饰各一个；帽子一顶。

活动过程：

(1)出示帽子，引出故事。

(2)教师绘声绘色地讲述故事。

提问：故事的名字叫什么？故事里有谁？

(3)教师出示教学挂图，开始第二次讲述故事，并提问。

①元元的帽子飞到树顶上了，大象是怎么说的，怎么做的，大象拿到帽子了吗？

②长颈鹿看到元元在哭，长颈鹿是怎么说的，它是怎样帮元元拿帽子的？长颈鹿拿到帽子了吗？

③猴子看到元元在哭，它是怎么说的，怎样做的？元元拿到帽子后，心情怎样，元元对猴子说了什么？

④故事表演，引导幼儿进行角色间的对话。

请结合案例说一说，这节课体现了小班幼儿词汇发展的哪些特点。

2. 请结合 3～6 岁幼儿语法发展特点为大班幼儿设计语言活动“小蝌蚪找妈妈”。

单元综合检测题一

单元综合检测题一参考答案

一、单项选择题

1. 认为幼儿的语言发展是天生的能力与客观的经验相互作用的结果的理论是(　　)。

A. 先天与后天相互作用　　B. 环境论

C. 先天决定论　　D. 强化论

2. 机械模仿说认为幼儿掌握语言是在后天环境中通过学习获得语言习惯。该学说最早由(　　)提出。

A. 阿尔波特　　B. 瓦斯托　　C. 斯金纳　　D. 乔姆斯基

3. (　　)认为幼儿和成人语言交际的互动实践活动，对幼儿的语言发展起着决定性作用。

A. 机械选择说　　B. 自然成熟说　　C. 认知说　　D. 社会交往说

4. 掌握词汇最迅速的时期是(　　)。

A. 婴儿期　　B. 幼儿期　　C. 少儿期　　D. 学前

5. 0～1 岁幼儿语言发展经历的阶段顺序是(　　)。

①简单音节　②连续音节　③学话萌芽阶段

A. ①③②　　B. ②③①　　C. ①②③　　D. ②③①

6. 3～4 岁左右的幼儿所掌握的词汇，大多以(　　)为主。

①名词　②形容词　③动词　④叠词

A. ①②　　B. ②③　　C. ①③　　D. ①④

7. 因为在语言模仿过程中每个幼儿的选择和变通都是不同的，所以幼儿学习语言的过程是(　　)。

A. 独立性过程　　B. 个性化过程　　C. 发展性过程　　D. 完整性过程

8. 单词句阶段幼儿言语发展词汇方面，出现的现象是(　　)。

①以音代物　②消极词汇　③积极词汇

A. ①③　　B. ②③　　C. ①②　　D. ①②③

9. 根据自己需要进行创造性和变通式的模仿，体现了幼儿语言学习的(　　)特点。

A. 主动构建　　B. 综合化　　C. 被动构建　　D. 独立性

10. 1～2 岁幼儿语言发展经历了哪些阶段？(　　)

①单词句　②双词句　③多词句

A. ①③　　B. ②③　　C. ①②　　D. ①②③

二、判断题

1. 婴儿出生后不久就有语言交际的现象，如用不同的哭声表达需要，吸引人的注意。(　　)

2. 幼儿在语言学习过程中的速度、效果，运用语言交际的积极性各有不同。(　　)

3. 幼儿的表达欲望和交际需要会促使幼儿收集和挑选最适用的词汇和句子。(　　)

三、名词解释

1. 机械模仿说

2. 先天能力说

3. 以音代物

4. 连贯性语言

四、简答题

1. 简述幼儿使用复合句的特点。

2. 简述 3～4 岁幼儿的发音特点。

3. 简述幼儿语言学习的特点。

单元综合检测题二参考答案

单元综合检测题二

一、单项选择题

1. 在幼儿的全面发展中，加强(　　)，可以培养幼儿良好的审美情趣和人文素养。

A. 德育　　B. 智育　　C. 体育　　D. 美育

2. 一位老师走上讲台，发现讲台桌上放着一张字条，上面用仿宋字工工整整写着：“老师，你以为当老师的就可以压服学生吗？你高昂着头，铁青着脸，像个活阎王，但是有谁怕你呢?”落款是“你最讨厌的、等待你处罚的学生”。对上述行为，最不恰当的处理方式是（　　）。

A. 不动声色地正常进行教学活动

B. 私下与该学生进行交流沟通

C. 在课堂上对该学生进行谴责

D. 以幽默的方式化解尴尬

3. 留守儿童小华身上有一些不良行为习惯，带班老师应（　　）。

A. 关心爱护小华，加强对他的行为养成教育

B. 宽容理解小华，降低对他的要求并顺其自然

C. 严厉责罚小华，令其尽快改掉不良行为习惯

D. 联系小华家长，责令其督促小华改掉不良习惯

4. 李教师刚走进教室就看见小强和小敏打架，你推我拉，互不相让。下列处理方式，最恰当的一项是（　　）。

A. 马上制止，让两名幼儿到办公室进行解决

B. 不予理睬，继续教学

C. 批评训斥幼儿

D. 了解原因，并引导幼儿自己解决矛盾

5. 侵占学校及其他教育机构校舍、场地及其他财产的，依法承担（　　）。

A. 行政责任　　B. 刑事责任

C. 民事责任　　D. A、B 两种责任

6. 教师资格制度是国家对教师实行的一种特定的（　　）。

A. 职业准入制度　　B. 任职资格制度

C. 职业许可制度　　D. 职业聘任制度

7. 适龄儿童、少年因身体状况需要延缓入学或者休学的，其父母或者其他法定监护人应当提出申请，由（　　）批准。

A. 学校

B. 乡镇人民政府或者县级人民政府教育行政部门

C. 市级人民政府或者乡镇人民政府教育行政部门

D. 市级人民政府或者县级人民政府教育行政部门

8. 在幼儿园实践中，某些教师认为幼儿进餐、睡眠、午点等是保育，只有上课才是传授知识、发展智力的唯一途径，不注意利用各环节的教育价值，这种做法违背了（　　）。

A. 发挥一日生活的整体功能原则　　B. 尊重幼儿原则

C. 重视年龄特点和个体差异原则　　D. 实践性原则

9. 侵犯未成年人隐私，构成违反治安管理行为的，由公安机关依法(　　)。

A. 给予行政处罚　　B. 给予行政处分

C. 承担民事法律责任　　D. 承担刑事法律责任

10. 教育发展的强大动力是(　　)。

A. 促进公平　　B. 育人为本　　C. 提高质量　　D. 改革创新

11. 学生所享有的受他人尊重、保持良好形象及尊严的权利指的是学生的(　　)。

A. 名誉权　　B. 荣誉权　　C. 隐私权　　D. 人格尊严权

12. 教师应享有的基本物质利益权利是(　　)。

A. 参与民主管理权　　B. 科学研究与学术活动权

C. 教育教学权　　D. 获取劳动报酬和享受福利待遇权

13. 贾老师刚从名牌大学毕业，他自认为能力强，专业功底扎实，于是不认真备课上课。这种行为(　　)。

A. 可以，不影响教学即可

B. 贾老师能力强，不必认真备课

C. 贾老师是刚毕业的大学生，不必强求

D. 不可以，每位教师都应认真备课上课

14. 吴老师觉得自己已经教了十几年书了，不用学什么多媒体教学。你认为吴老师的观点(　　)。

A. 对，多媒体教学不能滥用

B. 不对，教师应专注自身学习，有利于升职

C. 不对，教师应树立终身学习理念

D. 对，吴老师习惯用传统教学方式，不必用多媒体

15. 教师与幼儿进行沟通时，不正确的做法是(　　)。

A. 注意倾听　　B. 言语专业化

C. 注意蹲下去与孩子平等对话　　D. 用点头、抚摸方式鼓励幼儿

16. 方老师是个比较有个性的老师，他的课非常受孩子们喜欢，但是他不注重衣着，常常邋里邋遢地出现在课堂上。如果你是方老师的同事，你会(　　)。

A. 不跟方老师说，上好课就可以了

B. 委婉地跟方老师说既要上好课，也要注意自己的形象

C. 跟方老师说邋里邋遢的遭人厌，以后要改正

D. 不跟方老师说，这是方老师自己的事

17. 我国被称为“世界屋脊”的高原是指(　　)。

A. 青藏高原　　B. 云贵高原　　C. 黄土高原　　D. 内蒙古高原

18. 1970 年 4 月 24 日，中国自行设计制造的第一颗人造地球卫星由“长征一号”火箭成功发射。1988 年 9 月 27 日，中国核潜艇水下发射运载火箭获得成功，

中国空间技术进入新的时代。我国第一颗人造地球卫星的名字是(　　)。

A.“神舟一号”　B.“东方红一号”　C.“银河一号”　D.“黄河一号”

19. 美国“童话之父”弗兰克·鲍姆的代表作是(　　)。

A.《汤姆·索亚历险记》　B.《木偶奇遇记》

C.《绿野仙踪》　D.《彼勒与大龙》

20.(　　)的《伤寒杂病论》论述了“望闻问切”四诊疗法，成为中国临床医学的经典。

A. 华佗　B. 孙思邈　C. 张仲景　D. 扁鹊

21. 杜牧诗中“东风不与周郎便，铜雀春深锁二乔”写的是哪一场战役？涉及哪两个主要人物？(　　)

A. 官渡之战，曹操、袁绍　B. 赤壁之战，曹操、周瑜

C. 赤壁之战，周瑜、诸葛亮　D. 官渡之战，周瑜、刘备

22. 孔子提出“君子和而不同”的思想，“和而不同”反映了中华文化具有的特点是(　　)。

A. 民族性　B. 阶级性　C. 妥协性　D. 包容性

23. 下列不属于曹植作品的是(　　)。

A.《洛神赋》　B.《名都篇》　C.《燕歌行》　D.《白马篇》

24. 被称为我国最大的古典艺术宝库的石窟是(　　)。

A. 敦煌莫高窟　B. 洛阳龙门石窟

C. 大同云冈石窟　D. 天水麦积山石窟

25. 我国唐代有“诗仙”李白、“诗圣”杜甫，人称“李杜”。人称“小李杜”的两位诗人分别是(　　)。

A. 李商隐、杜牧　B. 李清照、杜甫

C. 李鸿章、杜娟　D. 李世民、杜如晦

26. 在 Excel 中，对于排序问题，下列说法正确的是(　　)。

A. 直接使用工具栏中的“升序”“降序”按钮

B. 可按列纵向或按行横向排序

C. 只能对列排序，不能对行排序

D. 可对行、列同时排序

27. 在 Word 编辑状态，要想设置行间距，应当使用“格式”菜单中的(　　)命令。

A. 字体　B. 段落　C. 分栏　D. 样式

28. 下列选项中与枕头：卧具对应关系一致的是(　　)。

A. 铅笔：工具　B. 地球：宇宙

C. 宣纸：文具　D. 车厢：火车

29. 学生甲、乙、丙、丁四人在高考前预测前景，他们特别关注的是四人之中谁能考上北京大学。甲：丙能考上北京大学。乙：丁能考上北京大学。

丙：假如我能考上，那么丁一点问题都没有。丁：考上北京大学的人肯定不是我。最终高考的结果证明，只有一个人预测错误，请问谁考上了北京大学？谁的预测错误？（　　）

A. 甲　　B. 乙　　C. 丙　　D. 丁

二、材料分析题

材料一：

学生李小刚对学习毫无兴趣，成绩极差，数学考试很少及格，一次期中数学考试，他一道数学题也答不上来，就在试卷上写下了这样一段话："零分我的好朋友你在慢慢地向我靠近零分你是如此多青难道你把我当成一个无用的人我不是一个无用的人我是人我也有一颗自尊心再见吧零分。"数学老师阅卷时，看到这份无标点，别字连篇，字迹潦草的答卷后，非常生气地把李小刚叫到了办公室，交给了新任班主任梁老师。

梁老师问明情况后，并没有直接训斥李小刚，而是耐心地帮助李小刚在他的"杰作"上加了标点，改了错别字，重新组织了那段话："零分，我的好朋友，你在慢慢地向我靠近。零分，你如此多情，难道你也把我当作一个无用的人？不，我不是一个无用的人！我是人，我也有一颗自尊心。再见吧，零分！"然后，梁老师让李小刚读了这段话，赞叹道："这是诗，一首很好的诗啊！"

听到这句话，李小刚感到很惊诧，梁老师接着说："诗贵形象，你的这首诗很形象，诗言情，诗言意，从这首诗中可以看出你是一个不甘与零分为伍的人。""这是诗？我也能写诗？"没想到梁老师不但没有批评他，还会如此地评价他。李小刚非常感动。从此，在梁老师的不断鼓励和帮助下，李小刚驱散了心中的阴霾，坚定了学习信心，端正了学习态度。两年后，李小刚顺利考上了高中。

问题：结合教师职业理念的相关知识，分析该教师的行为。

材料二：

学生王林在学校因同学给他起外号，将同学的鼻子打出了血。班主任徐老师给王林的爸爸打电话，让他下午到学校来。放学时，王林的爸爸刚来到校门口，等在那里的徐老师当着众人的面，第一句话就是："这么点儿大的孩子都管不好，还用我教你吗？"

问题：请从教师职业道德规范的角度，对徐老师的做法进行评价。

材料三：

读书意味着，利用别人的头脑来取代自己的头脑。自己思考出来的东西，尽管它不见得是严密紧凑，但总是个有脉络可寻的总体，我们可依赖它向某种体系开展，比起看书吸收他人的思想，可说是利多害少。为什么呢？因为后者的思想是从形形色色的精神而得来，属于别人的体系，别人的色彩。

它不能像自己思考的人，已把自己的知识、个性、见解等融合成一个总体，它的脑子里三教九流，诸子百家的思想纷然杂陈，显得混乱不堪，这种思想的过度拥挤状态，掠夺了一个人的正确观察力，也使人失去了主见，并且很可能导致精神秩序的紊乱，这种现象，我们几乎在所有的学者身上都可发现。

所以，从健全的理解力和正当的批判力等方面来说，这类人远不如那些所学无几的人。后者虽说是胸无点墨，但靠着经验、阅历以及零碎的阅读，把所学得的一点知识，和自己的思想融合，或在自己的思想下臣服，所以他们有主见，有判断力。其实，学术性的思想家做法也不外是如此，只不过他们的尺度较大，比较有深度而已。

思想家们因为要用到许多知识，所以非多读不可，但他们精神力极强固，能把所有的东西克服或同化，融进他们的思想体系内，因之，他们的见识虽是规模越来越大，但已做到有机的关联，全部隶属在他们的思想总体系之下了。这种场合，这些思想家的固有思想，就如同风琴的低音主调，任何时刻都支配一切，绝对不会被其他音调所压制。而那些知识上的大杂烩的头脑中，好似一支曲子渗进很多杂音，它的基本调久久仍找寻不出来。

以读书终其一生的人，他的知识完全是从书本汲取而得，他们有如阅读了许多山水、游记之类的书籍，对于某地或某国的有关知识虽可粗枝大叶地说出来，但是甲地和乙地如何联络？人文、物产、习俗又是如何？等等，则说不上来。反之，以思考终其一生的人，就像土生土长的父老，一打开话匣子便能把本地事物的来龙去脉，以及各种事实或传说和事物的总体关系等，如数家珍般地道出来。

问题：(1)简要概括作者在文段中提出的观点。

(2)结合作者对阅读与思考关系的阐述，谈谈你对这一问题的认识和看法。

项目三　幼儿语言教育的原则和方法

学习目标

1. 了解幼儿语言教育的原则；
2. 理解促进幼儿语言发展的教育措施；
3. 掌握进行幼儿语言教育活动的方法。

铸魂育人

本项目旨在引导学生感知和理解幼儿语言教育的一般原理、法则，使学生能够自觉遵循和贯彻幼儿语言教育原则；教师运用科学的教育方法指导教育实践，从而使学生树立正确的教育观。

思维导图

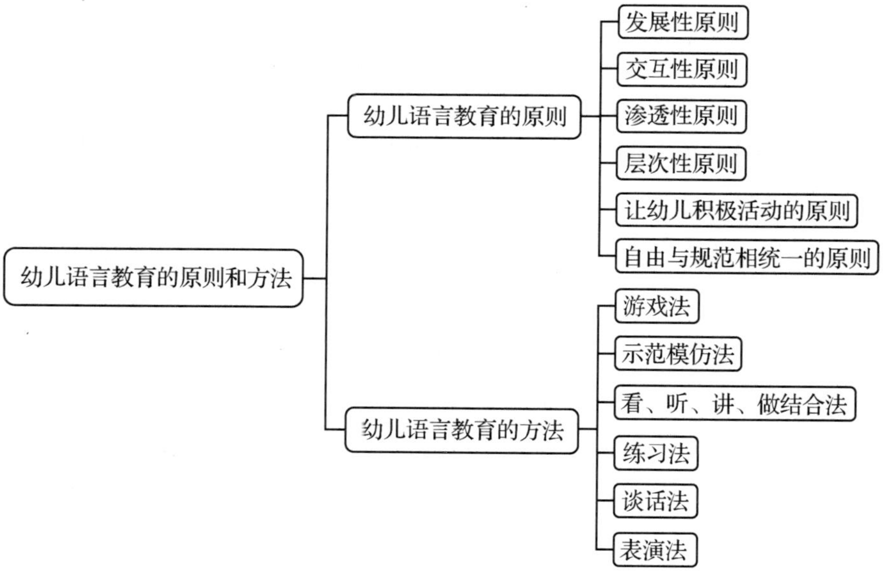

单元导入

幼儿期是人的一生中语言发展与运用的关键期。语言教育是幼儿教育活动的重要组成部分，对幼儿的发展具有重要意义。在组织幼儿语言教育活动时，教师应遵循幼儿学习和获得语言的特点，采用科学有效的方法，创造性地组织语言教学活动，从而更好地发展幼儿的语音智能。

情境创设

画房子

贝贝拿来五支彩笔，坐在窗前画房子。

红色的笔，画一间漂亮的瓦房，她说，这是送给布娃娃的房子。

绿色的笔，画一个碧水荡漾的池塘，她说，这是送给青蛙的房子。

蓝色的笔，画一片天空，她说，这是送给星星的房子。

黄色的笔，画一只小竹笼，她说这是送给小鸡的房子。

小鸟在枝头上蹦蹦跳跳，望着窗口叽叽叽地叫。

哦，别急，别急！贝贝拿起紫色的笔，画一个小鸟窝，挂在树杈上，她说这是送给小鸟的房子。

某天幼儿园小班张老师在散文《画房子》的教学过程中，带着幼儿从“用什么笔画什么，送给谁做房子”去分析、理解原诗，于是，在仿编时，幼儿说的都是“我用绿色的笔画绿色的房子送给小羊”“我用蓝色的笔画蓝色的房子送给小兔”……为什么幼儿的仿编没有创造性？如何提高幼儿语言学习的创造性？

散文活动实录《画房子》

任务一　幼儿语言教育的原则

幼儿语言教育的原则，是幼儿教师在开展幼儿语言教育活动时所遵循的基本要求和准则，是有效保证实现语言教育活动的教学目标。根据有效组织活动的规律，幼儿语言教育有以下几点原则。

一、发展性原则

维果茨基的“最近发展区”理论认为，幼儿心理发展存在两种水平：一是幼儿目前已经达到的心理发展水平，二是幼儿在成人或同伴的帮助下可能达到的发展水平。这两种水平之间的差距就是幼儿的“最近发展区”。在教学中，教师应着眼于幼儿的最近发展区，为幼儿提供有一定难度的内容，调动幼儿的积极性，发挥其潜能，超越其最近发展区，从而达到其可能发展到的水平。因此，设计任何一组或一个语言教育活动时，既要符合幼儿现有的语言水平，又要着眼于幼儿语言发展的长远目标，从而有利于幼儿语言发展的需要。

为此，教师要通过理论学习和实践观察，深入了解全体幼儿的语言发展水平和发展潜力，并对其作出正确的估计；在选择活动内容时，充分考虑幼儿的可接受性，略高于其现有发展水平，但又不超过发展的可能性，要求幼儿经过一定的努力才能掌握；由浅入深、由易到难、循序渐进地安排教学内容，要求幼儿不断努力，从而促进幼儿不断发展；综合运用各种教学方法，并不断加以改进；按照知识的逻辑顺序和幼儿认识能力，在发展的最近区域进行教学，使幼儿利用已有的知识去获得更多的新知识，同时发展幼儿的智力。

典型案例

小班情境谈话“做客”

一、创设情境，教师可以先出示一座“小房子”。

二、出示动物

1.(扮演小兔子)师：这是谁在敲门呢？

(出示小鸡)小鸡：小兔子你好！

(扮演兔子)师：小鸡真有礼貌，我喜欢你。(带领幼儿说小鸡我喜欢你)

2. 又有敲门声响起了，这次是小羊。

小羊：小兔子你好。

小兔：小羊，我喜欢你。(带领幼儿一起说)

3. 又来了一个小动物，这次是小猫咪。

小猫：小兔子你好。

小兔：小猫，我喜欢你。(引导幼儿一起说)

三、体验做客

小兔家还有几把空椅子，我今天要邀请蕾蕾班的幼儿去做客。

(引导幼儿先敲门，问好，最后和小兔子抱一抱)

活动评价：此活动从幼儿语言教育的发展性原则出发，结合幼儿原有的生活经验，引入新的学习内容，使他们进一步理解和掌握“做客”的交往方式和语言应用方式，从而引发幼儿较强烈的学习兴趣，使幼儿在活动中语言获得阶梯式的发展和提高。

二、交互性原则

由于幼儿经验不足，以及个体间语言水平的差异，因此在教育活动中，教师的参与是不可缺少的，同时幼儿之间的相互学习，也是非常必要和有效的。教师参与活动，必须以帮助幼儿更积极、主动地学习为目的，充分发挥教师的主导作用，另外也要考虑为幼儿之间的语言交流和学习创造机会。

在设计语言教育活动时，教师需要考虑：幼儿主动活动与教师参与的比例关系。实际上，这是幼儿在活动中的主体地位和教师主导作用的具体化问题。当幼儿需要帮助时，教师在参与活动中的主导作用发挥得多一些；当幼儿不需要帮助时，教师在参与活动中的主导作用就发挥得少一些。

想一想

在设计语言教育活动时，如何才能做到教师与幼儿相互作用起到“适度”的影响呢？

三、渗透性原则

在语言教育活动中，幼儿学习的主要内容是语言信息材料。但在活动中除了语言，还可以有艺术、科学、社会等不同领域的因素并存，体现幼儿教育的整合性和学科间的渗透性特点。

作为活动的设计者，要把握这样一个原则：语言教育活动应当从语言角度来设计活动，语言活动是主线，其他学科的内容要自然地渗透在活动中。

在设计活动时，还应注意以下几点。

①活动的要求、内容、形式，都应从语言角度进行思考，为幼儿提供适应其语言发展需要的学习机会。

②在语言教育活动中，其他领域活动因素的参与具有辅助意义。什么时候辅助什么内容，要根据语言活动的需要而定，要有利于更好地完成活动目标。教师在设计活动时，既要将相关学科内容自然渗透到语言活动中，又要最终落实到语言教育的根本上，否则活动将变成“大拼盘”，造成喧宾夺主的效果。

考证要点：

幼儿语言的发展与其情感、经验、思维、社会交往能力等方面的发展密切相关，这体现的是幼儿语言教育的(　　)。

A. 整合性原则　　B. 交互性原则

C. 渗透性原则　　D. 创造性原则

四、层次性原则

语言教育活动是一种专门的教育活动，是有目的、有计划的教育过程。在设计这样的活动时，教师应具备正确的幼儿观和教育观，了解幼儿的需求，站在全体教育对象的角度去考虑问题，把握活动设计的尺度。设计的活动既面向全体幼儿，又关注个别差异，使不同水平的幼儿都能得到发展。

理论研究成果已经证明，幼儿语言发展不仅存在差异，有些方面的差异甚至还很大。有的幼儿喜欢说，有的幼儿不乐意讲；有的幼儿语言发展得较早，可以很流畅地表达自己的见解、要求和情感，而有的幼儿语言发展得有些迟缓，不善于表达自己的看法和思想。因此，在面向全体幼儿进行语言教育时，教师必须充分考虑幼儿语言发展的差异性，关注到不同语言发展层次幼儿的需求。如教师在组织大班语言活动“有用的绳子”时，考虑到本班幼儿语言发展水平之间的差异，让幼儿先从看线条图说一句话，到编一段话，再到编一个故事。在此过程中，教师充分关照了不同发展水平的幼儿，使幼儿在原有水平上进行提高，让幼儿积极主动、有信心地参与到活动中，从而达到预期的目标。

因此，在设计语言教育活动时，教师必须重视幼儿语言发展上的差异，根据本班幼儿语言学习个别化的特点，既要为能力较强的幼儿提供进一步提高语言水平的机会，也要为语言水平低的幼儿提供发展的机会，从而为教育对象提供不同发展层次所需要的帮助，使每一个幼儿都能在其原有水平上得到提高。

五、让幼儿积极活动的原则

幼儿处于人生的早期，这一时期幼儿的心理发展水平和认识客观事物的能力较低，他们不可能像成人那样，借助人类其他成员活动的结果来获得知识，而必须通过自己的活动，才能获得对外界的清晰印象，并将这些印象积累起来，形成知识和能力。由此可以说，幼儿的发展是通过活动而实现的。贯彻让幼儿积极活动的原则时要注意以下几点。

(一)选材贴近幼儿生活，具有趣味性

幼儿时期，无意注意、无意记忆占优势，他们的学习更容易受兴趣支配。因此，符合幼儿的心理特点的教学活动，能够使他们产生兴趣，唤起幼儿学习的主动性和积极性。这就要求教师在设计教学活动乃至实施活动时合理选择教学内容，选材贴近幼儿生活，用幼儿比较关注的语言和幼儿沟通、交流，如幼儿熟悉的人、事、物等。

(二)引导幼儿在活动中进行操作

幼儿的活动是通过一系列的动作实现的，而实现动作的方式就是操作，因此可以说，没有操作就没有活动。但是，在对操作的认识上，往往存在一种偏差，即认为幼儿动作技能的训练，或幼儿对某些物体的摆弄才是操作，其他诸如思考、语言交流等不是操作。其实，操作包括动手操作、动脑操作和动口操作。因此，教师在组织语言教育活动时，要充分创造语言操作的条件，使幼儿在操作中习得和巩固语言。例如，在幼儿完整听完故事《三只蝴蝶》后，师生一起布置故事场景，使幼儿在教师的指导下扮演故事中的角色，学说角色间的对话，从而提高幼儿的活动积极性，使幼儿全身心地融入故事的情节发展中，对故事的记忆和理解更深刻了。同时，幼儿的表现潜力和创造性也得到了挖掘。

拓展链接

幼儿教师既是幼儿园语言教育活动的设计者，又是活动的组织者。

活动设计的结果是一份完整的静态计划，而活动的组织实施，由于幼儿的参与，却成了一系列动态发展的过程。在整个组织过程中，如何全面实施计划，如何最大限度地调动幼儿学习和发展的主动性、积极性，如何使幼儿有更多的机会参与活动，如何使全体幼儿在各自基础上获得语言的发展和提高等，对待和处理好这一系列问题，是一项技术性很强的工作，是一个高超

教育艺术的体现。

——摘自张明红《幼儿语言教育》

六、自由与规范相统一的原则

幼儿语言教育活动本身就是通过教育规范去学习语言规范的过程。这就要求幼儿在规范的情景中，接受规范的语言，练习规范的语言，用规范的语言进行语言交际。但是教育的目的之一，又是让幼儿的个性得到自由发展，在自由中去创造。只有这样，幼儿在语言教育活动中才能主动、活泼地学习，和谐充分地发展。因此，教师在组织语言教育活动时，应注意将自由与规范有机地结合起来。

在组织教育活动时，一方面，教师要创造让幼儿自由说话的机会。不论哪一种类型的语言教育活动，当幼儿掌握一种新的语言经验之前，都要为其提供一定的时间和空间，让幼儿运用已有经验自由地交谈。即使在幼儿获得了新的语言经验之后，也要允许他们在一定规范的范围内，自由练习所习得的新的语言。另一方面，教师也应引导幼儿养成运用规范语言的习惯。幼儿语言教育的目的，是使幼儿掌握规范的语言，因此，在提供幼儿自由运用语言的机会的同时，万万不可脱离规范的要求。因此教师在组织语言教育活动时，要在语言形式、语言内容和语言运用方面，对幼儿提出规范的要求。例如，要求幼儿正确使用动词来说明动作，正确使用形容词来描述事物，正确使用方位词来指出方位，正确使用量词来表示物体的单位等，并且知道在什么样的情景运用什么样的语言。

以上这些原则，是幼教工作者在长期教育实践活动中总结出来的，在实践中应将这些原则因人因时相互配合使用，并在这些原则的指导下，设计各种具体的、适宜的教学方案。在这一过程中，主要依靠教师的理论素养，充分发挥教师的创新能力。

练一练

组织一堂幼儿语言教育活动。

任务二　幼儿语言教育的方法

幼儿语言教育的实施是根据一定的教育目的，遵循一定的原则，按照一定的途径，采用一定的方法进行的。幼儿语言教育的方法实质强调的是成人为了发展幼儿的语言能力，创设各种条件和机会，让幼儿在丰富多彩的活动中学习语言、运用语言。根据幼儿语言发展的规律及相关理论和语言教育目标，常见的幼儿语言教育实施的方法主要有以下几种。

一、游戏法

幼儿园语言教育中的游戏法是指根据语言教育的目的和任务，教师运用规则的游戏，训练幼儿正确发音、丰富幼儿词汇和学习句式的一种方法。在语言教育中采用游戏法的目的在于激发幼儿学习语言的积极性和提高幼儿学习语言时的注意力，促进幼儿感官和大脑的积极活动。在语言教育中教师常采用的游戏有“打电话”“词语接龙”“猜谜”“送字宝宝回家”“找朋友”“排排队”“眼明手快”等。如游戏“找朋友”，教师将所学的字分成拼音和汉字两部分，分别制成两张卡片，一个幼儿拿拼音卡片，一个幼儿拿汉字卡片，如对于“大”字，一个幼儿拿着拼音卡片，另一个幼儿拿着写有汉字的卡片，拿拼音卡片的幼儿说：“我是拼音 dà，谁是我的好朋友？”拿着“大”字的幼儿走上前去说：“在这里，我是你的好朋友。”然后让全班幼儿跟着读。这样能很好地激发幼儿学习识字的欲望。

在幼儿园语言教学中采用游戏法进行语言教育需注意以下几方面的问题：

①根据幼儿语言教育目标和内容选择和编制游戏。游戏目标要明确，规则要具体，便于幼儿理解，达到训练幼儿语言能力的目的。

②听说游戏有的需要配合使用教具来进行，有的就是纯语言的游戏。随着幼儿年龄的增长，应逐渐减少直观材料的使用。

③对于个别语言学习有困难的幼儿，可运用游戏进行重点帮助，使他们在轻松、愉快、饶有兴趣的活动中进行强化训练。

职场实训

听说游戏活动教案《送南瓜》

游戏一：送南瓜。老师把难发的音如“n”“l”作为练习音，在篮子里放几个南瓜图片，请幼儿提着篮子，边走边念“小篮子，手中拿，我给奶奶送南瓜”。念完后教师站在一名幼儿前，将篮子交给对方，然后交换位置坐下，后者接过篮子继续送南瓜。

听说游戏活动教案《神奇的口袋》

游戏二：神奇的口袋。让幼儿看过玩具等熟悉的物品后，把它放入一个口袋里，让幼儿猜猜是什么物品，要求幼儿说出名称。当幼儿猜对时，成人予以及时的表扬和鼓励，当幼儿猜不出时，成人耐心地告诉物品的名称。

二、示范模仿法

示范模仿法是指教师通过自身规范化的语言，为幼儿提供语言学习模仿的榜样，让幼儿在良好的语言环境中自然地学习模仿。教师的示范是幼儿进行语言模仿的基础。在语言教育活动中，教师可进行完整、部分、分解等不同形式的示范。

完整示范：教师对教学内容从头到尾进行示范，给幼儿留下完整的印象，便于幼儿理解和掌握，形成整体的概念。

部分示范：在幼儿学习过程中出现难点、错误时，教师进行部分示范以帮助解决局部问题，对已掌握内容不再示范。

分解示范：教师把学习材料分成几部分，分部示范，使幼儿掌握每一处要领和学习的重点。

在幼儿园语言教学中，采用示范模仿法进行语言教育需注意以下几方面的问题：

第一，教师的示范语言一定要规范到位。教师的规范语言包括语言形式、语言内容、语言运用三个方面。教师无论在何时、何地都要运用规范语言，为幼儿创设良好的语言环境，使教师成为幼儿模仿学习的典范。教师的言语示范必须正确、清楚、响亮，而且富于表现力和感染力，面向全体幼儿。

第二，教师要把握好示范的时机和力度。在教授新的语言知识时，教师要反复进行重点示范，如难发的音、新词句的学习、人物的对话、连贯地讲述、需要幼儿作为仿编参照的原词句等，使幼儿有意识地进行模仿学习。

第三，教师要恰当地运用"显形示范"和"隐形示范"的手段。语言教育中教师要处理好"显形示范"和"隐形示范"这两种手段。对于教学重点和难点问题，教师依据幼儿语言发展水平和特点恰当选用不同的示范方法。

第四，教师要积极观察幼儿的语言表现，妥善运用强化原则。教师要关注在各种活动中幼儿的语言表现，善于发现幼儿语言发展的差异，因材施教，要随时鼓励幼儿的正确语言行为和习惯，并加以强化。教师可以让幼儿做示范者，为同伴提供模仿学习的样板。同时也要及时指出幼儿的错误，避免幼儿重复不正确的语言。但教师也要避免过于挑剔幼儿讲述过程中的语言错误，以免降低幼儿学习的积极性。

典型案例

大班语言活动"小小播音员"

一、教师示范播报

教师以响亮、清楚的语言播报一条幼儿园内的新闻，重点引导幼儿感受如何将一件发生在身边的事说清楚，说完整。要求幼儿用简练的语言，说清事件发生的时间、地点、人物、结果等。

二、分组讨论

组织幼儿分小组进行讨论。教师引导："小朋友，想一想，从星期一到今天，你们发现了什么新闻？把你们的发现传达给老师和小伙伴听听，好吗？"重点引导幼儿说清楚事情发生的时间、地点、人物、结果等。

三、幼儿播报，教师指导

鼓励幼儿用响亮的声音（普通话）进行播报。

活动评价：教师的示范是幼儿进行语言模仿的基础。此活动采用教师示范、幼儿模仿的方法，让幼儿学做小小播报员，这既训练了幼儿的胆量，又提高了幼儿的语言表达能力。

三、看、听、讲、做结合法

语言是人类用于交流的工具，幼儿要想自由地与人交流，就必须“学会说话”。“学会说话”除了要求幼儿具有健全的发音器官外，还要求幼儿掌握丰富的字词、正确的语法知识。为了促进幼儿的语言发展，教师应创设环境让幼儿多看、多听、多讲、多做。

看——指教师提供具体形象的语言教育辅助材料，让幼儿充分地感知。

听——指教师用语言描述、启发、引导、暗示、示范等，让幼儿充分地感知。

讲——指幼儿在感知、理解的基础上，充分地表述个人的认识。

做——指教师给幼儿提供一定的想象空间，通过幼儿的参与或独立活动与操作，帮助幼儿充分构思，从而使幼儿能够组织更加丰富、连贯、完整、富有创造性的语言进行表述。

想一想

在幼儿语言教育中，教师如何创设环境，使幼儿将看、听、讲、做有机结合呢？

在幼儿园语言教学中，采用看、听、讲、做结合法进行语言教育需注意以下几方面。

第一，教师所提供的语言教育辅助材料，应该是幼儿接触过的、较熟悉的或符合幼儿认知特点的。

第二，教师教会幼儿观察讲述对象的方法，并给幼儿留有一定的观察空间和时间。

第三，教师的提问要有顺序性、启发性，帮助幼儿构思与表述。

第四，根据幼儿的语言实际水平，教师提出不同的表述要求，要求幼儿在动手、动脑、动口的学习中获得语言经验。

四、练习法

练习法是指有意识地让幼儿多次使用同一个言语因素(如语音、词汇、句子等)或训练幼儿某方面技能技巧的一种方法。在幼儿语言教育中，口头练习是大量的。

在幼儿园语言教学中采用练习法进行语言教育时，需注意以下几方面的问题。

第一，明确练习要求，逐步提高练习要求。

第二，练习具有一定的独创性，避免简单、枯燥的重复。

第三，练习方式应生动活泼，形式多样，以调动幼儿的练习兴趣。

五、谈话法

谈话法指教师围绕一个话题和幼儿进行沟通交流，在交流的过程中让幼儿感到谈话的乐趣，逐渐锻炼幼儿的语言表达能力。

在幼儿园语言教学中采用谈话法进行语言教育需注意以下几方面。

第一，营造良好的谈话氛围，激发幼儿的语言表达兴趣。教师要营造良好的氛围，提出有趣的话题来吸引幼儿，在谈话中培养幼儿的语言表达能力。例如，在课堂中准备玉米、地瓜等食物，让幼儿模仿商贩的吆喝，并评比出谁的吆喝声最响亮。以吆喝为内容，锻炼幼儿在公众场合大胆说话的能力，并能尝试如何说得更好更有吸引力。

第二，在谈话中提高幼儿的语言表达能力。教师在与幼儿进行交流时要使用普通话，为幼儿做好榜样。认真纠正幼儿的发音，指导幼儿从发单音节的词发展到发多音节的词，逐渐提高幼儿的讲话速度，使幼儿清晰表达要说的内容。

第三，为同伴之间的交流创造条件。教师要为幼儿创造同伴交流的机会，让幼儿在交流的过程中逐渐提高语言表达能力。例如，教师可以为幼儿布置任务，要求幼儿合力完成，在这一过程中，幼儿之间的交流就会增多，从而提高其语言表达能力和实践能力。

考证要点：

组织班级活动时，教师以"我最喜欢的动画片"为主题，鼓励幼儿之间互相交流，这体现的语言教育方法是(　　)。

A. 游戏法　　B. 故事法　　C. 谈话法　　D. 练习法

六、表演法

表演法是指在教师的指导下，幼儿学习表演文学作品以提高口语表现力的一种方法。

典型案例

拔萝卜

老公公种了个大萝卜，要拔拔不动，结果大家一个接一个地来帮忙，终于拔起了萝卜。

通过玩"拔萝卜"故事表演，能让孩子们懂得有些事情不是靠自己个人的努力就可以完成的，还要大家的团结合作，只有如此，才能做成一个人不能完成的事情。因此，教育幼儿要与其他小朋友友好相处，遇到困难的时候，大家要像"拔萝卜"那样一个帮一个，劲儿往一处使，克服困难，走向成功。

活动评价：故事中的语言简明而又口语化，角色贴近幼儿实际生活，为幼儿所熟悉，适合中班幼儿玩。

在幼儿园语言教学中采用表演法进行语言教育需注意以下几方面：

第一，教师必须在幼儿理解诗歌、散文、绕口令等内容，并能熟练朗读的基础上，指导幼儿正确运用声调、韵律、节奏等进行诗歌、散文、绕口令等的朗诵和表演。

第二，教师必须在幼儿理解童话故事内容、熟悉人物对话以及体会角色心理的基础上，指导幼儿正确运用语言、动作、表情等扮演角色，再现故事情节。

第三，教师鼓励幼儿在故事表演中创新内容、大胆发展故事情节，恰当地进行动作设计和人物的心理刻画与渲染。

第四，教师要为全体幼儿提供参与表演的机会。

以上几种方法只是常见的幼儿语言教育方法，教师在实际应用中，还需根据幼儿园的具体条件、本班幼儿语言学习的特点和实际水平，选择和创造更为恰当的教育方法，有的放矢地进行语言教育。各种教育方法还可以互相配合、交叉使用或互相补充，以共同促进幼儿语言的发展，达到最佳教育效果。

练一练

幼儿语言教育主要有哪些方法？

学习评价与反思

本项目学习完了，你认为自己学得怎么样？对于幼儿语言教育的原则有没有完全理解？对幼儿语言教育方法是否掌握，并且在实践训练中运用如何？请把你的感悟写在下面吧！

记录与反思：

思考与练习

思考与练习答案

一、基础理论

（一）单项选择题

1.“最近发展区”理论的提出者是（　　）。

A. 维果茨基　　B. 皮亚杰　　C. 洛伦兹　　D. 赞可夫

2. 活动中除了语言还可以有艺术、科学、社会等不同领域的因素并存，这体现的幼儿教育特点是（　　）。

①整合性　②发展性　③适度性　④渗透性

A. ①②　　B. ②③　　C. ①③　　D. ①④

3. 学前幼儿进行语言模仿的基础是(　　)。

A. 教师的示范　　B. 幼儿的听觉感受

C. 家长的示范　　D. 社会的环境

4. 在设计幼儿语言教育活动时，教师应具备正确的(　　)。

①语言观　②幼儿观　③活动观　④教育观

A. ①②　B. ②③　C. ①③　D. ②④

5."教师通过自身规范化的语言，为幼儿提供语言学习模仿的榜样。"这体现的教学方法是(　　)。

A. 表演法　　B. 故事法

C. 示范模仿法　　D. 游戏法

(二)判断题

1. 幼儿教师在选择语言教育活动内容时，要充分考虑幼儿的可接受性，即内容应略高于现有发展水平，但又不超过发展的可能性。(　　)

2. 在幼儿语言教育活动中，教师的参与是不可缺少的，但幼儿之间的相互学习是没有必要的。(　　)

3. 幼儿语言教育活动不需要渗透其他学科。(　　)

(三)名词解释

1. 分解示范

2. 谈话法

(四)简答题

遵循渗透性原则设计幼儿语言教育活动时应注意哪些问题?

二、实践训练

1. 案例一。

镜头一：语言活动"大狮子和小老鼠"开始了。老师出示图片大狮子和小老鼠，并提问："大狮子是个什么动物，小老鼠呢?"朵朵就在她的位置上表演起来。老师出示图片让幼儿表演狮子抓住老鼠时的情景，朵朵伸出手，牢牢抓住，眼睛紧紧地盯着!

镜头二：老师提问："小老鼠被大狮子抓住了，它会怎样求饶呢?"朵朵说："狮子大王，你放了我吧，也许以后你也会遇到困难的，到时我也可以帮助你!"

镜头三：老师提问："小老鼠会不会救大狮子呢?"老师请了其他幼儿回答，于是朵朵弯下身子听旁边的小朋友回答问题。

请分析案例中朵朵的语言发展程度。

2. 案例二。

镜头一：语言活动"小蚂蚁和蒲公英"开始了，老师提问后，毛奕涵小朋友一直在其他小朋友的后面附和，并没有自己主动举手来回答。

镜头二：活动还在继续，可毛奕涵一会儿把腿伸直了摸摸脚，一会儿摸摸裤管，还把手塞到嘴巴里！

请分析案例中毛奕涵的行为表现。

单元综合检测题一参考答案

单元综合检测题一

一、单项选择题

1. 谈话法指围绕一个(　　)和幼儿进行交流，逐渐锻炼幼儿的语言表达能力。

A. 话题　　B. 故事　　C. 主题　　D. 儿歌

2. 发展幼儿语言表达能力的任务，主要是培养幼儿的(　　)。

①语音　②语调　③语汇

A. ①②　　B. ②③　　C. ①③　　D. ①②③

3. 为了促进幼儿的语言发展，教师应创设环境让幼儿(　　)。

①多看　②多听　③多说　④多练

A. ①②③　　B. ②③　　C. ①②③④　　D. ②③④

4. 设计语言教育活动时，教师需要考虑幼儿主动活动与教师参与的(　　)关系。

A. 比例　　B. 主导　　C. 主体　　D. 先后

5. 在语言教育活动中，其他领域活动因素的参与具有(　　)意义。

A. 指导　　B. 辅助　　C. 决定　　D. 强化

6. 为使不同发展水平的幼儿都能得到发展，幼儿语言教育既面向全体幼儿，又要关注(　　)。

A. 个别差异　　B. 年龄特点　　C. 性格特点　　D. 行为习惯

7. 幼儿发展的实现途径是(　　)。

A. 学习　　B. 体验　　C. 活动　　D. 游戏

8. 幼儿语言教育活动本身是通过教育规范去学习(　　)的过程。

A. 语言规范　　B. 语法规范　　C. 语音规范　　D. 词汇规范

9.(　　)是儿童阶段的一种主导活动，它是学前教育区别于其他教育的一个主要标志。

A. 表演　　B. 游戏　　C. 阅读　　D. 艺术活动

10. 幼儿语言教育活动要充分发挥教师的(　　)作用。

A. 引导　　B. 教育　　C. 主体　　D. 主导

二、判断题

1. 幼儿语言教育应尊重幼儿身心发展的规律和学习特点。(　　)

2. 教师在组织语言教育活动时，要在语言形式、语言内容和语言运用方面，对幼儿提出规范的要求。(　　)

3. 游戏是自由的，不需要促进幼儿规则意识的养成。(　　)

4. 通过故事进行语言教育离不开故事内容的选择，选择什么样的故事主

要取决于幼儿的年龄特点及教育的目的和任务等。(　　)

5. 幼儿学习语言，必须要能听、会听，才有条件正确地说。(　　)

三、名词解释

1. 幼儿语言教育的原则

2. 最近发展区

3. 游戏法

4. 练习法

5. 完整示范

四、简答题

1. 遵循层次性原则设计幼儿语言教育活动时应注意什么?

2. 在幼儿园语言教学中，采用看、听、讲、做结合法进行语言教育时需注意哪些问题?

3. 请简述幼儿语言教育方法之看、听、讲、做结合法。

单元综合检测题二

单元综合检测题二参考答案

一、单项选择题

1. 幼儿园的基本活动是(　　)。

A. 娱乐　　B. 游戏　　C. 运动　　D. 玩耍

2.《幼儿园工作规程》规定，大班班额为(　　)。

A. 20　　B. 25　　C. 30　　D. 35

3.《儿童权利公约》提倡的四项原则不包括(　　)。

A. 儿童最大利益原则　　B. 尊重儿童权利与尊严原则

C. 无歧视原则　　D. 尊重家长观点原则

4. 幼儿科学教育是科学启蒙教育，重在激发幼儿的(　　)。

A. 好奇心和创造力　　B. 认识兴趣和探究欲望

C. 对规律性的初步认知　　D. 对科学神奇的兴趣

5. 在幼儿园中，幼儿的两餐时间间隔不得少于(　　)小时。

A. 2　　B. 3　　C. 3.5　　D. 2.5

6.《中华人民共和国教师法》规定的教师考核内容为“政治思想、业务水平、(　　)、工作成绩”四个方面。

A. 工作态度　　B. 工作热情

C. 工作效率　　D. 工作质量

7. 当前教师队伍中存在着以教谋私，热衷于“有偿家教”现象，这实际上违背了(　　)。

A. 爱岗敬业的职业道德　　B. 依法执教的职业道德

C. 严谨治学的职业道德　　D. 廉洁从教的职业道德

8. 首个具有法律约束力的国际公约，并涵盖所有人权范畴，保障儿童在公民、经济、政治、文化和社会中的权利的是(　　)。

A.《儿童权利公约》　　B.《未成年人保护法》

C.《预防未成年人犯罪法》　　D.《国际儿童法》

9. 在幼儿园实践中，某些教师认为幼儿进餐、睡眠、午点等是保育，只有上课才是传授知识、发展智力的唯一途径，不注意利用各环节的教育价值，这种做法违背了(　　)。

A. 发挥一日生活的整体功能原则　　B. 尊重幼儿原则

C. 重视年龄特点和个体差异原则　　D. 实践性原则

10. 贾老师刚从名牌大学毕业，他自认为能力强，专业功底扎实，于是不认真备课上课。这种行为(　　)。

A. 可以，不影响教学即可

B. 贾老师能力强，不必认真备课

C. 贾老师是刚毕业的大学生，不必强求

D. 不可以，每位教师都应认真备课上课

11. 殷老师特别喜欢学习，不仅上班的时候积极听老教师的课，而且在业余时间自修研究新课程，潜心研究教学方法。她虽然很年轻，但是已经连续三年当选教学能手了。这体现了殷老师(　　)。

A. 有终身学习理念

B. 专注自身学习，将来能考研究生

C. 关爱学生

D. 志存高远，乐于奉献

12. 尽管工作压力大，事务繁杂，何老师始终保持积极工作态度，微笑面对每一个学生。这体现了何老师(　　)。

A. 教学水平高超　　B. 学科知识丰富

C. 身体素质良好　　D. 职业心理健康

13. 1966 年，联合国教科文组织在《关于教师地位的建议》中提出，应该把教师工作视为(　　)。

A. 专门职业　　B. 非独立的社会职业

C. 独立的社会职业　　D. 职业

14. 西方称之为“力学之父”，并提出“只要给我一个支点，我就能撬动整个地球”的名言的物理学家是(　　)。

A. 亚里士多德　　B. 阿基米德

C. 伽利略　　D. 开普勒

15. 下列不属于辩证逻辑特点的是(　　)。

A. 注重人的能动性　　B. 主要运用归纳演绎的方法

C. 重视经验的价值　　D. 要求人始终参与其中

16. 下列选项中与其他三项不是同一类的是(　　)。

A. 王有制　　B. 均田制　　C. 井田制　　D. 分封制

17.“生旦净末丑”是京剧的行当，其中“净”是(　　)。

A. 男角　　B. 女角　　C. 儿童　　D. 男女均可

18. 冰心(1900—1999 年)，原名谢婉莹，文学研究会代表作家。1919 年起，谢婉莹以“冰心”这一笔名写了许多“问题小说”。“问题小说”代表作有《两个家庭》《斯人独憔悴》《秋风秋雨愁煞人》《去国》等；“爱的哲学”的小说代表作《超人》《烦闷》等；诗集有《繁星》《春水》；散文集有《往事》《山中杂记》(　　)《关于女人》等。

A.《寄小读者》　　B.《狂人日记》　　C.《寒灰集》　　D.《亲爱的丈夫》

19. 印度的国歌《人民的意志》选自泰戈尔的(　　)。

A.《飞鸟集》　　B.《园丁集》　　C.《新月集》　　D.《吉檀迦利》

20. 巴尔扎克是 19 世纪法国批判现实主义文学的代表作家。他的代表作(　　)为人们展现了法国社会特别是巴黎上流社会的现实主义历史。

A.《人间喜剧》　　B.《玩偶之家》　　C.《复活》　　D.《老人与海》

21. 下列作家与作品对应正确的是(　　)。

A.《白杨礼赞》——朱自清　　B.《分马》——赵树理

C.《水孩子》——金斯利　　D.《木偶奇遇记》——格林兄弟

22. 从“这本书是小说书”假，能断定命题(　　)。

A.“这本书不是小说书”真　　B.“这本书是英文词典”真

C.“这本书是中文词典”真　　D.“这本书是历史书”假

23. 从命题“没有一个同学会游泳”真，能推知(　　)。

A.“没有一个同学不会游泳”真

B.“每一个同学都会游泳”真假不定

C.“并非没有一个同学不会游泳”真

D.“至少有一个同学会游泳”真

24.“凡有关国家机密的案件都不是公开审理的案件”，据此，我们可以推出(　　)。

A. 不公开审理的案件都是有关国家机密的案件

B. 公开审理的案件都不是有关国家机密的案件

C. 有关国家机密的某些案件可以公开审理

D. 凡不涉及国家机密的某些案件都可以公开审理

模块二　实践训练

项目四　幼儿谈话活动的设计、实施与评价

学习目标

1. 掌握幼儿谈话活动的内涵和类型；
2. 理解幼儿谈话活动的特点和意义；
3. 完成幼儿谈话活动的设计和实施；
4. 具有幼儿谈话活动的评价能力。

铸魂育人

本项目从幼儿的一日生活出发寻找谈话活动话题，如加入食育的话题，关注每个幼儿的身心健康问题，旨在向学生传递热爱生活的理念，从而引导学生树立一日生活皆教育的观念，帮助学生树立科学教育观。

思维导图

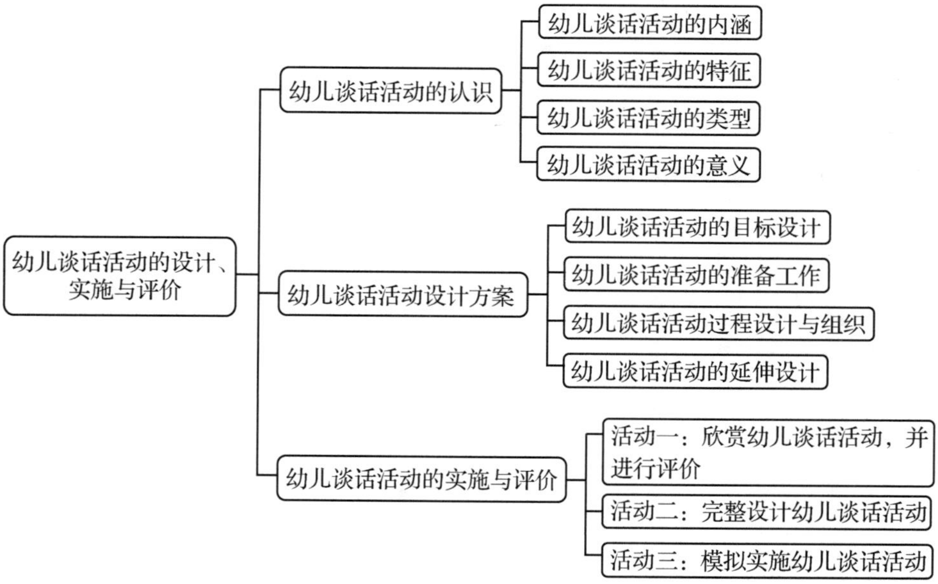

单元导入

谈话是人们运用语言与他人交流的基本方式。这种方式并不是人生来就会的，它需要参与者有共同的与语言表述相关的认识、态度、情感和能力，并在运用语言表达的过程中遵循共同的交谈规则。谈话活动作为幼儿园专门的语言活动之一，是幼儿语言学习过程中至关重要的教育活动，能让幼儿体验语言交往、积累、发展的快乐。那如何与幼儿谈话？教师又该如何组织和引导？本章主要从幼儿谈话活动的含义、特点、类型等入手，着重阐述幼儿谈话活动的设计与组织方法。

情境创设

谈话活动：我喜欢的动物（大班）

教师：你对哪些动物感兴趣？你想提出什么问题？

教师请幼儿当小老师提出自己的问题，师幼共同讨论。

幼儿提出了以下问题：

动物们喜欢吃什么？

动物们有什么本领？

谁是森林中的大王？

你最喜欢哪些动画片里的动物？

动物们为我们做了什么？

以上案例是教师与幼儿围绕幼儿感兴趣的话题进行的谈话活动，谈话活动需要教师有明确的目标，使幼儿能围绕主题，大胆进行表达并提出问题。

什么是谈话活动？谈话活动的特点是什么？目标是什么？教师如何组织？这是本单元需要学习的基本内容。

任务一　幼儿谈话活动的认识

所谓谈话，是指在一定范围内与他人，以语言为媒介进行交流的活动。《纲要》中指出：“创造一个自由、宽松的语言交往环境，支持、鼓励、吸引幼儿与教师、同伴或其他人交谈，体验语言交流的乐趣”。可以看出，幼儿园的谈话活动在幼儿园语言教育活动中是不容忽视的。教师需要根据幼儿语言发展特点，扮演好支持者、引导者的角色，利用日常谈话、有计划的谈话活动、其他领域教学活动中的讨论活动等形式引导幼儿积极运用语言进行交往，提高幼儿倾听能力和语言交往水平，为幼儿社会性发展奠定基础。

图 4-1　大班谈话活动“我喜欢的玩具”

一、幼儿谈话活动的内涵

谈话活动是幼儿园语言教育活动的重要组成部分。幼儿谈话活动不仅能引导幼儿交流感受与经验，也能使幼儿分享成功与快乐，让幼儿有更多倾听与表达的机会，因此，谈话活动备受教师关注。

当幼儿进入幼儿园的时候，虽然已经具有了一定的语言表达能力，但是与人交谈的行为显然还处于初步发展阶段。发展幼儿的交谈能力对幼儿的语言发展有着重要的作用。近年来，随着全语言教育观念的出现，尤其是对幼儿语言运用能力的研究，幼儿谈话活动的重要性逐步被学前教育者认识到。幼儿谈话活动可以提高幼儿倾听、理解和表达能力，对幼儿的语言和社会性发展有着不可替代的促进作用。

《纲要》指出：“语言能力是在运用的过程中发展起来的”。教师应充分利用各种机会，引导幼儿积极运用语言进行交往。那么，何为谈话活动？具体而言，幼儿谈话活动是一种有目的、有计划地组织幼儿学习的语言教育活动，旨在创设一个良好的语言环境，帮助幼儿学会倾听他人说话，围绕一定话题进行谈话，以习得与别人交流的方式、规则，培养与人交往的能力。

温馨提示

幼儿谈话活动的实质是通过一定的话题引发多方语言交往的活动，因此，从原则上来讲，符合这种特征的语言交往活动都应该属于谈话活动的范畴。但是也有例外，如科学领域的“总结性谈话”的方式虽然也符合谈话活动的实质，但是其目的在于帮助幼儿更好地认识有关科学教育内容，通过谈话来巩固、加深幼儿的认识。因此，并不是所有符合这一特征的谈话方式都属于幼儿谈话活动的设计范畴。

谈话活动在幼儿语言教育活动中占有特殊的地位，它具有促进幼儿语言发展的功能，在培养语言交往意识方面有着特别重要的意义，它区别于其他语言教育活动。在贯彻落实国家的《纲要》《指南》的今天，根据一定的语言教育理论、新观点，语言教育的类型、目标和内容，了解和掌握幼儿园谈话活动的特点、类型、谈话活动的设计，是进行谈话活动的重要一步。

拓展链接

幼儿园的谈话活动在幼儿园语言教育活动中是不容忽视的。很多学者对谈话活动给予了不同的定义。

谈话活动是语言教育的一种方式，教师可通过创设丰富的情境，营造温馨、自然的心理环境，引导幼儿在一定范围内运用语言与他人进行交流，以有效地促进幼儿语言的发展。

谈话活动是教师有计划地组织全班(组)幼儿根据事先设计好的主题，在幼儿已有经验和知识的基础上进行的对话。

谈话活动是幼儿在一定范围内，运用语言与他人进行交流的语言教育活动类型，它在促进幼儿的语言发展方面具有特殊的功能，尤其在培养幼儿的倾听行为和表述行为方面具有重要的作用，对促进幼儿运用口头语言与他人交往能力的发展也有着深远的影响。

幼儿园谈话活动是帮助幼儿学习运用口头语言与他人进行交谈的活动，具有独特的促进幼儿语言发展的功能。

总而言之，谈话活动是以对话形式进行的语言交往，是向幼儿进行语言教育的一种特殊的教育方式，即以提出问题及回答问题的方式，发展幼儿的对话能力，培养幼儿学习在一定范围内运用语言与他人进行交流的语言教育活动类型。①

二、幼儿谈话活动的特征

(一)具体有趣的话题

《纲要》的语言目标指出：乐意与人交谈，讲话礼貌，实现该目标的关键在于谈话活动中与幼儿的交流。那么交流什么？以什么态度、方式交流？谈话活动话题选取的好坏是活动成功与否的关键，因此必须有一个具体的、有趣的话题。

在与幼儿的谈话活动中，话题的选择主要体现在以下几点。

---

① 王萍：《幼儿园语言教育活动及设计》，55页，长春，东北师范大学出版社，2014。

1. 经验性

教师应在幼儿已有的经验基础上选择谈话话题，即话题应是幼儿熟知的、喜欢的内容，只有围绕这样的话题才能引起幼儿的谈话兴趣。我们会发现幼儿对亲身感受过的谈话内容有很高的参与积极性，如“中秋节”是幼儿感受较深的节日，幼儿围绕“中秋节”的话题，可以谈论月饼、赏月等。再如，大班的谈话活动“我的好朋友”，中班的谈话活动“我的妈妈”。这类话题不仅贴近幼儿的生活，而且也是幼儿比较感兴趣的话题。反之，完全陌生的话题不可能激起幼儿的谈话兴趣，如“玩具车的构造”“爸爸的公文包”等，这样的谈话活动便也失去了它应有的价值。

2. 趣味性

谈话活动的中心话题要有一定的趣味性，要能调动幼儿参与谈话活动的积极性。在幼儿园中，教师可以利用偶发事件组织谈话活动。有趣的话题往往来源于幼儿的生活，例如，一定区域内幼儿生活中出现的某些共同经历的事，或者电视中最新放映的动画片等，都能够使话题具有趣味性并激发幼儿交流和分享的动机。

3. 新鲜感

新鲜感是指话题要有一定的新奇性。新颖的、新鲜的生活内容通常能成为幼儿感兴趣的话题，如果一个话题被反复地提起和谈论，幼儿对该话题的兴趣就会降低。例如，“春节”这一话题，在刚过完节的时候，幼儿会有浓厚的兴趣，愿意去谈论，但是如果教师多次进行这样的谈话活动，幼儿就失去了交谈的积极性。

(二)多方的信息交流

幼儿谈话活动突出强调幼儿运用语言与他人进行交流，是一种多方信息交流的活动。具体表现在以下几方面。

1. 较大的语言信息量

幼儿围绕中心话题交谈时，其思维是发散的，思路相对开阔，他们有不同的语言经验，因此承载这些经验内容的语言形式也丰富多彩，每个幼儿在谈话活动中获取的信息量比较大。

2. 交流对象的范围较大

在谈话活动中，幼儿有时在全班面前谈论自己的想法，有时组成一个小组，与小组成员进行交谈，有时只会与旁边的幼儿或者教师进行个别谈话。因此，其范围相对来说较大。

3. 较多的交流方式

在谈话活动中，有幼儿主动运用言语与教师进行谈话、教师引导幼儿运用新的言语经验进行交流、幼儿与幼儿之间交流这三种方式。因此，谈话活动是一种多方参与的语言交流活动，它能给幼儿提供较多的学习语言的机会，这是其他活动所不具备的。

想一想

一天早上，小班王老师以“我爱吃的糖果”为中心话题，开展了“开火车”的游戏活动。开始的时候，幼儿都开心地说着自己喜欢吃的糖果，但没多久，几个幼儿东张西望，开始和旁边的幼儿说起话来，此时的幼儿，已经无法倾听其他幼儿在说什么，只有在其他幼儿说到自己喜欢吃的糖果时，才会认真看一眼。

参考评析：王老师定的内容比较简单，较大众化，不够新颖。刚开始幼儿能积极地说，但是当知道了谈话形式之后，就会形成惯性思维，觉得还没轮到自己，与自己无关。因此，老师要在考虑幼儿年龄特点的基础上，找出新颖的、幼儿感兴趣的、与幼儿生活经验相关的话题进行谈论。

(三)宽松自由的氛围

在谈话活动中，无论幼儿的原有经验怎样、用什么样的表达方式，都可以自由地说出自己的想法。宽松自由的氛围，主要体现在两个方面。

1. 不要求统一认识

在谈话活动中没有统一的答案，幼儿只要围绕中心话题参与活动，都可以根据自己的经验和内心想法发表自己的见解。例如，在“我喜欢的水果”谈话活动中，幼儿可以根据个人的经验和感受，谈论自己喜欢的水果的颜色、口味、形状等。

2. 不强求规范化语言

鼓励幼儿大胆地与他人交流，用语言表达自己的见解，是谈话活动的主要目的。谈话活动并不要求幼儿用完整的、准确无误的语言或句式，即谈话活动的关键在于幼儿是否围绕话题敢说、想说，而不是怎么说。

(四)教师的间接引导

谈话活动中教师往往起间接引导作用。教师虽然是谈话活动的设计者和组织者，但在谈话活动中，教师往往以参与者的身份参加活动，教师的态度是开放的，指导方式是间接的，能给幼儿平等的感觉。在谈话活动中，教师的间接引导可通过以下几种方式得到体现。

1. 利用提问引出话题，引导幼儿谈话的思路

在谈话活动中，教师用提问的方式引导幼儿谈话的思路，这样可以给幼儿提供更多的思考机会和空间，更有启发意义。

2. 用平行谈话的方式对幼儿做隐性示范

教师通过谈论自己的经验和感受对幼儿做隐性示范，例如，在“我的妈妈”谈话活动中，教师说出自己妈妈的特点以及对妈妈的感谢等，向幼儿暗示谈话时组织交流的内容与方法。这种指导方法不同于其他语言教育活动，是谈话活动的独特之处。

职场实训

教师鼓励幼儿在集体面前大胆地说出来：

如果自己有了翅膀，想做什么呢？

你们还希望谁有翅膀，为什么呢？想想他们有了翅膀可以做哪些事情？

幼儿根据教师的问题进行自由交谈，并在集体面前进行讲述。

思考：

教师在谈话活动中的作用是什么？用什么方式拓展谈话范围？

参考分析：谈话活动中教师往往起间接引导作用，这样可以给幼儿提供更多的思考机会和空间，更有启发意义。

三、幼儿谈话活动的类型

根据组织形式的不同，幼儿谈话活动可以分为以下几种类型。

(一)日常谈话

日常谈话是教师根据幼儿在一日生活活动中随时出现的话题、情景，有意识地提出一个话题，组织幼儿即兴讨论，引导幼儿辨别是非，弄清事理的一种谈话。这种谈话带有极大的情境性和感情色彩，是谈话活动的一种重要形式和发展幼儿口语的主要途径，这种谈话活动的话题非常丰富，不受时空、年龄的限制，能在任何情况下开始和结束。

1. 日常个别谈话

日常个别谈话可以在幼儿园一日生活的各个环节进行，如幼儿早晨来园、晨间活动、盥洗、活动过渡间隙、餐前餐后、户外活动、离园等。总之，教师可以利用零散的时间与幼儿针对某个话题进行交谈，如入园时、晨间活动、户外活动、离园等。但此次交谈并不意味着是盲目的，而是要有一定的计划和准备，教师要考虑好与哪些幼儿交谈、谈什么、在交谈中发展幼儿哪些语言技能和态度等。日常谈话中的个别交流，主要是为了提高部分幼儿的自信心，鼓励幼儿积极参与活动。

2. 日常集体谈话

日常集体谈话的话题更自由，可以同时有多个话题；形式更活泼，可以是师幼间的谈话，也可以是幼儿间的谈话，或是师生、幼儿间的讨论等。如在户外活动时教师可以问："你们知道现在是什么季节吗？你是怎么知道的？你更喜欢哪个季节？为什么？"

拓展链接

运用晨间谈话，做好幼小衔接

1. 词语造句。日常教育活动中，经常让幼儿欣赏故事，并要求他们记住故事中自己喜欢的词语以及一些常用的关联词。在第二天的晨间谈话时，就请幼儿用其中的一两个词语说一句话或讲个小故事，要求简短清楚、有新意。

2. 照片解读。在每个主题活动的实施过程中，特意抓拍幼儿在活动中的精彩瞬间，然后把这些照片发到班级邮箱中，请家长们协助下载照片并冲印，再让孩子带到幼儿园。教师引导孩子们通过照片情境回顾活动过程中的体验、发现与收获，并与同伴、老师或家长一起分享活动过程。

3. 作品评价。大班的绘画活动往往时间比较紧张，因此幼儿经常没时间来评价作品。教师可以把这一内容安排在第二天的晨间谈话中，让幼儿对同伴的、对自己的作品进行评价。有时，也可以把孩子们在主题活动中的一些作品张贴在他们的成长档案中，并提出具体问题，引导他们进行评价，幼儿可从作品的内容、创作历程等方面进行自我评价。①

(二)有计划的谈话活动

有计划的谈话活动是教师制订计划和方案，根据事先确定的话题，有目的、有计划地组织幼儿进行的谈话活动，此类谈话活动一般在小班下学期进行。对于大班教师，可以让幼儿自己拟定话题，如“我喜欢的节日”“我的朋友”“我的家乡”等，只要是幼儿熟悉或与他们的生活紧密相关的话题即可。由于谈话的话题形式各种各样，因此，教师要在组织过程中注意以下几方面。

①话题要有开放性。教师应努力为幼儿创设良好的语言环境，鼓励每个幼儿都能够积极地参与活动，发表自己的见解。

②增加幼儿语言互动的机会。幼儿交往能力的好坏取决于语言交流的密度，也就是对话交流的数量。因此，在此类活动过程中，教师在让幼儿自己说的同时，还要保证幼儿与幼儿之间，幼儿与教师之间的语言互动，让幼儿在学习他人有用经验的同时，不断提高自身的语言运用能力。

温馨提示

通常，谈话活动指的是有计划的谈话教学活动。由于有计划的谈话活动对幼儿的有意注意、有意记忆及言语能力有一定要求，所以这种活动一般从小班下学期开始进行。有计划的谈话活动需要事先的精心准备，否则谈话活动会因为受主题的局限、教师原有思维模式的限制以及幼儿缺乏感性经验等原因，出现一些不理想的状况。如谈话片刻便无话可谈，教师又不知如何深入指导，致使师幼觉得谈话活动枯燥乏味，教师不敢组织谈话活动，幼儿不想参与谈话活动。

---

① 李慧芬：《运用晨间谈话，做好幼小衔接》，载《早期教育(教师版)》，2011(6)。

(三)讨论活动

讨论活动属于一种特殊的谈话活动形式。此类讨论活动在话题形式、语言交往和教师指导上有着开放性的特点。

1. 开放性的话题

讨论活动的话题一般为开放性的问题。如“假如你是发明家，你最想发明什么？假如你有了一双翅膀，你会怎么样？”这些话题具有随意性，没有固定的答案。

2. 开放性的语言交往

讨论活动是一个开放性的语言交往活动。在活动中，幼儿可以根据自己的看法与他人进行语言交往。在交往时，幼儿不仅要清晰地表达自己的观点，而且要认真倾听其他幼儿的见解。这种语言交往的对象既可以是群体，也可以是个人。

3. 开放性的指导

在谈话活动中，教师应用开放性的态度对待幼儿的想法，不能用成人的角度去评价其看法是否合理，应把指导重点放在幼儿的语言能力发展上，对幼儿富有想象力和创造力的想法，教师应采取鼓励的态度。

典型案例

在幼儿园的谈话活动中，教师要用各种办法提高幼儿的谈话水平，增加幼儿新的谈话经验。教师一般采用哪些办法呢？通过大班讨论活动“假如我有翅膀”活动设计方案进行分析。

分析以下问题：

1. 哪些部分是教师增加的幼儿新的谈话经验？
2. 教师采用了哪些方法拓展幼儿的谈话经验？

扫描二维码，了解具体活动设计方案。

大班讨论活动教案《假如我有翅膀》

拓展链接

在教育活动中，幼儿有什么发现只想告诉老师，完成的作品只想拿给老师看，经常出现多个幼儿争着与老师交流的现象，令老师应接不暇。此时的老师急于要求幼儿互相交流，而幼儿依然如故，令老师深感无奈。这是为什么呢？

幼儿的心理特征及应对策略

四、幼儿谈话活动的意义

(一)激发幼儿交谈的兴趣

幼儿对语言信息的掌握程度、语言表达能力和语言交流的水平，受幼儿学习语言的态度是否积极主动、讲话的愿望是否强烈的影响。幼儿园谈话活动作为专门的、有组织、有计划的谈话活动，不仅使幼儿集中注意力，也能够激发幼儿的谈话兴趣，让幼儿踊跃参与到谈话活动中，从而培养幼儿谈话的积极性、主动性，使幼儿逐渐养成良好的谈话习惯，从而让幼儿用语言去解决与周围人的关系，促进幼儿语言交往能力的发展。

(二)帮助幼儿学习和掌握谈话的基本规则

教师在谈话活动中，帮助幼儿学习谈话，实际上是指导幼儿按照社会交往过程中较为成熟的方式进行交流，使幼儿在谈话活动中能够逐渐领悟、掌握谈话的基本规则，幼儿学习谈话时，在掌握倾听、理解别人谈话等能力的同时，还应该懂得人际语言交往的基本规则。如在与别人交谈时要认真倾听，不随便插话，并且要对别人所说的话给予适当的应答，如点头、微笑等。

(三)引导幼儿了解周围生活

在教师有计划、有目的设计的谈话话题的引导下，可以启发幼儿对周围生活有更多关注。如教师在设计“各种各样的水果”的谈话活动时，幼儿通过谈话活动就会对各种水果有所关注，并且能认识常见的一些水果，还会关注水果的地域分布等；开展谈话活动“我的家乡”之后，幼儿会关注家乡的位置、风景、民俗等。在教师和同伴的互相影响下，幼儿开始关注周围的生活，并且逐渐认识世界。

(四)促进幼儿建立良好的同伴关系

谈话活动是同伴交流的有效途径。在谈话活动中给幼儿充分的表现机会，给幼儿更多表达自己情感和想法的空间，有助于幼儿互相了解，建立信任的情感。谈话活动可以有效促进幼儿学会相互协作，提高幼儿互助学习的能力。

任务二　幼儿谈话活动设计方案

幼儿谈话活动是从具体的幼儿生活入手，围绕一个中心话题开展活动，培养幼儿语言运用能力，逐步提高幼儿表达能力，提升幼儿运用恰当的语言表达想象、表达生活经验的能力。通过谈话活动幼儿获得的关键经验有：愿意表达自己的想法及语言交流能力；能够围绕主题，用自己的生活经验大胆、有序地表达和提问的能力；倾听能力；观察分析能力；创造性地运用谈话语言进行表达的能力。为此教师要善于观察，勇于创新，能够围绕幼儿的相关经验设计有趣的、有意义的谈话活动。

一、幼儿谈话活动的目标设计

幼儿谈话活动的目标主要包括言语交往、倾听等方面，在制定具体谈话目标时我们还需根据幼儿不同年龄阶段的特点设定，并且要注意目标的准确具体、重点突出。

(一)有与人交谈的愿望，乐于在集体面前表达自己的想法，体验用语言表达自己想法的快乐

这是情感态度方面的目标。愉悦、轻松的语言交往环境，是幼儿学习说话，让幼儿想说、敢说、喜欢说、有机会说的基础。教师在设计和组织活动时，应特别注意以下两点。

第一，激发幼儿“想说”的欲望。教师要善于观察幼儿，倾听他们的谈话，引导幼儿多观察，继而根据幼儿说话的需要，创设激发幼儿说话的情境，从而激发幼儿说话的欲望。

第二，帮助幼儿树立“喜欢说”的信心。首先，教师要在各种各样的环境中为幼儿提供说话的机会；其次，教师要对幼儿说话的表现给予及时的肯定和称赞，避免因“教育”的目的而打断幼儿说话；最后，教师面对幼儿语言出现错误或表述不清时，应给予适当提示，或改用另一种说法提出与内容相关的问题，引导幼儿寻找答案，帮助幼儿在获得成功的喜悦中树立“喜欢说”的信心。

(二)运用生活经验，围绕话题中心有顺序地表达，会用多种方式大胆清楚地提出问题

这是言语交往方面的目标。有关幼儿语言发展的研究成果表明，3 岁后的幼儿已经习得了基本的语音、句型和词汇，并且以难以置信的速度发展他们的语言。这些条件使得幼儿能够用语言进行交流，也能够逐步学习谈话。

谈话活动最重要的是对幼儿进行语言教育，使幼儿学会倾听、理解和表达。根据谈话活动的特点，语言交往的目标具体包括两个层次的要求。

第一，能围绕中心话题谈话，充分表达个人见解。

第二，能大胆清楚地提出问题。

(三)有效倾听，提高交往水平

这是倾听方面的目标。倾听是幼儿学习与他人交谈时不可或缺的行为能力，也是幼儿感知理解语言的行为表现，是幼儿学会谈话的第一步。倾听是指有意识地、专注地、认真地听，它是感知和理解语言的基础。婴幼儿学习语言的基本规律是“先听懂，后会说”。只有懂得倾听、善于倾听，才能遵循谈话规则，进而理解语言形式、语言内容和语言运用的方式，提高语言交往水平。

根据谈话活动的特点，倾听包括两个层次，具体如下：

第一，养成良好的倾听习惯，能够认真倾听别人说话，知道认真倾听是尊重人的表现。

第二，能够有意识地、集中注意力地倾听，并迅速、准确地掌握别人说话的内容。

拓展链接

如何培养幼儿倾听能力

一、激发幼儿愿意倾听的日常游戏活动

方法一：教师双手遮脸做躲猫猫状，用亲切、甜美、柔和的声音呼唤孩子们模仿妈妈对孩子的昵称，配合声音轻而快地打开双手与幼儿热情对视，并适时巧妙地启发孩子热情应答。

方法二：师生人手一块手绢，同时躲在手绢后，做喊昵称的应答游戏。反复几次后教师可增加一些甜美语言，如“我的宝宝在哪里、宝宝跟妈妈飞吻一个”等亲昵的语言。

二、养成幼儿注意倾听的手指游戏

选择简单的握拳、放开等动作练习，结合有趣好听的儿歌进行，如《五指歌》。

三、培养幼儿主动倾听的肃静听音游戏

方法一：教师与幼儿面对面围坐成半圆形，教师发出唇音呼唤其中一名幼儿的姓名，如×××，唇音就是没有声音发出只有发音嘴型的动作。被叫到的幼儿站起来，走到教师身边与教师拥抱。

方法二：在方法一的基础上，师生互动进行游戏。教师说一句连贯的话，如我喜欢×××。我喜欢轻而甜的美声，名字是唇音，全体幼儿倾听并用美声完整复述。被叫到的幼儿站起来向大家行礼，说声“谢谢”。游戏反复进行。①

上述目标是幼儿谈话活动的总目标，我们还需根据幼儿不同年龄阶段的特点制定不同的谈话目标。在制定每个谈话活动的具体目标时，还要注意以下几点。

第一，活动目标要准确、具体。目标准确、具体是幼儿谈话活动设计中的基本要求。具体体现在：一是总目标、年龄阶段目标要准确。每次谈话活动的具体目标既应该体现总目标的要求，又要适应阶段目标要求，从而使目标的确立符合各年龄阶段幼儿的特点。二是目标是内容的准确体现。教师不能忽略教育目标而随意选择谈话内容，应真正做到目标体现内容、内容反映目标。

第二，目标体现全面性原则。一般来说，谈话活动的目标包含三个方面的内容，即言语表达、倾听和其他方面。教师在制定一个具体的谈话活动目标时，应尽量使本次活动的教育功能充分发挥出来，从而使目标的确立体现全面性的原则。此外，在确立目标的过程中，教师还要明确哪些目标是直接目标，在目标陈述中要突出其重要位置；哪些目标是间接目标，并记住这些目标。

---

① 熊乐乐：《如何培养幼儿倾听能力》，载《江西教育》，2010(7)。

职场实训

请阅读以下例子，思考在具体活动中如何体现各年龄阶段目标。

大班谈话活动“在祖国各地旅游”

1. 积极参与谈话，能用连贯的语句讲清自己在旅游中的所见所闻与感受。

2. 幼儿能注意倾听同伴谈话，能迅速掌握别人的谈话内容，向同伴学习谈话经验。

3. 在回忆类谈话中萌发爱家乡、爱祖国美丽山河的情感。

中班谈话活动“多种多样的蔬菜”

1. 学习几种常见的蔬菜名称，如土豆、黄瓜、西红柿、辣椒、茄子、胡萝卜等。

2. 幼儿能用简短的句式表达自己认识的蔬菜，如“这是……那是……我喜欢吃……”

3. 幼儿能仔细倾听教师和同伴的对话。

小班谈话活动“我的好爸爸好妈妈”

1. 能用简单的语句表达自己喜欢爸爸妈妈的原因。

2. 了解爸爸妈妈的喜好。

3. 体验爸爸妈妈对自己的关爱，尝试关心爸爸妈妈。

二、幼儿谈话活动的准备工作

从教育活动研究的角度看，幼儿谈话活动的准备工作有其特别的规律。谈话活动的目的、对象及活动方式的独特性在活动设计的准备工作上可得到充分的反映。

一般来说，幼儿谈话活动设计与组织的准备工作与要点包括以下内容。

(一)创设谈话情境，激发幼儿兴趣

教师在谈话活动正式开始时，通过设定情境，激发幼儿兴趣，启发幼儿对话题有关经验的联想，这是谈话活动的第一步。创设谈话情境主要有三种方式。

第一种，以实物、直观教具创设情境。教师利用活动角布置墙饰、实物、图片等，向幼儿提供与谈话主题有关的可视形象，激发幼儿交谈兴趣。例如，在谈话活动“好吃的水果”开始时，教师可以布置一个由幼儿带来的水果或图片的水果展览，以调动幼儿的生活经验，激发幼儿的谈话欲望。

第二种，用语言创设情境。教师可以通过生动的语言描述一种情境，或通过提问来唤起幼儿的记忆，调动他们的经验，以便幼儿顺利展开谈话。

第三种，以游戏的形式进行创设。运用游戏的形式创设谈话情境，很容易调动幼儿的积极性和兴趣，引起他们对所谈内容的回忆，为下一步骤的顺利进行奠定良好的基础。如在谈话活动“我的妈妈”中，老师让幼儿以角色游

戏的形式扮演妈妈，体验妈妈的日常工作，为他们有话可说(想说、敢说、会说)做了一个很好的铺垫。

创设情境的目的是在一种轻松愉快的氛围中激发幼儿的兴趣以利于谈话的顺利进行，教师既要利用谈话情境启发、引导幼儿，又要尽快导入话题引发幼儿谈话。因此，在创设情境中教师应注意：一是谈话紧扣中心话题；二是谈话要简单、明了；三是谈话时间不宜过长，控制在3～5分钟。

职场实训

我的好朋友

活动背景：

大部分中班幼儿都已经有了自己的好朋友，对这一话题比较感兴趣，并且已经有了一定的谈话能力。本次活动是幼儿喜欢谈、能够谈的话题活动。

活动目标：

1. 引导幼儿围绕“我的好朋友”这一话题进行谈话，使幼儿学会用完整的语句谈论好朋友的服装、特征，及愿意找他做好朋友的原因。

2. 要求幼儿学会在倾听同伴谈话中了解谈话的主要内容，培养幼儿理解性倾听的能力。

3. 帮助幼儿轮流进行谈话，懂得让别人把话说完，再发表自己的意见，帮助幼儿掌握谈话的规则。

活动准备：

1. 平时与幼儿进行个别交谈，分别了解他们的好朋友是谁。

2. 学会唱歌“拉拉勾”。

请你根据所学知识，创设谈话情境，引出谈话话题。

(二)引导幼儿围绕话题自由交谈

幼儿有了交谈的兴趣后，教师可以通过预设的提问，比如，在谈话活动“好吃的水果”中，教师通过以下提问引导幼儿围绕话题交谈：你吃过哪些水果？它们是什么颜色的？是什么味道的？通过集体交谈、分组交谈或结伴交谈，引导幼儿结合自己的生活经验，充分表达自己的观点。在此环节中，要让幼儿有话可说、愿意说。以下几点是教师在引导幼儿围绕话题自由交谈时应特别注意的。

第一，给幼儿充分的自由，讲述其内心的真实感受。谈话活动开展得如何，取决于教师对这个过程的把握程度。教师要指导幼儿围绕话题大胆地与同伴交谈，交谈的内容和对象应是随机的。谈话时，可采取多样的谈话形式，如一对一交谈、小组讨论。

第二，注意个体差异。自由交谈虽然给幼儿提供了开口说话的好机会，但他们的言语能力存在个体差异，因此，教师在坚持“交谈对象自由选择”的原则时，要事先将言语能力较弱和能力较强的幼儿安排在一起，让能力强的幼儿带动能力弱的幼儿一起练习交往语言。此外，教师还要重点倾听能力较弱幼儿的谈话，及时给予鼓励，提醒其他幼儿在说完自己的感受后要注意倾听这些幼儿的话语，以增强他们的自信心。

（三）拓展谈话范围，引导幼儿围绕话题进行深入交谈

教师引导幼儿逐步拓展谈话范围，其主要目的在于通过逐层深入的谈话，向幼儿展示并帮助他们学习运用新的谈话经验，使幼儿的谈话水平进一步提高。拓展谈话范围应注意三个方面。

第一，从幼儿的兴趣和生活经验出发。围绕主题设计的提问应该是幼儿感兴趣的、有一定生活经验的，这样幼儿才会愿意说。比如，谈话活动“我的爸爸”，教师可以问：“你的爸爸喜欢穿什么颜色的衣服？”“喜欢什么运动？”幼儿会很感兴趣，并愿意表达。

第二，内容应更丰富。谈话范围不能只局限于幼儿已知的生活经验，应该通过各种方式拓展谈话主题，从而丰富和拓展幼儿的生活经验。如在谈话活动“好吃的水果”中，在谈过水果的颜色、味道、名称后，教师可以展现不同水果的生长习性、种植范围、营养价值等来丰富和拓展幼儿的生活经验。当那些平时没听过也没见过的水果图片一一展现在幼儿面前时，他们就会觉得很新鲜。这样做能激发幼儿对各种各样水果的关注和好奇心，让幼儿对水果有更加科学的认识，进而使幼儿爱上吃水果。

第三，让幼儿主动提出问题，展开交流和讨论。在集体谈话中，教师预设的问题能保证谈话的顺利进行。但是，这种方式容易忽视幼儿的感受和想法，因此在集体谈话活动中，教师应该鼓励幼儿大胆提出自己的想法，给幼儿机会，提出关于主题的问题，并从中发现有价值的问题，引导幼儿围绕问题展开交流和讨论。在大班，教师可以尝试用辩论会的形式引导幼儿展开交流和讨论。

典型案例

我们通过“幼儿园大班谈话活动——我不是‘胆小先生’”分析以下问题：

1. 教师采用了哪些方法提升幼儿的谈话经验？
2. 活动过程中，教师引导幼儿谈话环节的逻辑是什么？

幼儿园大班谈话活动教案《我不是“胆小先生”》

三、幼儿谈话活动过程设计与组织

（一）教学活动导入环节

导入环节的目的是通过创设情境，集中幼儿的注意力，引出中心话题，并引起幼儿谈论的兴趣。教师可以采用不同的导入方式组织教学，如经验导入、提问导入、活动导入，等等。

想一想

"好吃的饼干"谈话活动设计(小班)

导入环节:

1. 品尝饼干,引发幼儿谈论饼干的兴趣。

老师:跟你的同伴说一说,你的饼干是什么形状的?什么味道的?你还吃过一些什么饼干?

2. 幼儿集体交流。

思考分析:

请分析以上导入环节是如何引起幼儿的学习兴趣的。

参考评析:活动开始前,先让幼儿品尝饼干有利于调动幼儿关于饼干的生活经验,激发幼儿交谈的兴趣。有些教师在此处的做法是先让幼儿看一看、摸一摸实物饼干,活动结束时再让幼儿品尝。但是,从活动的实际效果来看,先品尝再交谈比先交谈再品尝的效果要好,因为小班幼儿的自控力不强,当实物饼干出现后,幼儿的注意力就被饼干吸引住了,如不先给他们品尝,幼儿在活动中会紧盯着饼干吞口水,影响谈话效果。

(二)引导幼儿围绕话题集体交流

在幼儿进入谈话的主题后,接下来教师要为幼儿提供围绕话题自由交谈的机会。其目的在于调动幼儿对谈话话题的知识储备,引导幼儿运用已有经验交流个人的看法。引导幼儿围绕话题自由交谈时,要注意在幼儿分组或一对一地自由交谈时,允许幼儿说出任何与话题有关的想法;允许幼儿自由选择交流对象;教师及时参与谈话并做好记录。

(三)帮助幼儿拓展谈话范围

在经过了自由交谈之后,教师要引导幼儿逐步拓展谈话范围,即教师通过逐层深入的谈话,向幼儿展示并帮助他们学习运用新的谈话经验,提高幼儿的谈话水平。教师从幼儿的经验或兴趣出发,拓展谈话内容和经验,并鼓励幼儿大胆提出与谈话主题相关的问题,丰富谈话经验,促进幼儿的交流。

职场实训

"好吃的饼干"谈话活动

1. 集体交流:吃过的饼干。

教师可引导幼儿从饼干的颜色、形状、味道、包装等方面进行交谈。

2. 观看课件,讨论各种各样的饼干。

3. 拓展谈话:甜饼干吃多了好不好。

(1)观看视频:长了虫的牙齿。

(2)交流讨论：为什么牙齿会长虫？甜食能不能多吃？吃了甜食以后我们应该怎么办？

思考分析：

1. 请分析该案例中，老师是如何让幼儿进行交流的。

2. 请分析该案例中，老师用什么方式帮助幼儿拓展谈话内容。丰富了幼儿哪些相关经验。

(四)围绕话题开展相关活动

在谈话活动的最后环节，教师可以根据话题进行活动延伸，以更好地丰富幼儿的相关经验。如在“好吃的饼干”谈话活动最后，教师可以增加一个操作体验：饼干贴画。首先让幼儿观看饼干做成的衣服。教师提问：这些衣服好看吗？你还想让饼干变成什么东西？其次让幼儿选择自己喜欢的饼干，做手工贴画。最后和小朋友们一起欣赏交流。

这个延伸活动给幼儿提供了充足的表达和交流机会，丰富和拓展了幼儿的生活经验。

拓展链接

说话方式影响孩子心理发展

英国心理学家认为，语言是成年人与孩子沟通的重要途径，父母和老师的语言内容、表达方式等，对孩子的行为甚至将来的心理发展都有很大的影响。他们经过观察研究，总结出了会挫伤孩子积极性的说话方式大致有六种。

挫伤孩子积极性的六种说话方式

四、幼儿谈话活动的延伸设计

在幼儿谈话教学活动之后，教师可以适当扩大集体教育活动的影响，将教学内容延伸到日常生活、家园活动和区角活动等。

在日常生活中，幼儿的语言交流较为自由且有效。语言是沟通的工具，语言的学习最终以运用为目的。幼儿与教师的交流、与同伴的交流，都是为了传递信息，这体现出语言的实用性。如在教授食育儿歌《胡萝卜》中，教师可以引导幼儿讨论胡萝卜的形状、营养价值等。教师可以将谈话活动延伸到日常生活中，引导幼儿多多观察，帮助挑食的小朋友重新爱上胡萝卜。

区角活动是幼儿园一日教学活动中的重要组成部分。将幼儿谈话活动延伸到区角活动能够让幼儿独立或者以小组形式进行操作，完成某个谈论任务，有助于巩固幼儿的学习成果。例如，在食育儿歌《小蜜蜂》的讨论学习中，教师可以增加延伸设计，将相关挂图放在美工区，幼儿可以根据自己的想法绘画，然后在讲述区跟同伴讲讲自己的小蜜蜂。

家园活动是指幼儿园与家庭共同协作完成的活动，将幼儿园里学习的语言经验迁移到家庭中，转换成亲子活动。一方面可以促进亲子之间的交流；另一方面可以促进幼儿的语言经验运用，并且与父母交流可增加幼儿的经验。

如在《葱》的食育儿歌学习中，可以增加延伸设计为：回家与家长分享今日所学内容，并且与家长一同用葱做一顿好吃的晚餐。

任务三　幼儿谈话活动的实施与评价

谈话活动是幼儿园语言教育中一种最常见，也是最重要的语言教育活动类型。谈话活动对幼儿有着重要的教育价值，是幼儿园语言教育活动的重要组成部分。本任务安排三项不同层次的实训活动，旨在提高幼儿教师的实践操作能力，为今后组织谈话活动奠定经验基础。

首先，通过阅读、评析幼儿园各种类型的谈话活动，进一步了解谈话活动设计与指导的基本要求。其次，通过有重点地开展单项技能的训练，掌握组织谈话活动的各种基本技能，比如，会用生动的语言创设谈话情境，吸引幼儿谈话兴趣；会设计谈话活动的活动目标和活动片段并组织幼儿开展活动。最后，通过设计完整的谈话活动方案，并进行小组模拟演练，掌握谈话活动设计和指导的综合能力。

活动一：欣赏幼儿谈话活动，并进行评价

(一)活动方式

小组讨论。

(二)活动要求

赏析：

(1)详细记录活动过程。

(2)记录该活动过程中你的感受和观点。

赏析中注意以下问题：

(1)活动目标设计是否符合小班幼儿语言教学活动的要求？如果不适合该如何修改？

(2)教师如何进行导入，导入有没有紧扣主题、激发幼儿的兴趣？

(3)教师如何组织幼儿自由交谈？有什么作用？

(4)教师如何进行话题拓展？

(5)请分析在案例实录中你认为教师通过该活动传递给幼儿的核心语言交往经验是什么？

(三)活动素材

活动素材包括两部分，一是幼儿园中班谈话活动教案《我喜欢的玩具》；二是幼儿园中班谈话活动实录《我喜欢的玩具》

幼儿园中班谈话活动教案《我喜欢的玩具》

典型案例

扫描二维码，查看具体活动素材内容。

幼儿园中班谈话活动实录《我喜欢的玩具》

(四)活动实施

(1)教师在教室内呈现与案例相关的活动过程，并说明活动要求。

(2)小组按照活动要求讨论案例。

(3)教师巡回指导，并且观察普遍问题，统一讲解。

活动二：完整设计幼儿谈话活动

在了解谈话活动基本结构并学会赏析后，幼儿教师还需要有根据要求自行设计一个完整谈话活动的能力。

(一)活动方式

小组合作。

(二)活动要求

1. 活动过程完整

在活动设计中保证活动目标、活动准备、活动过程和活动延伸四个部分的完整性。

2. 活动环节设计准确

在保证活动设计的完整性基础上，学生要注重每一个环节设计的科学性。学生根据活动内容设计三维活动目标，活动准备要充分且有效，活动过程要环环相扣，活动延伸要合理有趣。

3. 活动方式活泼新颖

在活动环节设计准确的基础上，学生还应该结合幼儿的年龄特点，使活动方式活泼有趣，从而吸引幼儿的注意力。

(三)活动素材

素材一：食育儿歌 1

西红柿

西红柿，圆又圆，
营养含量排在前。
开胃明目多用途，
夏季养心要多选。

素材二：食育儿歌 2

花菜

像花不是花，
花园来安家。
润喉又美白，
都要多吃它。

(四)活动实施

(1)学生课下以小组为单位进行讨论，形成文字版活动设计。组内学生集思广益策划活动，记录组内成员讨论出来的活动方案。

(2)以小组为单位向教师提交活动设计。

(3)教师评价。教师可通过书面形式进行反馈，也可通过小组答辩的方式现场或线上反馈。

活动三：模拟实施幼儿谈话活动

本活动是幼儿教师根据预设内容进行的具体操作实施，该活动是学生扮演幼儿教师实施谈话活动。

(一)活动方式

小组模拟教学。

(二)活动要求

(1)小组内学生分配角色，两名学生扮演教师，其余学生扮演幼儿，在课下排练，实施课堂教学活动。

(2)在课堂中，学生以小组为单位现场模拟实施教学活动。

(3)每组模拟实施后，教师根据实施效果进行评价，并且引导其他学生进行相互评价。

(三)活动素材

丰衣足食的生活导致很多幼儿都出现挑食、偏食的现象，更有甚者只要遇到自己不爱吃的就一点都不吃。特别是早餐，由于家长早上上班来不及做饭，所以幼儿爱吃什么就买什么，不爱吃的东西就算再有营养，家长也不会买。另外，很多幼儿缺乏在集体面前大胆表达自己意见的勇气。针对上述情况，教师特别设计了谈话活动“好吃的早餐”，目的是通过谈话的形式，一方面，让幼儿知道各种各样的早餐都有营养；另一方面，让幼儿能大方地在集体面前表达自己的意见。

案例示范：

中班谈话活动：好吃的早餐

活动目标：

(1)帮助幼儿学习用简短的语句说出早餐的种类、味道及进餐后的感受。

(2)要求幼儿学会安静地倾听别人谈话，了解别人的谈话内容，培养有意识倾听的能力。

(3)鼓励幼儿大方地在集体面前表达自己的意见。

活动准备：

(1)面包、油条、麻团、豆浆等。

(2)若干切成小块的早点，并用牙签插好。

活动重点与难点：

能用简短的语句说出自己的感受。

活动过程：

(1)创设谈话情境，引出谈话话题。

教师出示早点，并提问："桌上有什么？这些是什么时候吃的？"如果幼儿回答不上来，可给予提示："是早上吃的，是中午吃的，还是晚上吃的？"

幼儿回答后，教师总结：早上吃的东西又叫早餐。让幼儿掌握"早餐"这一词汇。

(2)引导幼儿围绕话题谈论生活经验。

教师："你今天的早餐是什么？你还吃过哪些早餐？吃了早餐以后，你有什么感觉？"

请讲得好的幼儿向大家介绍自己的早餐，并说出没吃早餐的感觉。

教师："你最喜欢吃什么早餐？为什么喜欢吃？"教师可用平行谈话的方式，为幼儿提供新的谈话经验。教师："我早上喜欢吃鸡蛋、牛奶。鸡蛋香香的，牛奶甜甜的，很有营养。"

要求幼儿说出与别人不一样的早餐种类及感受。丰富幼儿的词汇：甜甜的、香香的、营养。

引导幼儿讨论人为什么要吃早餐。

(3)教师小结。

通过谈话，幼儿了解了早餐是多种多样的，吃不同的早餐，感觉也不一样，并知道早餐对小朋友身体发育的重要性。

(4)幼儿品尝早餐。

教师将事先准备好的早餐给幼儿品尝，在幼儿情绪高涨的情况下结束活动。①

学习评价与反思

本项目学习完了，你认为自己学得怎么样？是否理解幼儿园谈话活动的含义、特征、分类及意义？能否独立完成幼儿谈话活动的设计？能否很好地完成幼儿谈话活动的实施与评价？请把你的感悟写在下面吧！

记录与反思：

____

____

---

① 王佩佳、徐杰：《学前儿童语言教育》，47～48页，南京，江苏大学出版社，2013。

思考与练习

一、基础理论

思考与练习答案

（一）单项选择题

1. 在教师有计划的谈话活动中，参与谈话的幼儿把自己独到的生活经验与同伴分享，一方面能得到同伴的肯定，由此激励幼儿积极表达的欲望；另一方面在获得同伴的生活经验的同时，又会启发幼儿回忆自己的生活经验。这体现了谈话活动的意义之一是（　　）。

A. 帮助幼儿习得谈话的基本规则

B. 激发幼儿与他人交谈的兴趣

C. 引导幼儿关注周围生活

D. 促进幼儿建立良好的同伴关系

2. 针对幼儿挑食的习惯，可以选择“好吃的蔬菜”作为谈话活动话题。“三八”国际妇女节到了，教师可以选择“我的妈妈”作为谈话活动的话题，让幼儿感受妈妈对自己的爱，学会向妈妈表达自己的爱等。这体现了谈话活动在选择话题时要注意（　　）。

A. 选择的话题有教育意义

B. 谈话活动的话题应与幼儿的言语和知识经验相符合

C. 选择的话题要有目的性

D. 选择的话题要有计划性

3. 在幼儿自由交谈时，教师不该采取的做法是（　　）。

A. 教师可以让幼儿随便谈话而自己去做与谈话无关的事情

B. 教师必须要在谈话现场

C. 教师也要参与幼儿的谈话

D. 教师要努力做好观察者的角色，观察幼儿谈话情况

4. 不属于其他领域教学活动中的讨论活动特点的是（　　）。

A. 讨论活动的话题有固定的答案

B. 教师的指导具有开放性

C. 具有开放性的语言交往方式

D. 话题一般属于开放性的话题

5. 在谈话活动中教师怎样进行适时评价？（　　）

A. 强调幼儿的错误

B. 教师要避免指导，让幼儿大胆参与活动

C. 教师不需要关注每个幼儿的发展水平

D. 教师要关注幼儿的个体差异

（二）判断题

1. 谈话活动中有规范化的语言。（　　）

2. 在分析幼儿语言谈话发展水平的同时，要分析所选择的教育内容对该班幼儿语言发展的价值和作用，并阐明设计本次教育活动的意图。（　　）

3. 话题的深入可以按照三种顺序，即对话题对象的描述和基本态度、为什么会有这种态度、对话题对象的独特感受。（　　）

（三）名词解释

1. 谈话活动

2. 日常谈话

（四）简答题

如何帮助幼儿拓展谈话范围？

二、实践操作

1. 马上就要中秋节了，请根据所学知识，为大班设计一个谈话活动方案。

活动名称：

活动目标：

活动准备：

活动过程：

活动延伸：

活动反思：

2. 请为不同年龄段幼儿设计几个可以作为谈话活动的题目。

小班：

中班：

大班：

单元综合检测题一

单元综合检测题一参考答案

一、单项选择题

1. 在幼儿进行自由交谈时，教师不该采取的做法是（　　）。

A. 教师可以让幼儿随便谈话而自己去做与谈话无关的事情

B. 教师必须要在谈话现场

C. 教师也要参与幼儿的谈话

D. 教师要努力做好观察者的角色，观察幼儿的谈话情况

2. 不属于谈话活动中的语言交流方式的是（　　）。

A. 幼儿主动运用言语与教师进行谈话

B. 幼儿与自己谈话

C. 教师引导幼儿运用新的言语经验进行交流

D. 幼儿与幼儿之间交流

3. 幼儿园谈话活动的类型有(　　)。

A. 日常个别谈话　　B. 看图讲述

C. 随意交谈　　D. 讲演活动

4. 幼儿园谈话活动的目标不包括(　　)。

A. 言语交往方面的目标　　B. 倾听方面的目标

C. 品德方面的目标　　D. 鉴赏美方面的目标

5. 在确立谈话活动的目标时，下列说法错误的是(　　)。

A. 了解本班幼儿的语言发展水平　　B. 了解年龄阶段的目标

C. 确立语言教育活动的目标　　D. 目标要全面

6. 教师在自由交谈活动中的职责不包括(　　)。

A. 教师要记录幼儿谈话情况

B. 教师必须在场

C. 教师要参与谈话

D. 教师在必要时及时指出幼儿交谈中的错误

二、判断题

1. 餐前餐后的谈话不属于谈话活动。(　　)

2. 谈话活动内容的选择是实现教育目标的依据。(　　)

3. 谈话活动的最后，教师可以根据话题进行活动延伸，从而更好地丰富幼儿相关经验。(　　)

4. 在幼儿进入谈话的主题后，接下来教师要为幼儿提供围绕话题自由交谈的机会。(　　)

5. 自由交谈给幼儿提供了开口说话的好机会，他们的言语能力不存在个体差异。(　　)

三、名词解释

1. 有计划的谈话活动

2. 幼儿园谈话活动

四、简答题

1. 简述集体谈话活动设计的基本结构。

2. 简述谈话活动的类型。

3. 简述谈话活动的意义。

单元综合检测题二

单元综合检测题二参考答案

一、单项选择题

1. 下列说法错误的是(　　)。

A. 谈话活动是幼儿园语言教育活动中的重要组成部分

B. 发展幼儿的交谈能力对幼儿的语言发展有着重要的价值

C. 幼儿谈话活动的实质是通过一定的话题引发多方语言交往的活动

D. 中心话题可以不用在幼儿已有经验基础上进行

2. 不属于幼儿谈话活动特征的是(　　)。

A. 经验性　　B. 趣味性

C. 新鲜感　　D. 交流的对象范围较小

3. 下列说法不正确的是(　　)。

A. 幼儿园的谈话活动突出强调幼儿运用语言与他人进行交流

B. 在谈话活动中幼儿可以与旁边的幼儿或者教师进行个别谈话

C. 在谈话活动中有统一的答案

D. 谈话活动的关键在于幼儿是否围绕话题敢说、想说，而不是怎么说

二、判断题

1. 谈话活动是同伴交流的有效途径。(　　)

2. 在教师有计划、有目的设计的谈话话题的引导下，可以启发幼儿对周围生活有更多关注。(　　)

3. 在制定具体谈话目标时要注意目标的准确具体、重点突出。(　　)

4. 幼儿语言发展与他们对运用语言的情感态度没有联系。(　　)

5. 教师要善于观察幼儿，倾听他们的谈话，引导幼儿多观察。(　　)

三、名词解释

1. 讨论活动

2. 日常个别谈话

四、简答题

简述幼儿谈话活动的特征

五、论述题

试述在指导幼儿的“自由谈话”环节时，教师应注意什么问题。

项目五　幼儿讲述活动的设计、实施与评价

学习目标

1. 了解幼儿讲述活动的内涵和特点；
2. 了解幼儿讲述活动的价值；
3. 完成幼儿讲述活动的设计和实施；
4. 具有幼儿讲述活动的评价能力。

铸魂育人

本项目选择多样化的讲述对象，促进学生对事物的观察和描述，从而引导学生用完整、优美的语言进行讲述。在对象选择上，不仅选择生活化的事物，而且选择了祖国锦绣山河，增进学生对祖国的热爱之情，并且让学生感知学前教育事业传承文化的重要意义。

思维导图

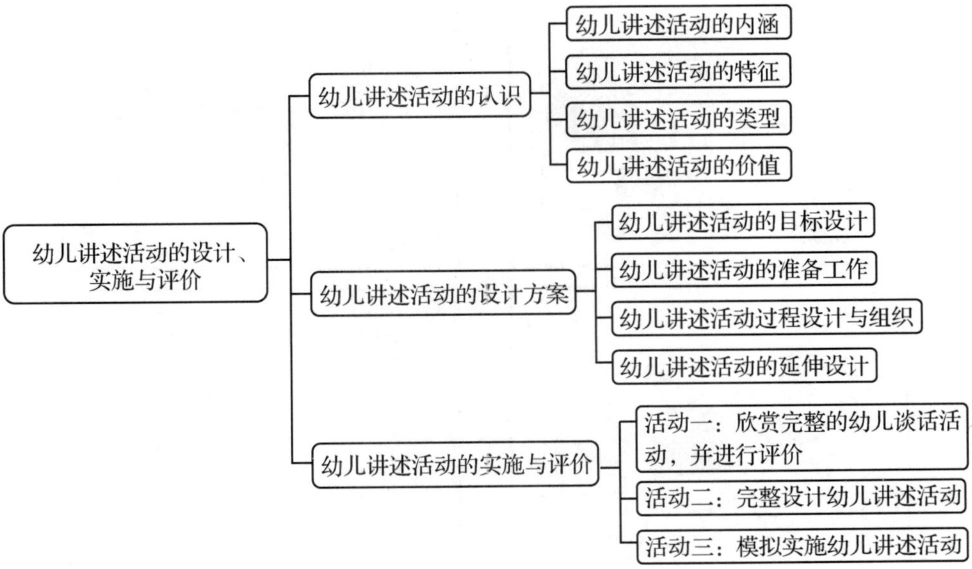

单元导入

幼儿园讲述活动是以发展幼儿独白语言为主的教育方式，对幼儿的口语

表达能力，幼儿言语的目的性、创造性、连贯性和独立性，及其记忆力、思维力、想象力等都有促进作用。讲述活动也是幼儿语言教育的一种重要组织形式，在幼儿语言教育中占有重要地位。幼儿具有丰富的想象力和创造力，他们对各种各样的图片、实物、有趣的情景等充满浓厚的兴趣，有着自己的理解与看法。那么该如何引导幼儿欣赏、理解这些有趣的事物？幼儿教师又该如何引导幼儿表达自己的想法？如何组织讲述活动促进幼儿讲述能力的发展，锻炼其独白语言能力？通过学习本章，你可以了解幼儿讲述活动的含义、特点、教育目标；幼儿讲述活动的设计、组织与实施。

情境创设

请仔细观察下面的图片，结合自己的理解和想象完整地讲述图片内容。

[德]卜劳恩著，洪佩奇编：《〈父与子〉全集》，27页，南京，译林出版社，2009.

以上图片是一组幼儿园讲述活动的素材，我们可以利用这组图片设计幼儿园讲述活动。那么，幼儿园讲述活动有什么特点？它对幼儿的语言会有什么样的要求？又会对幼儿的语言发展产生什么样的意义？为了达到这样的要求，你认为幼儿需要做什么准备？这种语言讲述活动和谈话活动的区别是什么？

任务一　幼儿讲述活动的认识

《纲要》中指出，要“鼓励幼儿大胆、清楚地表达自己的想法和感受，尝试说明、描述简单的事物或过程，发展语言表达能力和思维能力”。可见幼儿讲述活动在幼儿语言教育中不仅对于培养幼儿的独白语言、锻炼幼儿的表达能力和倾听能力有着重要作用，而且对幼儿语言表述的目的性、独立性、创造性和连贯性，对幼儿的思维、记忆、想象等方面的能力都有促进作用。

图 5-1　讲述活动“我的爸爸”

一、幼儿讲述活动的内涵

讲述活动是促进幼儿清楚、连贯、完整的语言表达能力发展的有效途径。讲述活动的内容丰富、教育手段灵活、语言环境宽松，在幼儿语言教育中占据极其重要的地位。

> **考证要点：**
> 幼儿讲述活动是一种有目的、有计划地培养幼儿语言表述能力的语言教育活动，它主要通过让幼儿观察凭借物、图片、录像等，分析故事情境，进而把自己对故事内容的理解用完整、连贯性的语句进行讲述。

讲述活动是幼儿语言教育的一种重要形式。在幼儿语言教育实践中，我们发现经常有教师会将讲述活动与谈话活动相混淆。谈话活动和讲述活动都是提高幼儿语言表述能力的有效教学形式，它们有很多共同点，如都要求教学内容贴近幼儿的实际生活，都需要教师营造自由平等的活动气氛，都要求教师运用有效的提问方式引导幼儿等。但它们毕竟是不同的教学形式，各有自己的特点，两者的不同之处可以从以下几点进行分析。

(一)活动目标不同

谈话活动和讲述活动是幼儿园语言教育领域的两种基本活动类型。它们虽然都是培养幼儿语言表达能力的基本途径，但是又各有侧重。谈话活动的目标是通过创造良好的语言环境，组织幼儿围绕一个中心话题进行交谈，借以指导幼儿学习倾听他人说话，帮助幼儿了解和掌握与他人交流的方式、规则，提高幼儿与人交往的能力。谈话活动的中心目标是提高幼儿与人交谈的语言能力。讲述活动的目标则是通过围绕一个凭借物(如图片、实物等)，为幼儿创设不同于日常交谈的语用情境，组织幼儿积极进行命题性质的语言表述，以帮助幼儿逐步积累独立构思和完整连贯表述的语言经验。讲述活动的中心目标是培养幼儿独立构思、独立表述的独白语言能力。

在幼儿教育实践中，常常有教师在确定活动目标时忽视了两种活动在活动目标上的不同侧重点，造成活动目标混淆。例如，在看图讲述活动“礼物船”中，教师设计了下列目标：发展想象力、学会有序观察图片、提高专心倾听同伴讲述的能力。这一目标设计混淆了谈话活动和讲述活动，既没有凸显谈话活动重视培养幼儿倾听他人说话、习得与人交流的方式和规则的目标，也没有显示出讲述活动对提高幼儿完整连贯讲述能力的侧重。

(二)活动方式不同

谈话活动是教师引导幼儿围绕一个中心话题，在已有经验的基础上进行的互动交流活动。它通常要求交谈双方转换角色，轮流表达，及时反馈。讲述活动要求幼儿围绕一个凭借物独立构思、独立表达，强调表达要清楚、连贯，重点要突出，主题要鲜明，两者不应混为一谈。然而，在幼儿教育实践中，常有教师在确定活动方式时出现混淆情况，借谈话活动之名行讲述活动之实，或者相反。例如，谈话活动“梦”有两个活动环节，先是教师组织幼儿分组讲述自己曾做过的梦，教师巡回指导，再请部分幼儿在全体幼儿面前大声讲述自己的梦。整个活动都是幼儿讲述，教师巡回指导，看不到谈话活动应有的交流互动特色。

(三)语言表达要求不同

谈话活动和讲述活动最明显的区别在于对幼儿语言运用能力的要求不同。和讲述活动相比，在谈话活动中幼儿更加随意、自由，语言表达不强求规范、严谨。如果幼儿在谈话过程中出现发音不标准、用词不恰当、语法不规范等问题，教师不必刻意纠正，更不要让幼儿跟随教师进行多次重复练习，以免打击幼儿说话的积极性。教师可以用正确的表达方式看似随意地说一遍，暗示幼儿发现自己的错误，从而学习正确的表达。而讲述活动则要求幼儿语音准确、用词恰当、语法严谨、表达规范。在幼儿语言教育实践中，常有教师忽略谈话活动和讲述活动对幼儿语言表达要求的不同。例如，在谈话活动“假如我是孙悟空”的集体谈话环节，教师要求幼儿连贯表述孙悟空的本领。又如，在看图讲述活动“住所的变化”中，教师要求幼儿以接龙的形式描述图片中呈现的住所变化。

在幼儿语言教育实践中，除了上述三个方面外，在语用情境创设、对凭借物的运用等方面也存在着谈话活动和讲述活动混淆的现象。例如，谈话活动要求创设一个相对宽松自由、能够畅所欲言的语用情境，而讲述活动则要求语用情境相对正式、严肃。

二、幼儿讲述活动的特征

(一)有一定的凭借物

幼儿的讲述活动需要针对一些具体的凭借物来开展，这是幼儿讲述活动的独特之处。幼儿的讲述需要一定的凭借物，包括讲述活动中教师为幼儿准备的或幼儿自己准备的图片、实物等。之所以在讲述活动中出现凭借物，主要是基于以下两个方面的需要。

1. 幼儿学习讲述的需要

成人对一件事或一个物体的描述，可以凭借当时出现在眼前的实物、情景进行，也可以凭借记忆进行。但由于幼儿缺乏相应的生活经验，大脑中积累的关于客观事物的表象不足，具体形象性是幼儿思维的典型特征。由于幼儿长时记忆能力也有限，在讲述活动中，幼儿很难完全凭借记忆连贯地讲述。因此，幼儿在讲述活动中需要有一定的凭借物。

2. 幼儿在集体面前讲述的需要

幼儿园的讲述活动是集体参与的活动，无论参与人数的多少，都要求幼儿在集体面前进行讲述。这就需要提供一个集体指向，而凭借物恰恰为幼儿提供了相同的讲述对象，为幼儿确定了讲述的中心内容，从而产生相互之间的交流和影响作用。例如，教师提供图片或录像资料，让大班幼儿讲述“我是劳动小明星”，幼儿围绕图片或录像所展示的内容，讲述图片中有几个人物，分别在做什么等。可以说，在讲述活动中，一定的凭借物往往是幼儿讲述的客体，对幼儿的讲述起着重要作用。

(二)以独白语言为主

讲述活动的语言是带有独白性质的讲述语言，包含叙事性、描述性、说明性和议论性语言。讲述活动的独白是要求幼儿独自完成一段完整话语的过程，即幼儿凭借所提供的材料和相关语境，经过大脑的独立构思，按照自己的理解进行加工、整理，然后选用恰当的词句连贯而有条理地表述出来。独白语言是预计性和开展性的言语，主要形成于幼儿期，如看图讲述、复述故事，表达生活经验等。它随着年龄的增长而发展，正确的教育可以加速其发展。讲述活动是培养和锻炼幼儿独白的特别途径，有助于其他各类语言教育活动，有它存在的独特价值。

3～6岁的幼儿在独立表达时，其独白语言开始注意到事物间的联系和讲述的重点，在记叙事物时逐渐有了时间、地点和起因、经过与结果，逐渐能就某一主题展开谈话，独立讲述故事或各种事情，而且连贯、完整性增强。①这种独白语言的发展大致表现为：

小班，能够克服胆怯，勇于在集体面前讲述，做到语句简短但完整；

中班，能够大方地在集体面前讲述，语言完整连贯，能够说出较为完整的一段话；

大班，能够自在地在集体面前，重点突出地表达自己的观点，内容连贯、重点突出，语句之间的逻辑性较中班强。

(三)有正式的语言情境

所谓正式的语言，是指说话者的范围、方式和风格都是特定的。在这种语言情境中，幼儿要进行比较严密的思考，使用较正规的语言来表达对某物或某人、某事的认识。与其他语言教育活动相比，讲述活动为幼儿提供的是一种学习和运用正式语言的场合。不仅要求幼儿能发表自己的见解和看法，还要求幼儿能在集体面前用规范的语言大胆地表达自己的认识。这种正式主要表现在两个方面：一是语言规范，幼儿需要使用较为完整的连贯句。例如，同样是说“冬天”，在谈话活动中幼儿可以随意地说“我看到小河结冰了”“小朋友们穿着厚厚的衣服，戴着帽子和围巾”，而在讲述活动中，幼儿则根据图片内容可能说出“冬天到了，天空中飘着雪花，河水结冰了，小朋友们穿着厚厚的棉衣在打雪仗”。二是环境规范，一般要在专门的教学活动中开展这类活动。总而言之，根据语言环境要求，运用正规的语言风格说话，这是讲述活动的重要特点。

(四)调动幼儿多种能力

在讲述活动中，幼儿首先要感知和理解凭借物，在此基础上归纳、总结凭借物的特征，进一步展开联想和想象，最后构思出连贯、完整的讲述内容。这就需要幼儿在观察、分析的基础上进行归纳、总结、判断、推理、想象。如幼儿根据图片讲述：“公园里，有绿绿的小草，红红的小花，清澈的小溪，还有开开心心的小朋友。”在这段讲述中，如果幼儿不仔细观察，不进行总结和发挥想象，是不会看到这些事物的，讲述的水平也不会得到提高。

---

① 张明红：《给幼儿园教师的101条建议　语言教育》，38页，南京，南京师范大学出版社，2007。

职场实训

看图讲述活动"动物联欢会"

该活动适合小班开展。分析小班看图讲述《动物联欢会》活动教案，并且思考以上活动是否符合幼儿园讲述活动的特征。

幼儿园小班谈话活动教案《动物联欢会》

三、幼儿讲述活动的类型

在讲述活动中使用什么凭借物，实质上也是运用什么教育手段的问题。依据凭借物的特点可以将幼儿园讲述活动分为看图讲述、实物讲述、情境表演讲述等。

(一)看图讲述

看图讲述是指幼儿通过观察图片，将一张或几张图片的主要内容准确、完整地表达出来。这是一种用图片作为凭借物的讲述，是幼儿语言教育活动的重要形式。看图讲述中的图片，可以是印刷的成品，也可以是教师自己绘制的，既可以由幼儿画图后讲述，也可以用教师提供的一套图片来自由讲述，甚至可以是幼儿拼接的图片。无论什么样的图片，看图讲述活动的关键就在于为幼儿创设正式的口语表达情境，使幼儿有机会在集体面前表达自己对某一图片的认识和看法，学习表达的方式和技能，从而培养幼儿的独立构思和表述一定内容的语言能力。看图讲述具有很强的直观性和形象性，非常适合幼儿的认知发展特点。具体又可分为以下几种讲述形式。

1. 单张图片讲述

单张图片一般人物较少，强调人物的动作，背景简单，人物形象突出，是最简单的看图讲述形式。这种形式一般在小班开展，以问答方式进行，幼儿在讲述时主要说出"图片上有什么，在什么地方，在干什么"等，主要培养小班幼儿讲述完整语句的能力。如图5-2在"快乐的一天"讲述活动中，教师问："这是什么地方？天气怎样？"教师通过提问，引导幼儿依据画面上的内容来判断回答。

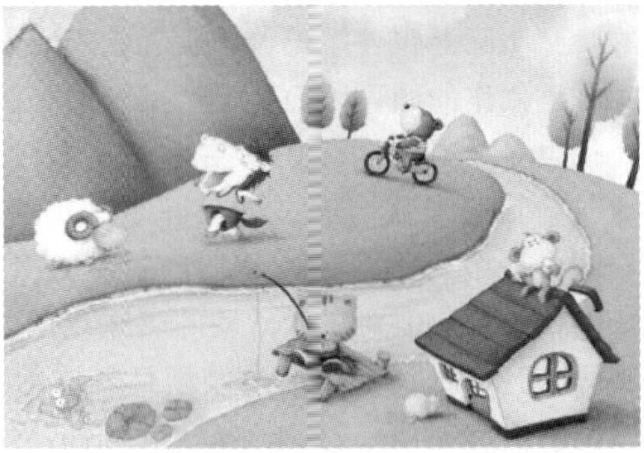

图 5-2　快乐的一天

2. 多张图片讲述

多图讲述是指幼儿按顺序将多张图片的内容，图片与图片之间的联系用完整、连贯的语句表达出来。这种讲述主要在中班、大班进行。它不仅要求幼儿讲述图片上所描绘的对象及特征，还要将图片的细节和非显著的特征描述出来，如图 5-3“小猪买气球”。

图 5-3　小猪买气球

3. 排图讲述

排图讲述是指幼儿依据教师所提供的图片，进行合理排序，并将所排的结果及所体现的情节讲述出来的一种语言教育活动。这种讲述首先要求幼儿将无序的图片按照自己的想法排出顺序，然后再说明理由，并讲述图片的主要内容。

在排图讲述中，教师提供的图片是单个的不按情节发展顺序排列的，每幅图具有相对完整性，画与画之间又有一定的内在联系，并有多种排列的可能，但要注意的是这些内容必须是幼儿熟悉的。如大班讲述活动“小猪不洗澡”，教师给幼儿呈现打乱了顺序的四幅图(图 5-4)，让幼儿仔细观察每幅画面，然后根据自己的理解重新排列顺序，最后用连贯的语言将图片内容讲述出来。这种讲述对幼儿的语言能力、思维能力的要求都比较高，比较适合大班幼儿。

4. 绘图讲述

绘图讲述是幼儿根据一个主题构思情节，通过想象作画，然后讲述自己作品的过程。这里的“绘”实际上包含了绘画、泥工、折纸、撕纸等手工活动，其中的“图”是指幼儿自己创作的图，因而每个幼儿所“讲述”的内容各不相同，即“自己讲自己的”，这也是与其他类型图片讲述相比的最大区别。将这些手工制作活动与讲述活动结合起来就构成了绘图讲述。其过程为幼儿根据一个主题构思情节，创作绘画，最后将自己作品的内容讲述出来。这一活动往往和美术的“主题意愿画”相结合，但要注意活动的侧重点应以幼儿的讲述为主。例如，大班绘图讲述活动“给明明的信”通过阅读已转园的小朋友“明明”的来信，进而学习用画的形式回信(图 5-5)。每个幼儿回信的内容都是根据自己的经验和想象而画的。

图 5-4　“小猪不洗澡”

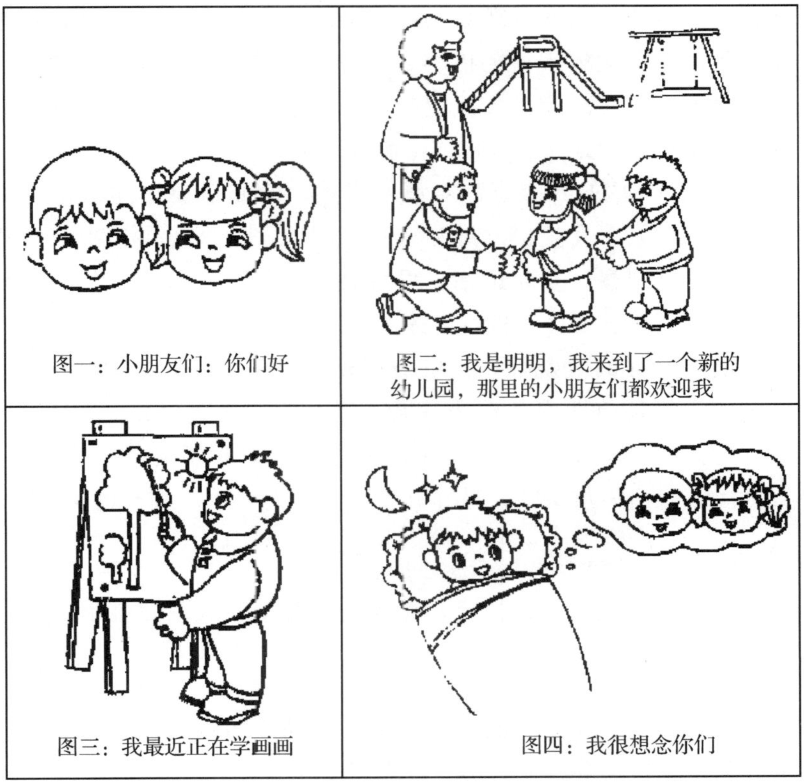

图 5-5　给明明的信①

① 陶涛：《给明明的信——大班绘画讲述活动设计》，载《山东教育》，2001(27)。

(二)实物讲述

以生活中的实物作为讲述的对象(凭借物)就是实物讲述。这种讲述形式具有真实可感的特点。实物包含各种真实的物品、玩具、教具、动植物、日常生活用品和外在的自然景物等。实物讲述要注意引导幼儿有序地观察，突出实物的基本特征。在观察中或观察后，要求幼儿将实物的基本特征(形状、颜色、材料等)、用途、使用的方法等内容清楚地描述出来。

值得注意的是，实物讲述活动一定要与科学教育活动区分开，避免出现忽视语言教育目标的“本末倒置”现象。以大班讲述活动“各种各样的车”为例，在幼儿讲述之前，教师前期的铺垫非常重要。通过和幼儿及家长共同收集各种关于车的图片、视频、知识介绍等资料的过程，让幼儿对车有了一定的认知，在此基础上引导幼儿讲述各种各样的车，其教学过程自然就是以幼儿讲述、介绍各种各样的车为主的语言教育活动，而不会变成以认识、了解各种各样的车为主的科学教育活动的教学过程。因此，组织这两种活动的时候，作为教师，心中一定要很清楚活动所要达成的目标侧重于哪个领域，这样就不容易出现教育类型发生偏差的问题了。

(三)情境讲述

情境讲述是指幼儿根据对现场某一情境表演(或录像)的观看，在教师的引导和帮助下，充分理解表演的内容，最终能够针对表演进行完整、连贯讲述的一种语言教育活动。情境表演包括真人表演、用木偶表演和真人与木偶共同表演的场景，或者是通过录像或电脑展示的一段场景，它们都体现了“角色表演”和“连续活动”的特点。针对情境讲述，幼儿需要讲述清楚表演的情节、对话、前因后果、发生、发展和结果。因此，在情境讲述中，幼儿需要集中注意力、认真观察、及时记忆、思考并展开想象，以便记住、理解表演的内容，并转化为自己的语言进行讲述。

情境表演有很强的直观性，能够吸引幼儿注意力，激发幼儿讲述欲望，活跃课堂气氛。但是前期准备较为复杂，对参与表演幼儿的语言表达能力、动作和表现力等都有较高要求。因此，所选内容主题要突出，情节要简单，角色不宜太多，对话简洁清晰，最好具有一定的重复性，适合观察和记忆。

拓展链接

依据讲述方式还可以将讲述活动分为叙事性讲述、描述性讲述、说明性讲述和议论性讲述四种类型。

讲述活动类型

另外，幼儿园还有许多其他类型的讲述活动，如添图讲述、生活经验讲述、写信和创造性讲述等，在此不一一介绍。

以上讲述活动各具风格，幼儿教师在设计各类活动时应根据本班具体情况，结合各年龄阶段幼儿的特点，围绕主题采用恰当的教学方法和手段开展教学活动。

四、幼儿园讲述活动的价值

(一)锻炼幼儿的独白语言能力

讲述活动着重培养幼儿的独白语言。在讲述活动中，幼儿有机会逐渐学习在集体面前独立讲述自己的想法。将一件事情、一个物体或一个人物讲清楚，要求语言完整、通顺、连贯，重点突出，在这个过程中，他们的独白语言能力逐步得到发展。

(二)促进幼儿讲述能力的发展

在讲述活动中，幼儿需要独立构思讲话内容、讲述顺序、讲述重点和中心，考虑怎样讲才能让别人理解自己的话，逐步学会有中心、有顺序、有重点地讲述，从而促进幼儿独立讲述能力的发展。

如在“我喜欢的衣服”讲述活动中，幼儿讲述前需要思考先讲什么，再讲什么，重点描述哪个部分，用什么样的词汇来描述，然后连贯、完整、清楚地将整个故事情节讲述出来。所以，教师要创设一个宽松的语言情境，帮助幼儿掌握讲述的方法，引导幼儿独立思考讲述的内容、讲述的顺序和讲述的重点。

(三)帮助幼儿学会认识事物的方法

幼儿需认识所讲的事物，这样才能把事物讲述清楚。因此，在讲述之前，幼儿需要在教师的指导下，充分地观察、感知、理解讲述对象，久而久之，幼儿就会掌握一些认识事物的普遍方法。如讲述“小猫”之前，我们通常从小猫的外形特点、生活习性、与我们人类的关系等几个方面来认识小猫；认知某一事件，通常对事件发生的时间、地点、人物以及事情发生、发展到结束的过程等一一加以认识和了解。通过讲述，幼儿便学会了认识事物的顺序和方法。

(四)促进幼儿思维和想象力的发展

在讲述活动中，幼儿不仅要讲述自己对凭借物的所见、所闻，还要讲述自己对凭借物的所思、所感。因此，幼儿不仅要通过观察来感知凭借物，还要分析事物的特征、事件的发生原因和顺序，领会人物在不同状态下的思想感情。在这个过程中，幼儿的想象力和思维能力就会得到发展。如在“小猪不洗澡”这个讲述活动中，幼儿要经过一定的推理、判断、分析，才能认识自己所要讲述的内容，然后组织语言表述出来。此外，在看图讲述中，幼儿要对画面以外的事物展开丰富联想和想象，这样才能连贯、流畅地表达自己的想法，这都促进了幼儿想象力和创造性思维能力的发展。

任务二　幼儿讲述活动的设计方案

幼儿讲述活动是借助凭借物，围绕这个凭借物开展的语言教育活动，以培养幼儿完整连贯讲述的语言能力。幼儿通过讲述活动获得的关键经验有：感知理解经验，包括观察、分析、综合、判断能力；表达经验，这是讲述活动重点要完成的内容，包括能在集体场合自然大方地讲话，会使用规范的语言，能够有中心、有重点、有顺序地讲述；倾听经验等。幼儿讲述经验的获得离不开教师的正确示范，同时教师也要注意尊重幼儿，认真倾听。

一、幼儿讲述活动的目标设计

(一)幼儿讲述活动的目标

讲述活动是以幼儿表述行为为主的教学活动。根据讲述活动的特点和幼儿语言发展的需要，其主要目标包括感知理解目标、表达目标、倾听目标。

1. 通过观察和交谈，提升感知、理解讲述对象的能力

在幼儿语言表达的发展中，不仅要求幼儿学会说出自己的想法，也要求幼儿根据主题进行构思和表达。“感知、理解讲述对象的能力”就是通过丰富多样的方式引导幼儿感知、理解讲述对象，在教师的引导和帮助下收集关于凭借物的各方面信息，形成讲述的内容，使幼儿“有话可说”，为幼儿“独立讲述”做准备。

感知、理解讲述对象，获得有关讲述的内容和要求，是一个输入综合信息的过程。这不仅要求幼儿能听懂指示，还要求幼儿观察讲述对象，然后运用概念、判断、推理等方式，获得一定的认识。久而久之，幼儿就会掌握一些认识事物的普遍方法，如认识某一实物，不仅仅知道名称，也会感知并描述该实物的材料、形状、颜色等，从而在观察事物的方法上更有规律可循。

2. 独立构思并清楚表达自己的看法

这是表达方面的目标，是讲述活动重点完成的内容。讲述活动为幼儿提供了独立构思和清楚、完整表述的机会。在教师的引导下，幼儿有目的、有顺序地去思考。例如，大班讲述活动“我喜爱的节日”，幼儿需思考自己喜爱的节日的名称、时间、习俗以及喜欢它的理由等，然后将这些构思内容完整、清楚地在集体面前表述出来。因此，通过这类活动，可以提高幼儿的语言表述能力。具体来说，有以下几个方面的能力：第一，在集体场合自然大方地讲话。第二，使用规范的语言。第三，有中心、有重点、有顺序地讲述。

3. 善于倾听，提高语言运用能力

这是倾听方面的目标，幼儿应掌握语言交流信息清晰度的调节技能。讲述活动虽然侧重于培养幼儿在语境中独白语言的表达能力，但离不开倾听。幼儿讲述活动要求幼儿根据环境和材料的变化来调节语言表达方式，根据听者所作出的反馈和听者的特征调节自己说话的内容和方式，使听者能理解和接受所讲内容，以保证信息交流的清晰度。

例如，每个幼儿的爸爸都是不同的，如爸爸的身高、体重、长相、性格特点、工作等，这就要求幼儿在讲述活动“我的爸爸”中认真倾听别人的讲述，

同时在别人讲述的基础上适当调整自己所要表达的内容，抓住自己爸爸的主要特征进行讲述。

4. 其他方面目标

在讲述活动中除了上述目标外，还渗透以下一些目标。

第一，情感方面的目标。情感方面的目标是幼儿园教育中的重要任务。如在看图讲述《小狗和小猫》中，可以渗透这样的情感目标：产生喜爱小动物的情感。

第二，动手能力方面的目标。这主要体现在拼图和绘图讲述活动中，如在绘图讲述“多彩的秋天”活动中，可以渗透这样的目标：结合剪贴、绘画、泥工等手段表达对秋天的认识和美好感受。

第三，生活能力和劳动教育方面的目标。生活能力和劳动教育的内容，一直是幼儿园比较缺乏的，在讲述活动中，可以加强对幼儿这方面的培养。如在生活经验讲述活动“种植角里的小绿苗”中，可以渗透这样的目标：知道劳动才会有收获。

在实际组织实施过程中，教师还要根据不同年龄阶段的幼儿以及活动的要求制定适宜的发展目标，不同年龄阶段具体发展目标如表 5-1①。

表 5-1　讲述活动中不同年龄阶段具体发展目标

	感知、理解讲述对象的能力	独立构思、完整表述的意识、情感和能力	调节语言表述清晰度的能力
小班	能有兴趣运用多种感官、按照要求去感知讲述内容。	愿意在集体面前讲述。	能安静地听老师或同伴讲述，并用眼睛注视讲述者。
	理解内容简单、特征鲜明的实物、图片或主要时间。	能有中心地用简短语句正确说出讲述内容的主要特征或主要事件。	
中班	养成先仔细观察，后表达讲述的习惯。	能主动地在集体面前讲述，声音响亮，句式完整。	能积极倾听别人的讲述内容，发现异同，并从中学习好的讲述方式。
	逐步学会理解图片和情境中展示的时间顺序。	学习按照一定顺序讲述实物、图片和情境的内容。	
大班	通过观察、理解图片与情境中蕴含的主要人物关系和思想感情倾向。	能有重点地讲述实物、图片和情境，突出讲述的中心内容，语句完整连贯。	在集体面前讲话，态度自然大方，能根据场合调节讲述的音量、语速、语气和语调。

① 张明红：《学前儿童语言教育》第 2 版，154 页，上海，华东师范大学出版社，2006。

典型案例

讲述活动目标范例：

小班看图讲述“黑夜”

1. 愿意在集体面前表达自己关于图片的想法。
2. 通过观察画面形象以及黑夜背景，理解画面所包含的内容。
3. 学习用一段话说出一幅画的意思。

中班实物讲述“扇子”

1. 乐于与同伴分享自己的发现。
2. 学习有序讲述扇子的外形特征，提高观察事物的能力和想象力。
3. 学习恰当使用形容词，丰富词汇“扇形”。

大班讲述“慌慌张张的莎莎”

1. 懂得做事要有条理，为上小学做准备。
2. 学会用恰当的词语描述莎莎的表情，丰富词汇“慌慌张张”。
3. 能结合录像，用生动、形象的语言创造性地讲述莎莎迟到的原因。

（二）幼儿讲述活动目标确立

这是幼儿讲述活动设计的第一步，恰当合理的目标有助于活动的顺利开展，在制定一次活动目标时应注意以下几点。

1. 目标明确、详细

在讲述活动中，目标不仅要符合幼儿的年龄特征和发展特点，还要与本次活动的主要内容紧密相连，而且要具体、详细，即目标的内涵明确，不空泛。目标的设计要确保与所讲述的内容一致，且表述应具体化。

2. 目标重点突出

讲述活动的主要目标是培养幼儿在表述方面的能力，因此，在确立目标时，要做到重点突出。如在进行“辣椒”讲述活动中，要把目标重点放在培养幼儿表述方面，如会运用“穿红戴绿”描述辣椒。在陈述目标时要注意将重点目标放前面。

3. 目标全面

在讲述活动中，不仅要考虑语言方面的目标，还要设计其他方面的目标，这样讲述活动的目标不仅重点突出，而且全面反映活动内容。如在“辣椒”活动中，除了确立要培养幼儿在表述方面的目标外，还要确立培养幼儿在情感和认知方面的目标，如知道辣椒的作用等。

想一想

请根据以上讲述目标范例和讲述活动目标的确立，思考不同年龄阶段目标在活动中如何体现？

二、幼儿讲述活动的准备工作

幼儿讲述活动需要一定的凭借物，因此在开展活动前需要做好相应的准备工作，教师主要从内容的选择、主题的确定、了解幼儿讲述经验、制订活动计划这四个方面准备。但不同类型的讲述活动其准备重点也会因凭借物的不同而存在差异。

(一)看图讲述活动的准备工作

一个看图讲述的教学活动，教师在设计、组织、实施之前，一定要做好准备工作，做好图片的选择与分析。在分析图片的基础上，结合幼儿已有语言经验和发展水平，制定具体明确、能促进幼儿语言发展的教育活动目标。有了明确的语言教育活动目标，才能保证看图讲述活动的有效开展。

1. 选择图片

图片是看图讲述活动的主要材料，教师选择什么样的图片，直接影响着幼儿讲述能力的发展和讲述水平的发挥与提高，因此，在选择图片时应注意以下几点。

第一，图片的内容要有教育意义。即所选内容对幼儿的健康、情感、能力等方面有一定促进作用。

第二，图片的表现形式应具有艺术性。即图片中的角色应形象鲜明、特征明显、背景简单、结构布局匀称、情节清楚、篇幅大小合适等。

第三，图片选择符合不同年龄阶段的要求。从主题、画面、篇幅、角色形象等方面进行考虑。

2. 分析图片

选择图片之后，教师还要对图片进行分析，找出符合该年龄阶段的讲述主题。首先要观察图片中的时间、地点、人物、事件等要素；其次，根据人物和角色之间的联系，构想角色会想些什么、说些什么；最后，在理解图片的基础上找出故事内容的主题思想。

除此之外，教师还要考虑在进行图片讲述时，应该对幼儿语言培养提出什么样的要求。例如，使用哪些已经掌握的词句，引入哪些需要掌握的词句，在促进幼儿表达方式方面有什么新的要求等。

3. 设计问题

看图讲述的关键部分是教师的启发提问，其目的在于引导幼儿仔细观察图片，并用恰当的语言讲述图片内容。问题是否恰当，直接影响幼儿的讲述质量，因此，在选出适合的图片后，教师还要在分析图片时设计一些问题，帮助幼儿提高语言表达能力。教师在设计问题时，要注意以下几点。

第一，围绕主题，突出重点。教师根据讲述内容和实际情况，有时应直接提与图片主题相关的问题，例如，“这是什么地方？什么时间？天气怎样？图片里面都有谁?”有时则应针对人物的动态和语言提问，例如，“图片中的小熊在干什么？他对小猫说了什么？”

第二，有顺序地提问。教师应根据一定的线索来确定提问的先后顺序，引导幼儿有目的地感知。提问的一般顺序是从整体到局部，从具体(人物的形象、动作)到抽象(人物的心理活动)，从主要情节到次要情节。同时也要注意问题间的相互联系，后一个问题往往是前一个问题的发展，每个问题都应该有承上启下的作用。

拓展链接

提问是教学活动中比较直接、常用的师幼互动交流方式。在看图讲述活动中，教师可采取描述性设问、判断性设问、分析性设问和推想性设问的提问方式启发幼儿。

提问设置与指导策略

第三，对不同年龄的幼儿，有不同的提问要求。小班：问题应具体明确，幼儿看了图片之后就能够回答出来。教师应注意多问细节性的问题，启发幼儿思考图中人物和事物的名称及角色的主要特征和对话等。中班：主要针对图片内容对幼儿进行描述性的提问，如图片中的内容是什么样的，怎样做等，帮助幼儿厘清图中的人物与事物之间的关系。大班：教师可以提出几个连续性的问题，也可以设计几个概括性的问题，如“为什么”“说明了什么”，让幼儿思考和回答。

想一想

教师的提问是否应暗含答案？什么样的提问才是启发性的？

提示：在设计问题时，教师应避免那些答案包含在内的选择性问题。因为在这样的暗示性提问中，幼儿只需要回答“是”或“不是”，而不用动脑思考，这对其思维和语言的发展没有明显的促进作用。

(二)情境讲述活动的准备工作

1. 确定情境讲述的内容

情境讲述内容的选择，除了与其他形式的讲述内容有共同点外，还要符合以下几点要求。

第一，内容动作性强，便于表演。情境讲述的内容应符合幼儿记忆和思维的特点，动作性强且易表演的内容易于幼儿发挥想象，激发其讲述的兴趣。

第二，主题突出，情节简单，角色不宜太多，以 2～3 人为宜。主题线索太复杂不易幼儿理解，会干扰幼儿对情节的理解，降低讲述水平。

第三，情境表演中可以适当插入对话，但不宜过多，以免影响幼儿的想象与思维。

2. 组织排演

情境讲述的内容确定好以后，教师应该寻找适合的人进行初步排演。可以由教师表演、幼儿表演或者师生共演 也可以由教师操作木偶进行表演。

温馨提示

需要注意的是情境表演是否成功，直接影响着情境讲述的效果，因此，事先必须认真排演，以动作准确熟练、略显夸张，不仅能够从头到尾完整表演，还能分段表演为标准。

3. 准备道具，布置场景

在初步排演之后，要考虑表演的场景和道具的设计。如在小班情境讲述活动“打电话”中，道具应有两部玩具电话。在表演过程中可以用录音播放拨打电话号码时的按键音，也可以用口技代替，使情境创设更加真实、生动。总之，场景的布置应该力求生动、形象，有利于幼儿对表演产生深刻的印象。此外，装饰要能体现人物身份的主要特点，简单可行即可。如扮演老爷爷就黏个小胡子，扮演医生就戴着白口罩等。

4. 制订活动计划

情境讲述活动计划的设计应以活动过程中的问题设计为主，教师在提问时要紧扣主题；要按照任务的出场和情节发展的顺序提问；要具有启发性，能够引导幼儿通过观察、表演产生相关的情绪和运动记忆。

(三)生活经验讲述活动的准备工作

在生活经验讲述活动中，幼儿的生活经验越丰富，他们的讲述就会越生动、形象。这就需要教师为幼儿提供各种机会，创设各种教育环境，丰富他们的感性经验，帮助他们积累各种语言素材。

1. 预设讲述话题

生活经验讲述的话题可以是教师事先准备好的，如“我爱吃的饼干”“我喜欢的玩具”“我的家”等；也可以是教师根据幼儿的关注点和兴趣点，引导幼儿生成的中心话题，例如，幼儿特别喜欢谈论动画片，教师可以根据他们的兴趣点给幼儿提供图片、玩具或其他资料等，引导幼儿充分感知动画片等，然后组织讲述活动。由于讲述内容来自幼儿对动物的兴趣，因而活动更能调动幼儿讲述的积极性和主动性。

2. 确定讲述主题

关于生活经验讲述活动的主题，教师必须根据幼儿已有的生活经验，选择幼儿熟悉的、感兴趣的主题。这个主题可以是幼儿共同经历过的事情，如“我的中秋节”“快乐的六一”等；也可以是幼儿日常生活中的事，如“逛商店”“游乐场”等。讲述的主题一般都是围绕某个人、某件事或某个活动展开。在确定主题以后，教师可以提前告知幼儿要讲的题目，让他们做好准备，有意识地回忆、整理或丰富自己的相关生活经验，以提高讲述质量。

3. 了解幼儿的讲述经验

正式开始讲述前，教师应该了解幼儿对所选主题的生活经验和词汇的积累情况，以及幼儿对这一事物的态度是否正确，做到心中有数。同时，根据了解的情况，教师可以预约部分幼儿发言。例如，对于生活经验相对丰富的幼儿，可以预约讲述；对于语言表达有困难或不敢在集体面前发言的幼儿，教师可适当引导，帮助幼儿把意思表达清楚，并鼓励幼儿大胆发言。

三、幼儿讲述活动过程设计与组织

组织讲述活动时需要注意的问题是避免幼儿刻板地模仿教师的讲述思路，要让幼儿围绕某一对象进行连贯、清楚地讲述。由于讲述活动的类型多种多样，但在设计与组织上有一些共同的特点，所以可以分为以下四个步骤。

(一)引导幼儿感知和理解讲述对象

由于讲述活动有一定的凭借物，因此感知、理解是讲述的基础。教师在开展活动前需要帮助幼儿运用各种方式去感知、理解讲述对象。

最常用的方式是观察，这是一种以视觉为主的感知理解方式。教师可以先让幼儿仔细观察图片、实物、情境表演来感知、理解讲述对象。除此之外，教师同样可以调动幼儿利用各种感官对讲述对象进行观察、感知、理解，以获得更多认识，从而为讲述打好基础。

温馨提示

指导幼儿根据凭借物的特点感知、理解讲述对象。凭借物其实就是指看图讲述中的“图”、实物讲述中的“实物”和情境表演中的“表演”。在看图讲述中应重点引导幼儿观察图片上的内容，根据图片之间的关系和线索去推测、想象图片中没有提供的情节；在实物讲述中要重点引导幼儿有序地观察，突出实物的基本特征(形状、颜色、材料)以及功用等；在情境表演讲述中要重点引导幼儿观察表演的情节、人物、对话，甚至揣摩人物的心理。教师在指导幼儿感知、理解讲述对象时，应抓住这类讲述对象的特点去组织观察活动。

根据具体活动的要求引导幼儿感知、理解讲述对象。每一次活动的目标要求是不一样的，有时要求幼儿学习有中心、有重点地讲述，有时要求幼儿有顺序地讲述。教师的任务是根据活动的具体要求，指导幼儿观察，以便为讲述打好认识上的基础。

(二)引导幼儿运用已有经验进行讲述

在此阶段，教师应尽量放手让幼儿自由讲述，给予幼儿充分的实践机会。幼儿在教师的启发性提问下，对凭借物的感知和理解，既可以进行集体讲述，也可以分小组讲述或个别讲述。教师要仔细倾听，注意引导幼儿讲清楚主要情节的发展过程。

集体讲述是一种有效的组织形式，既能保持集体活动的状态，又能给幼儿围绕感知对象，充分自由表述个人见解的机会，如大班讲述活动“我的玩具”，教师在设计活动时，可让幼儿根据个人经验，向同伴介绍自己带来的玩具，教师不作规定。

分小组讲述具有一定直接交流的性质，能保证每个幼儿都有交流的机会。一般情况下，每组 4 名幼儿，这样幼儿有更多的机会围绕同一种感知对象，轮流进行讲述。以“我的玩具”为例，在组织这一活动时，可将幼儿分成小组，分别讲述个人从家里带来的玩具。

个别讲述，是一种幼儿一对一进行讲述的形式。教师可让幼儿就近与同伴结成对子轮流讲述，也可让幼儿对着假想角色讲述，如讲述“我的小书包”，幼儿可对着自己的书包讲述。

温馨提示

在这个环节中，教师要注意：一是在幼儿自由讲述前，向幼儿交代清楚讲述要求，特别是让幼儿明白要围绕感知、理解的对象进行讲述；二是在巡回指导时，不必着急指导幼儿，而是要注意倾听，既要倾听能力较强幼儿的讲述，又要倾听能力较弱和能力中等幼儿的讲述，但不要过多插话，急于求成，以免干扰幼儿的正常讲述，打乱幼儿的思维，降低幼儿讲述的积极性。这样的倾听有助于教师了解幼儿对讲述对象的感知，为下一个步骤的顺利开展奠定良好的基础。总之，运用已有经验讲述是很重要的一个步骤。如果在这一步骤没让幼儿放开、自由地讲述，那么幼儿的话匣子就不能完全打开，整个讲述活动的效果就会受到影响。

(三)帮助幼儿学习新的讲述经验

新的讲述经验，是每次讲述活动的学习重点。通过前两个步骤的铺垫，教师可以根据本次活动的目标要求，帮助幼儿学习新的讲述经验。教师可以示范新的讲述经验，让幼儿在教师启发的基础上，按照自己思路进行讲述；也可以通过提示的方式引进新的讲述经验，如以提问、插话等方法引导幼儿厘清讲述思路，为他们导入新的讲述经验；或者教师和幼儿一起讨论新的讲述思路，通过师生共同讨论分析，帮助幼儿厘清讲述顺序，引进新的讲述经验。

教师在引导的过程中要面向全体幼儿，使大部分幼儿有讲述机会，并根据不同幼儿提出不同的要求；同时，在讲述过程中，教师要根据表达的需要，帮助幼儿理解和运用新词。当幼儿看到凭借物中的具体动作、表情或形象时，应先让他们用自己掌握的词句去表达。如果幼儿不能够用确切的词进行表达，这时就应当引入新词。例如，中班看图讲述活动“我是好孩子”，当幼儿说到“过马路时给老奶奶拿包，给爷爷剥香蕉皮”“奶奶做饭时没盐了，我去楼下买盐”等词句后，教师提出“帮”这个词。这样，既自然引出了新词，又在无形中概括、归纳了新词的含义，便于幼儿理解和接受。

温馨提示

教师在指导中应注意：

在幼儿讲述的基础上，教师针对幼儿讲述的某一对象表述自己的见解；

帮助幼儿认识讲述的基本要素——人物（表情、动作、对话、心理活动等），时间，地点，事件（发生、发展、过程、结果），确保讲述内容的全面性和完整性；

教师的示范只是讲述思路中的一种，绝不是幼儿复述的模本。如果教师误解了示范的作用，要求幼儿按照教师讲述的内容一字不漏地模仿，幼儿便感觉这种讲述方法毫无趣味而言，会极大地影响幼儿讲述的积极性和创造性；

讲述要做到重点突出，有详有略，而不是面面俱到。

（四）巩固和迁移新的讲述经验

在讲述活动中，不仅要帮助幼儿学习新的讲述经验，而且还要提供幼儿进行再次实践的机会。这个阶段既可以放在基本活动中，也可以放在延伸活动中，其主要目的是提供练习机会，帮助幼儿巩固新的讲述经验，并练习他人精彩的讲述部分。教师可以让幼儿分组自由讲述，也可以在语言区中进行。教师的指导主要在于：一是理解每个幼儿的讲述水平和进步情况；二是帮助幼儿巩固并迁移新的讲述经验。

教师可以通过更换讲述方式或讲述角色进行迁移，也可以通过添加讲述角色或材料进行迁移，给幼儿提供一个扩展或延伸原内容的讲述机会。如拼图讲述活动“三只小猫”，在教师示范过新的拼图添画和讲述经验之后，进一步要求幼儿自己拼图添画，然后讲述。通过这样一个环节让幼儿巩固和迁移新的讲述经验。

小班看图讲述活动教案《大公鸡和漏嘴巴》

职场实训

分析二维码中的案例，思考：教师是如何引导幼儿讲述图片内容的？教师帮助幼儿学习了哪些新的讲述经验？

拓展链接

大班幼儿的讲述能力较强，而且独白语言的发展水平较高，在这样的基础下，教师应该引导幼儿主动讲述，培养其讲述能力的进一步发展。

看图讲述主动性和能力培养的方法

四、幼儿讲述活动的延伸设计

《纲要》中提出：“语言能力是在运用的过程中发展起来的。”因此，教师除了组织专门的讲述活动外，还要积极为幼儿营造讲述环境，创造讲述机会，间接地促进幼儿语言能力的发展。在讲述活动结束后，教师可以通过创设环境、游戏活动、家园共育的方式进行活动延伸。

语言能力的习得需要一定的环境，为了使幼儿在活动后也能更好地练习讲述，教师在创设语言环境时可以采取以下几种方式，如随时随地为幼儿提供丰富的图书、图片、木偶、玩具等材料，从而引导幼儿进行看图讲述、排图讲述、实物讲述等；还可以为幼儿设立一些图书角，让幼儿可以随时翻看感兴趣的图书，帮助幼儿积累讲述活动所需的相关经验；也可以充分利用幼儿园的晨间谈话时间，为每个幼儿提供机会，让幼儿轮流讲述有趣的、记忆最深的事情，满足他们交流表达的愿望。

游戏是幼儿喜欢的活动和交往方式。因此，在讲述活动后，教师可以有意识、有目的地把培养和提高幼儿语言表达能力与游戏活动结合起来。如在情境表演讲述后，教师就可以充分利用表演游戏的形式，设置简单的场景，让幼儿扮演不同的角色，把要讲述的内容用游戏表演的形式展现出来，这样既巩固了幼儿相关讲述经验，又提高了幼儿讲述的积极性，更有利于幼儿语言表述能力和思维能力的发展。

家园共育是指幼儿园和家庭共同指导幼儿习得语言表述能力。苏霍姆林斯基说过，没有家庭教育的学校教育和没有学校教育的家庭教育，都不可能完成培养人这一极其细致而复杂的任务。所以，讲述活动结束后，教师可以向家长介绍讲述的重要性，以平等、尊重的态度取得家长的支持、理解和积极参与。教师还可以向家长传授正确的讲述指导方法。例如，多带幼儿到书店买书、看书；给幼儿做书架，供其放书；在家设立“表扬栏”，在幼儿讲述后给予其一定的支持和鼓励；利用节日和生日的时机，让幼儿进行讲述；每天与幼儿一起完成讲述任务；请家长把幼儿情况及时反馈给教师等。幼儿在老师和家长的共同指导下，讲述能力才会得到更显著的提高。

职场实训

分析幼儿园讲述活动方案，并思考：该情境讲述活动的优点有哪些？你认为还有哪些不足之处？

小班情境讲述活动教案《熊先生生病了》

任务三　幼儿讲述活动的实施与评价

讲述活动对幼儿有着重要的教育价值，是幼儿语言教育活动的重要组成部分。讲述活动的实践训练要全方位地开展，本课安排三项不同层次的实训活动，旨在提高幼儿教师的实践能力。

首先，通过阅读、评析幼儿园各种类型的讲述活动，进一步了解讲述活动设计与指导的基本要求。其次，通过有重点地开展单项技能的训练，掌握组织讲述活动的各种基本技能，比如，会用生动的语言或创设有趣的情境激发幼儿讲述兴趣；会用提问的方式启发幼儿，帮助幼儿获得新的讲述经验；会运用不同的讲述形式给幼儿提供实践锻炼的机会；会设计讲述活动的活动目标和活动片段并组织幼儿开展活动。最后，通过设计完整的讲述活动方案，并练习说课或试教，掌握讲述活动设计和指导的综合能力。

活动一：欣赏完整的幼儿谈话活动，并进行评价

(一)活动方式

小组讨论。

(二)活动要求

赏析：

(1)详细记录活动过程。

(2)记录该活动过程中你的感受和观点。

赏析中注意以下问题：

(1)请你分析“小猴吃冰棍”属于什么类型的讲述活动。

(2)活动目标设计是否符合大班幼儿讲述教学活动的要求？如果不适合，该如何修改？

(3)该案例中教师如何进行导入，导入有没有紧扣主题、激发幼儿的兴趣？

(4)教师运用了哪些手段帮助幼儿理解和感知讲述内容？分为几个步骤？分别有什么作用？

(5)教师如何引入新的讲述经验？

(6)教师如何帮助幼儿迁移新的讲述经验？

(7)请你分析该案例的组织方式与效果，并对讲述活动进行评价。

(三)活动素材

活动素材包括两个部分，一是幼儿园讲述活动教案《小猴吃冰棍》；二是幼儿园讲述活动实录《小猴吃冰棍》。

《小猴吃冰棍》活动教案

典型案例

扫描二维码，查看具体活动素材内容。

(四)活动实施

(1)教师在教室内呈现案例相关活动过程，说明活动要求。

(2)小组按照活动要求讨论案例。

(3)教师巡回指导，并且观察普遍问题，统一讲解。

讲述活动实录《小猴吃冰棍》

活动二：完整设计幼儿讲述活动

（一）活动方式

小组合作。

（二）活动要求

1. 活动过程完整

在活动设计中保证活动目标、活动准备、活动过程和活动延伸四个部分的完整性。

2. 活动环节设计准确

在保证活动设计完整性基础上，学生要注重每一个环节设计的科学性。学生根据活动内容设计三维活动目标，活动准备要充分且有效，活动过程要环环相扣，活动延伸要合理有趣。

3. 活动方式活泼新颖

在活动环节设计准确的基础上，学生还应该结合幼儿的年龄特点，使活动方式活泼有趣，从而吸引幼儿的注意力。

（三）活动素材

小红伞

小白兔妞妞有一把漂亮的小红伞，她非常喜欢她的小红伞。

一天早上，天空有点阴沉沉的，好像要下雨的样子。妞妞出门玩时，特意带上了她心爱的小红伞。

她蹦蹦跳跳地来到一个苹果园里。一棵棵苹果树上长满了一个个又大又圆的红苹果。在一棵苹果树下，有一只小刺猬正用力地向上蹦，她想摘一个苹果吃。小刺猬太小了，苹果树又太高了，她怎么蹦也够不着。妞妞看见了，非常想帮助小刺猬。可她也够不着苹果呀，这可怎么办呢？妞妞转动脑筋想呀想，“啊，有办法了。”她用小红伞的弯弯的伞柄钩住苹果树的树枝，用力向下拉，小刺猬踮着脚尖就够到苹果了。小刺猬高兴极了，连忙说：“谢谢你，妞妞！”

告别了小刺猬，妞妞来到了蘑菇地里，这里的蘑菇又多又大。忽然，她发现大树后面有一只大灰狼，妞妞想逃也来不及了。突然，她灵机一动，撑开小红伞当作红蘑菇，躲在小红伞下面。大灰狼来到蘑菇地里转了一圈，没有发现小白兔，就走了。等大灰狼走远了以后，妞妞站起来继续采蘑菇。“滴答，滴答”下雨了，妞妞连忙撑着小红伞回家。她一边走，一边说：“今天，这把小红伞可帮了我不少忙啊！”①

（四）活动实施

（1）学生课下以小组为单位进行讨论，形成文字版活动设计。组内学生集

① 王佩佳、徐杰：《学前儿童语言教育》，82页，南京，江苏大学出版社，2013。

思广益策划活动，记录组内成员讨论出来的活动方案。

(2)以小组为单位向教师提交活动设计。

(3)教师评价。教师可通过书面形式进行反馈，也可通过小组答辩的方式现场或线上反馈。

活动三：模拟实施幼儿讲述活动

该活动是实践的最后一个流程，由学生扮演幼儿教师实施自己设计的文学作品活动。

(一)活动方式

小组模拟教学。

(二)活动要求

(1)小组内学生分配角色，两名学生扮演教师，其余学生扮演幼儿，在课下排练实施课堂教学活动。

(2)在课堂中，学生以小组为单位现场模拟实施教学活动。

(3)每组模拟实施后，教师根据实施效果进行评价，并且引导其他学生进行相互评价。

(三)活动素材

某中班幼儿对人的外表及特征比较感兴趣，尤其对布娃娃非常喜欢，但是他们缺乏正确的语词去表述自己内心的想法。教师为了丰富幼儿描述人物特征的词汇，教给幼儿如何去表达自己的喜爱之情，准备设计一个实物讲述活动“娃娃”，假如你是该班教师，请设计相应的活动过程并与小组成员模拟实施。

典型案例

扫描二维码，查看具体参考示例。

实物讲述活动教案《娃娃》

学习评价与反思

本项目学习完了，你认为自己学得怎么样？是否理解幼儿园讲述活动的含义、特征、分类及意义？能否独立完成幼儿讲述活动的设计？能否很好完成幼儿讲述活动的实施与评价？请把你的感悟写在下面吧！

记录与反思：

思考与练习

思考与练习答案

一、基础理论

(一)单项选择题

1. 根据凭借物的不同，幼儿园讲述活动可分为看图讲述、实物讲述和(　　)。

A. 叙事性讲述　　B. 描述性讲述

C. 情境表演讲述　　D. 议论性讲述

2. 讲述活动中，感知、理解讲述对象的观察主要是(　　)。

A. 通过触觉的途径进行　　B. 通过听觉的途径进行

C. 通过视觉的途径进行　　D. 通过味觉的途径进行

3. 幼儿园通常开展的讲述活动应具备的主要特征不包括(　　)。

A. 有一定的凭借物

B. 有相对正式的语境

C. 旨在锻炼幼儿的独白语言

D. 提高幼儿学习书面语言的兴趣

4. 幼儿园讲述活动着重锻炼幼儿的(　　)语言。

A. 谈话　　B. 讲述　　C. 独白　　D. 对话

5. 幼儿讲述活动和谈话活动的不同之处不包括(　　)。

A. 活动方式相同　　B. 活动目标不同

C. 语言环境不同　　D. 语言表达方式不同

(二)判断题

1. 讲述活动的语言情境一般不用很正式。(　　)

2. 拼图讲述是看图讲述的一种。(　　)

3. 讲述活动主要是培养幼儿的倾听能力。(　　)

(三)名词解释

1. 讲述活动

2. 实物讲述

(四)简答题

幼儿园讲述活动具有哪些特点？

二、实践操作

1. 到幼儿园或利用教学活动课例观摩幼儿园各年龄班的讲述活动，观察记录活动的全过程，重点观摩活动的组织形式和环节的过渡，学习教师的指导语和教学方法的运用。

幼儿园观摩活动记录表

幼儿园：　　班级：　　执教教师：　　幼儿人数：

观摩时间：

活动名称：

活动目标：

活动准备：

时序	教育活动过程记录	分析(点评)

2. 任选一个讲述，准备教案和相关的教具模拟组织活动。

单元综合检测题一参考答案

单元综合检测题一

一、单项选择题

1. 把讲述活动分为看图讲述、实物讲述和情境表演讲述三种类型是根据讲述活动中(　　)的特点来进行分类的。

A. 编码　　B. 凭借物　　C. 语言　　D. 活动方式

2. 讲述活动中幼儿感知、理解讲述对象主要通过(　　)途径进行。

A. 表演　　B. 观察　　C. 运动　　D. 对话

3. 幼儿园讲述活动的特点是(　　)。

A. 拥有一个具体、有趣的中心话题

B. 拥有一定的凭借物

C. 多方参与的言语交往活动

D. 语境随意、宽松、自由

4. 下列不属于幼儿园讲述活动的类型有(　　)。

A. 日常个别谈话　　B. 看图讲述

C. 实物讲述　　D. 拼图讲述

5. 幼儿园讲述活动的目标包括(　　)。

A. 言语交往方面的目标　　B. 倾听方面的目标

C. 品德方面的目标　　D. 环境保护方面的目标

6. 幼儿讲述活动的设计与组织的基本结构不包括(　　)。

A. 引进新的讲述经验　　B. 运用已有经验讲述

C. 感知、理解讲述对象　　D. 引导幼儿围绕话题自由交谈

7. 下列对幼儿园讲述活动特点的描述，不正确的是(　　)。

A. 讲述活动拥有一定的凭借物

B. 讲述活动着重锻炼幼儿的独白语言

C. 讲述活动拥有宽松、自由的语境

D. 讲述活动需要调动幼儿多种能力的参与

8. 下列说法错误的是(　　)。

A. 讲述活动语境相对正式、严肃

B. 幼儿园的讲述活动是一种集体参与的活动

C. 讲述活动的语言是带有独白性质的讲述语言

D. 根据语言环境要求，运用正规的语言风格说话，这是讲述活动的次要特点

9. 依据凭借物的特点，下列幼儿讲述活动划分错误的是(　　)。

A. 看图讲述　　　　B. 实物讲述

C. 情境表演讲述　　　　D. 叙事讲述

二、判断题

1. 讲述活动总是需要针对一些凭借物来开展。(　　)

2. 讲述活动的语言是独白语言。(　　)

三、名词解释

1. 正式语言情境

2. 看图讲述

3. 多图讲述

4. 排图讲述

四、简答题

1. 讲述活动具有什么作用?

2. 在运用已有经验自由讲述时，教师要注意什么?

3. 讲述活动的结构包括哪些步骤?

五、案例分析题

请运用讲述活动目标设计、过程设计的相关知识评析下面给出的讲述活动教案。

案例：小班讲述活动“小猫在哪里”

活动目标：

1. 学习方向词：上、下、旁边。

2. 通过观察画面，能用短句“××上面(下面，旁边)，有一只小猫”的短句讲述画面内容。

3. 乐意在集体面前大胆进行讲述。

活动准备：教学图片一幅、猫妈妈的头饰。

4. 布置场景“小猫的家”。

活动过程：

1. 创设情境，引起幼儿兴趣。

教师：猫妈妈有许多小猫，今天猫妈妈到外面去买鱼，回家一看，小猫不见了。小朋友，你们看见猫妈妈的小猫了吗?

2. 幼儿自由结伴，讲述画面内容。

请个别幼儿在集体面前讲述。如在沙发上有一只小猫，床下也有一只小猫等。

3. 讲述画面内容。

教师：我们一起来帮助猫妈妈找小猫，好吗？

教师手指画面上的小猫，幼儿集体讲述，如猫妈妈找到了小猫，高兴地亲亲这个、亲亲那个。小猫也高兴地叫着："妈妈"。

教师提问：猫妈妈和小猫高兴吗？你从哪里看出来的？

4. 布置场景，在游戏中进行新的讲述。

教师：小朋友想不想玩捉迷藏的游戏？你们做猫宝宝，我做猫妈妈，好吗？我们到小猫家去吧？等一会儿，妈妈去买鱼，回家找宝宝。被找到的小猫要告诉猫妈妈你躲在哪里，好吗？

5. 活动结束。

教师：猫宝宝们，跟妈妈到外面去做游戏吧！

单元综合检测题二参考答案

单元综合检测题二

一、单项选择题

1. 幼儿园讲述活动中着重锻炼幼儿的(　　)语言。

A. 谈话　　B. 讲述　　C. 独白　　D. 对话

2. 关于幼儿园讲述活动目标的表述错误的是(　　)。

A. 感知、理解讲述对象，获得有关讲述的内容和要求，是一个输入综合信息的过程

B. 能够独立构思并清楚、完整地表达自己的看法是表达方面的目标

C. 讲述活动虽然侧重于培养幼儿在语境中独白语言的表达能力，但离不开倾听

D. 情感方面的目标是幼儿园教育中的非重要任务

3. 下列说法错误的是(　　)。

A. 生活能力和劳动教育的内容，一直是幼儿园比较缺乏的，在讲述活动中，可以加强对幼儿这方面的培养

B. 讲述活动中不需要加入生活能力和劳动教育的目标

C. 在幼儿语言表达中，不仅要求幼儿学会说出自己的想法，也要求幼儿根据主题进行构思和表达

D. 讲述活动是以幼儿表述行为为主的教学活动。

4. 看图讲述活动的准备工作不包括(　　)。

A. 选择图片　　B. 分析图片

C. 设计问题　　D. 创设情境

5. 下列说法错误的是(　　)。

A. 看图讲述活动开始时，教师要出示图片，以引起幼儿看图的兴趣，引导幼儿观察图片

B. 在出示图片时，教师可以根据讲述内容选择出示方式

C. 新的讲述经验，是每次讲述活动的学习重点

D. 教师在引导的过程中只要面向某个幼儿即可

6. 看图讲述活动的开展过程不包括(　　)。

A. 引导幼儿感知和理解讲述对象

B. 引导幼儿运用已有经验进行讲述

C. 帮助幼儿学习新的讲述经验

D. 引导幼儿围绕话题深入交谈

7. 下列表述错误的是(　　)。

A. 情境讲述主要依赖于情境表演

B. 情境讲述活动内容应动作性强，便于表演

C. 表演中可以适当插入对话，但不宜过多

D. 情境讲述活动计划的设计应以活动过程中的表演为主

二、判断题

1. 讲述活动内容的选择具有单向性。(　　)

2. 讲述活动与谈话活动无本质区别，都是语言教育活动的重要组织形式。(　　)

3. 分小组讲述常常是幼儿一对一的讲述。(　　)

4. 看图讲述是用生动形象的语言，把人物的状态、动作或物体以及景物的性质、特征具体讲述出来。(　　)

5. 幼儿自由讲述之后，教师可以按照情境表演中主要的情节线索进行提问。(　　)

三、名词解释

1. 绘图讲述

2. 情境讲述

3. 叙事性讲述

四、简答题

1. 讲述活动有哪些类型?

2. 讲述活动的目标是什么?

五、论述题

讲述活动与谈话活动的区别是什么?

六、案例分析题

活动名称：排图讲述“小狐狸”

设计意图：

听故事和讲故事是幼儿与生俱来的喜好，我们班在日常生活中也会开展一些讲故事比赛、故事接龙活动，幼儿的积极性很高。排图讲述活动是大班小朋友最喜爱的讲述活动，因此，我设计了排图讲述活动“小狐狸”。《小狐狸》是一组不按情节发展的连环画，让幼儿通过观察、理解，发挥想象，按照不同的排序方法，创编不同情节的故事。活动设计根据大班幼儿年龄特点，以“故事小精灵”为主线贯穿整个活动，按照幼儿自由排图讲述—独立思考—编讲故事进行。

年龄段：5～6 岁

活动目标：

1. 培养幼儿积极主动参与排图讲述的兴趣。

2. 学习观察图片、排图讲述，尝试创造性地编讲故事。

活动准备：

《小狐狸》彩图四幅，幼儿人手一份小图，红、黄、蓝队标志，故事小精灵头饰，音乐，奖状。

活动过程：

1. 将幼儿分成红、黄、蓝队，导入角色，引出图片。

(教师扮演“故事小精灵”)

师：“红、黄、蓝队的小朋友们大家好，我是故事小精灵，我最喜欢听故事了，你们喜欢吗？今天的天气不错，我要到树林里去走走。”(教师随意走动)“呀，这是谁丢的？真漂亮！可惜顺序被打乱了，要不然就可以编个好听的故事了。哦！我有办法了。小朋友们，今天我们树林里要举办一个讲故事比赛，你们想参加吗？看哪一队讲得最好，小精灵可是要颁奖的哦！”

2. 教师带领幼儿观察图片，引导幼儿大胆讨论。

(1)一起来看看图片。

图上有谁？它们在干什么？说些什么？引导幼儿观察图片。

(2)教师带领幼儿逐一观察图片，引导幼儿大胆讨论。

①画面上小鸡的翅膀怎么被包扎起来了，它是真受伤还是假受伤？它和小鸟、小刺猬在干什么呢？

②图片中出现的狐狸打扮有什么不同？它们是同一只狐狸吗？如果不是，它们是什么关系呢？

③穿白大褂的狐狸真的是医生吗？它提着医药箱来干什么？

(3)教师帮助幼儿决定故事主角。

“图片中出现次数最多的是谁？”(小狐狸)“那今天我们就以小狐狸为题编讲一个故事。”

出示字卡：小狐狸

3. 幼儿练习自由排图讲述故事。

教师提出要求：①编故事之前请小朋友先想想，故事中的小狐狸是一只怎样的狐狸；②想好后就可以排图了，图片可以任意排列，排好后就要按照顺序编讲故事；③可以先小声地对自己说，也可以和旁边的小朋友说，还可以几个小伙伴商量着讲。“小精灵给小朋友都准备了小篮子，小篮子里有图片，请你们在桌上练习排图讲故事，等会儿比赛就要开始了哦!”幼儿自由练习排图讲述，教师要随时注意观察幼儿，了解幼儿的情况，帮助幼儿理顺故事情节，及时纠正幼儿语句不通顺和用词不当现象。

4. 讲故事大赛。

幼儿上台编讲故事(幼儿排图讲述)，红、黄、蓝队分别派出队员讲述。(音乐)

师：“哇，讲故事比赛开始了。红、黄、蓝队准备好了吗？我们先请红队选手上台。”

师幼一起评价。

颁奖仪式。

5. 教师示范讲述故事并小结。

师：“小朋友们的故事讲得可真好，小精灵也想给大家讲个故事了。”教师完整讲述故事。

(幼儿讨论、评价)

师：刚才讲故事的小朋友和小精灵讲的故事有什么不一样的地方吗?

小结：故事的转折点在于狐狸的好坏。启发幼儿将注意力集中到发生冲突的角色身上。“原来有的小朋友讲的故事中的小狐狸是一只坏狐狸，而小精灵故事里的小狐狸是一只好狐狸。这些小图片还有许多种排列方法，也可以编出许多各种不同的故事。”

6. 活动结束。

师：小精灵现在得去找找图片的小主人了，这些小图片送给你们了，请你们根据自己的故事内容，给小图片涂色、排图，制作成小画册，回家讲给爸爸妈妈听，好吗?

请从活动目标、活动内容、活动准备、活动过程对该案例进行评析。

项目六　幼儿听说游戏的设计、实施与评价

学习目标

1. 了解幼儿听说游戏的特点、分类和作用；
2. 完成幼儿听说游戏的设计和实施；
3. 掌握幼儿听说游戏活动的组织方式；
4. 具有幼儿听说游戏的评价能力。

铸魂育人

本项目在编排时选择了中国优秀传统民间幼儿听说游戏，旨在帮助学前教育专业学生在学习过程中，感受中华优秀传统文化的独特之美。同时，帮助学生学习和掌握幼儿听说游戏的设计方法，使学生能顺利实施幼儿听说游戏，培养其职业素养。

思维导图

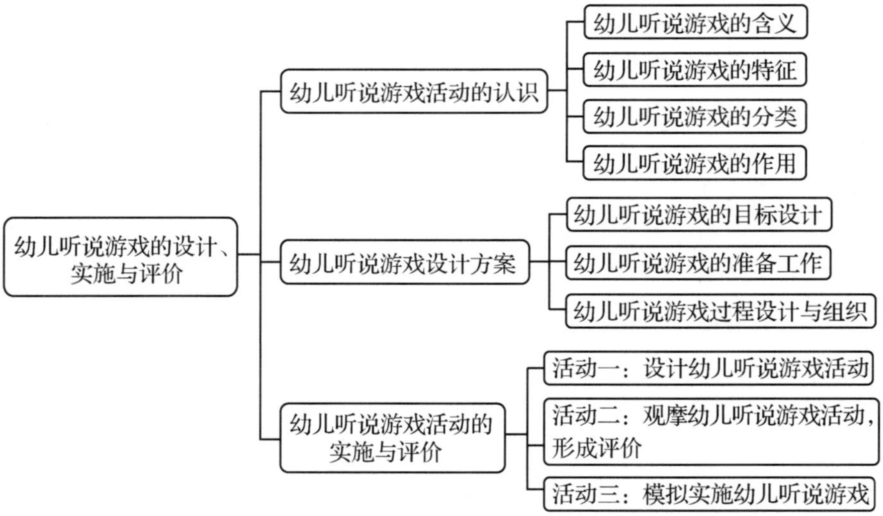

单元导入

幼儿听说游戏是幼儿语言学习的重要组成部分。幼儿天生对游戏具有强烈的兴趣和高度的热情。不同类型的听说游戏可以通过游戏设计的不同来提

高幼儿各类语言能力。教师应该如何设计幼儿听说游戏？应该选择、准备什么样的游戏材料？应该通过何种方式进行游戏的导入？本项目通过精巧的设计、认真的准备引起幼儿的兴趣和热情，从而充分发挥听说游戏的作用。

情境创设

幼儿园一教师展开听说游戏的过程如下：

小朋友们，今天老师给你们请来了两位小客人。这两位小客人给大家带来了一个节目，我们一起看一看好不好呀？

1. 请幼儿观看《拍手歌》的视频。

师：小朋友们，小客人的表演好看吗？

幼儿回答。

师：那我们也来学一学。

2. 引导幼儿说一说《拍手歌》的内容。

3. 借助字卡、图片，配合动作，引导幼儿理解和掌握《拍手歌》。

教师先出示“一”的字卡，然后再出示“娃娃开飞机”的图片。

师：小朋友们，这是什么？

幼：开飞机。

师：那小朋友们能模仿一下开飞机的动作吗？

4. 引导幼儿开展“拍手歌”游戏。

(1)教师向幼儿介绍游戏规则。幼儿边拍手边念儿歌，并做出儿歌内容的动作。

(2)两个小朋友结伴游戏：鼓励幼儿找到小伙伴进行拍手游戏。教师要注意指导，对于练习比较快的小组可以请他们上台演示；对于练习比较慢的小组要及时给予引导。

问题思考：

1. 教师通过何种方式进行听说游戏导入？

2. 游戏材料如何选择？

3. 教师如何开展幼儿独立游戏阶段？

任务一　幼儿听说游戏活动的认识

《纲要》提出要创造一个自由、宽松的语言交往环境，以此促进幼儿语言能力的发展。游戏在幼儿发展过程中具有多方面价值，可以促进幼儿身体、认知、语言、社会性等方面的发展，另外游戏本身具有规则性、趣味性、活动性和指向性的特点，对幼儿有着较大的吸引力，幼儿乐意主动参与其中。想要创设一个自由、宽松的环境，游戏是不可或缺的。听说游戏在幼儿语言教育中也有着重要的作用。教师作为听说游戏的参与者和组织者要提升自身职业素养，提高设计和组织听说游戏的能力，做一名全面发展的幼儿教师。

图 6-1　幼儿听说游戏"碰撞"活动照片

一、幼儿听说游戏的含义

听说游戏活动是一种特殊的语言教育活动，活动的主要目标有以下三个。第一，帮助幼儿学习语言规范知识，并据此进行练习，从而提高幼儿用规范口语进行表达的能力，如巩固发音、扩展词汇、运用句型等。第二，提高幼儿的倾听能力，培养幼儿良好的倾听习惯。在开展幼儿听说游戏时，"听"和"说"是不可割裂的。想要理解游戏规则，幼儿要能听懂教师的话并理解其中的含义。第三，提高幼儿对语言学习的兴趣，吸引幼儿主动参与游戏。听说游戏能够为幼儿的语言发展创设富有刺激性和吸引力的情境。

考证要点：

听说游戏是指用游戏方式组织的语言领域教育活动，是教师有计划、有组织的专门指向幼儿语言游戏经验学习的集体教学活动。

二、幼儿听说游戏的特征

(一)游戏当中蕴含着幼儿语言教育的目标

教师根据幼儿语言发展水平和语言学习需要提出幼儿听说游戏的目标。根据幼儿的实际情况，教师将大目标分解成小目标并融入听说游戏的设计和内容中，让每个听说游戏都含有明确的、具有操作性的具体目标，使幼儿可以真正接受游戏，主动去练习、掌握游戏内容。教师在实际活动过程中要注意抓住语言教育目标，如小班"打电话"的游戏，教学目标主要在于让幼儿学会使用"你好""再见""谢谢"等礼貌用语以及"你""我"等人称代词。

(二)听说游戏的重点内容是游戏规则

凡是游戏都有其特定规则，听说游戏也不例外。教师在设计游戏时，不仅要根据具体教学目标来选择适当的语言学习内容，而且要注重将学习目标和重点转化为一定的游戏规则。游戏规则规定了游戏中被允许的和被禁止的某些特定活动。幼儿在参与听说游戏的时候，必须要遵守一定的游戏规则。

①幼儿按照教师制定的规则进行游戏，能自然而然地掌握语言学习的内容，达成语言教育目标。②教师认真讲解游戏规则，使幼儿明白规则，主动搜寻有用信息，提升幼儿的倾听能力。③规范的游戏规则可以保证游戏正常进行，提高游戏的可操作性，丰富游戏的趣味性。

例如，幼儿园中班"猜莲子"的游戏。游戏规则：①由小朋友扮演池塘里的泥，教师是种莲子的人；②扮演泥的小朋友必须将眼睛闭起来，不能偷看，然后跟着教师一起念儿歌，等儿歌念完以后才能睁开眼睛；③教师在儿歌结束前将莲子放在一个小朋友的手中，在儿歌结束后用简单的语言描述这个小朋友的外貌特征，请大家来猜；④被猜出的小朋友需重复说出自己的外貌特征。

（三）听说游戏的游戏性质会越来越明显

听说游戏兼有游戏和活动的双重性质。在游戏初期主要由教师讲解游戏规则，组织游戏的进行，示范游戏的玩法。这个时期游戏的主要性质更像活动。在游戏后期，更多的是幼儿独立进行游戏，教师在一旁起辅助作用，此时期的主要性质才为游戏。理想的听说游戏所要达到的结果是完成该游戏的目标，因此必然具有一定的教学内容。对幼儿而言，复杂的游戏规则可能会降低幼儿的兴趣。

温馨提示

教师要注意听说游戏具有活动和游戏双重性质。

三、幼儿听说游戏的分类

（一）语音游戏

《纲要》中提出幼儿应达到"能听懂和会说普通话"的目标。幼儿的听觉器官和发音器官还未发育成熟，会出现发音混淆、口齿不清的现象。幼儿还存在舌尖前音和舌尖后音区分不清等情况，比如，把"吃饭"说成"次饭"。另外家长普通话不标准，幼儿可能会模仿家长的说话方式，造成幼儿语音存在发音问题。如果在幼儿阶段不纠正错误的发音，到了成年以后想要纠正就会很困难。因此需要在幼儿时期加强语音训练。幼儿语音游戏可以通过绕口令、念儿歌等方式进行。

（二）倾听游戏

倾听游戏主要是为了培养幼儿听音和说话的能力。这类游戏的规则要求幼儿通过聆听收集信息，再将收集的信息传递出来，用来培养幼儿的倾听和描述能力。如"传话筒"的游戏，教师教幼儿制作小小的传话筒。教师做出示范，将传话筒贴到一个幼儿的耳朵上说出一句话，接着让幼儿复述这句话。最后让幼儿自主进行游戏，一个幼儿拿着传声筒说话，另一个幼儿负责听，然后将幼儿说的话复述出来，接着进行角色交换。游戏中，让每个幼儿都有机会进行倾听，也有机会进行语言表达。

(三)词汇游戏

词汇量的丰富程度可以直接影响幼儿的口语表达能力。幼儿掌握的词汇越多，口语表达能力就越强。词汇需要幼儿在日常生活中逐渐积累，例如，在日常生活中学习各种日常用品的名称。词汇类游戏是丰富幼儿词汇的好方式。该类游戏不仅要教会幼儿认识各类词汇的意思并能恰当地运用，还要发展幼儿的认识能力和抽象思维能力。如“开火车”游戏可以帮助幼儿认识我国的一些城市名称。游戏规则：教师选择一名幼儿开火车，其他幼儿边拍手边问开火车的人：“往哪开”“谁来开”。开火车的幼儿必须迅速地答出“往(地名)开”和“(名字)来开”，如果答不出来或思考时间过长，就暂停一次。

(四)句子游戏

句子游戏要求幼儿按照正确的语言规则组成句子并会运用各种句式、句型。这类游戏可以采用具体情境来帮助幼儿理解、掌握和运用句型。如“盖楼房”，教师先敲鼓，力量由弱到强，速度由慢到快，再启发幼儿用“越……越……”的句型来表达。教师可以对幼儿进行提问，如“这个声音是不是越敲越大?”

职场实训

如果组织幼儿开展游戏“盖楼房”，该如何进行游戏的设计呢？

教学建议：

可以围绕游戏目标设计一系列活动。

活动一：了解“越……越……”的句型要求。

活动二：通过教师的示范，教会幼儿游戏规则。幼儿在教师的带领下进行游戏。

活动三：幼儿自主进行游戏。让幼儿组织语言来讲述自己想要表达的内容。

(五)描述游戏

描述游戏的主要目标是为了培养幼儿用简单、生动、标准的语言描述事物，发展幼儿完整表述的能力。这类游戏可以通过表演、讲故事等方式来组织。如听说游戏“金锁银锁”，要求幼儿以对答形式用简短而有节奏的词语形容和描绘事物。

四、幼儿听说游戏的作用

(一)激发幼儿学习和练习语言的兴趣

《幼儿园工作规程》指出：幼儿园以游戏为基本活动，寓教育于各项活动之中。游戏是深受幼儿喜欢且符合其身心发展特点的活动形式。教师要为幼儿创设轻松愉快的氛围，把游戏的理念和精神渗透到语言活动中，使语言活动变得生动有趣，符合幼儿的身心发展特点，激发幼儿学习语言的兴趣。

(二)有效地提升幼儿语言能力

《纲要》在语言教育指导要点中提出："语言能力是在运用的过程中发展起来的，发展幼儿语言的关键是创设一个能使他们想说、敢说、喜欢说、有机会说并能得到积极应答的环境。"幼儿想要加入游戏当中首先就需要听懂游戏规则，理解游戏玩法，这就要求幼儿认真倾听，培养其倾听能力。另外将各种语言练习融入游戏当中，让幼儿在游戏当中锻炼自身的语言能力。在游戏中幼儿主动与教师和其他幼儿交流，又可以帮助幼儿提高语言表达能力。

(三)听说游戏有助于建立教师与幼儿之间的平等关系

在听说游戏活动中，教师要主动成为游戏的参与者。《纲要》指出："教师应成为幼儿学习活动的支持者、合作者、引导者。"教师在游戏当中存在一个身份的转变，如教师在"小小邮递员"的游戏中成为邮递员，在"商店里的东西"中成为售货员。这种身份的转变，让幼儿与教师的交流不再局限在师生交流，而是通过不同身份的角色扮演让幼儿与教师之间建立平等关系，使交流的内容更多，深度也有所增加。

(四)听说游戏可以培养幼儿的规则意识

听说游戏的重点是语言教育，但也应重视游戏规则。想要游戏顺利开展，就需要每个幼儿都遵循一定的游戏规则。因此在进行听说游戏的过程中，幼儿自然会形成一定的规则意识。教师在组织游戏时，也应该注意培养幼儿的规则意识。

想一想

根据以上规则要求，假如你是幼儿园教师，你应该如何培养幼儿规则意识？

任务二　幼儿听说游戏设计方案

游戏设计需要遵循教育活动设计的一般原理，即教育目标的设置、教学形式的选择、教育环境的设置，同时还要根据游戏自身的特点。教师可以以中国传统民间儿歌为依据来设计幼儿听说游戏方案，将中华优秀传统文化与幼儿听说游戏紧密结合起来。

幼儿听说游戏的基本结构一般包括游戏目标、游戏准备、游戏玩法和游戏规则。游戏目标是幼儿通过游戏最终要达到的语言学习目的；游戏准备是教师在游戏开始前为保证游戏顺利进行所做的前期准备工作；游戏玩法即游戏的内容和操作步骤的具体说明；游戏规则即为了保证游戏顺利开展所制定的准则。在设计幼儿听说游戏的时候要注意包含幼儿听说游戏的基本结构。

另外要从幼儿听说游戏的特点出发设计游戏。一是尊重幼儿的主体性。教师应当考虑到幼儿的天性，在设计游戏的时候，给幼儿一定的空间，使幼儿在游戏过程中可以发挥自己的想象力和创造力。二是注重游戏的教育功能。设计游戏最重要的是将学习寓于游戏之中。陈鹤琴提出“做中教、做中学、做中求进步”。做即玩，之所以强调玩，是因为玩是幼儿在游戏主体作用中的体现。游戏可以充分激发幼儿的积极性和主动性，让幼儿去做自己想做的事情，在玩中习得知识。三是重视游戏的情境性。情境性指幼儿在设计好的情境中进行游戏，从而激发兴趣，积极主动地参与游戏中。情境创设可以提升游戏的趣味性，是幼儿游戏的重要资源，可以更好地促进幼儿的发展。

下面从幼儿听说游戏的目标设计、准备工作、过程设计与组织三个方面进行深入分析和具体训练。

一、幼儿听说游戏的目标设计

(一)幼儿听说游戏的目标

1. 帮助幼儿提高口语表达能力

幼儿听说游戏在目标设置的过程中要按照一定的语言规范来帮助幼儿提高其规范的口语表达能力。在设计听说游戏目标时，教师应该有一个明确的目标，从而避免目标过于宽松。目标设计应放在小目标上，提高可操作性。提高幼儿口语表达能力的目标包含巩固发音、扩展词汇、运用句型等小目标。如扩展词汇，在听说游戏中可以有意识地让幼儿涉及生活中不同种类的词汇，扩充其词汇量，对于有发音问题的词汇要有意识地予以矫正。

2. 培养幼儿倾听习惯和倾听能力

幼儿听说游戏为幼儿创造了一种开放自由、生动有趣的语言学习场所，帮助幼儿学习。幼儿听说游戏不仅要培养幼儿的说话能力，还要培养其倾听能力。在开展游戏的过程中，教师会对幼儿提出一些要求，其中最重要的一条就是要听懂教师的讲解，理解游戏规则。另外教师在游戏的过程中也应该注意观察幼儿，对于有问题的倾听习惯，教师要及时给予纠正，从而培养幼儿良好的倾听习惯。

3. 树立幼儿口语表达信心

在听说游戏这种轻松愉快的氛围当中，幼儿能够放心大胆地说话。教师应当在游戏中鼓励幼儿大胆去说，去表达自己的想法。对于幼儿，教师还要及时给予鼓励，从而树立幼儿口语表达信心。

(二)幼儿听说游戏的目标设计

不同类型幼儿听说游戏的设计目标不同，下面将依据不同类型幼儿听说游戏进行目标设计。

1. 语音类游戏

语音类游戏的教育目标主要是为了纠正幼儿出现的语音问题，练习普通话中易出现问题的音节，提升幼儿的普通话水平。语音类游戏主要针对幼儿的发音问题，所以在玩法的设计上要根据目标特点进行调整。

根据目标要求，语音类游戏在进行游戏设计时要注意对重点语音进行重复练习。一是纠正错误发音不是一个简单的过程，需要反复练习，所以在游戏设计的时候需要巧妙设计重点语音的练习。二是反复练习也会加强幼儿的印象，从而完成游戏目标。

2. 倾听类游戏

“倾听”是目标的关键词。倾听类游戏的教育目标主要是为了培养幼儿的倾听能力，教会幼儿在倾听中收集信息和传递信息。同时培养幼儿良好的倾听习惯也是倾听类游戏的一个目标，教师要有意地在课堂中培养幼儿的倾听习惯。

根据目标要求，倾听类游戏在玩法的设计上要注意以交流为主。玩法设计中最好能让每个幼儿都有倾听他人交流的机会。传话类游戏是一种非常适合幼儿的游戏玩法。

3. 词汇类游戏

词汇类游戏目标主要是为了帮助幼儿进行词汇的积累。不仅需要幼儿知道词汇的意思，更重要的是，要让幼儿将词汇与生活中的事物结合起来。词汇不再是一个抽象概念，而是现实生活中具体可感知的事物。

根据目标要求，词汇类游戏在设计的时候可以从幼儿的生活经验出发，模拟日常生活的场景，让幼儿在场景中学习词汇。一方面幼儿可以更好更快地理解游戏玩法，沉浸在游戏当中。另一方面不仅可以培养幼儿的语言能力，也可以帮助幼儿更好地适应社会生活。在进行游戏设计的时候，可以注意幼儿与实物之间的交互过程，让幼儿感受词汇的不断变化，而不是单一地学习一个词汇，从而增强游戏的趣味性。

4. 句子类游戏

句子类游戏重视幼儿正确使用句型的能力，可以让幼儿将单个词汇按照正确的语法要求组成一句话。想要完成这个目标，第一步就需要幼儿学习相应的语法知识，理解要练习的句型。

掌握句型和语法是一个较为枯燥的、困难的过程。因此设计句子类游戏的玩法需要更加灵活、多样、有趣味性，才能激起幼儿的兴趣。

5. 描述类游戏

描述类游戏主要是训练幼儿用准确、生动的词语和比较连贯的句子描述具体事物。这类游戏对幼儿的要求较高，适用于大班幼儿。一是要求幼儿抓住事物的根本特点。二是能将这些特点用合适的词语、句子描述出来。

描述类游戏的重点是要设计一个观察环节，给予幼儿足够的时间去观察。

二、幼儿听说游戏的准备工作

听说游戏的目标是进行前期准备工作的依据之一。不同类型的听说游戏的前期准备工作会有所不同，但都能促进活动的顺利开展。

(一)语音类游戏

在进行语音类游戏的时候，教师需要一定文字材料进行辅助，可以采用顺口溜、绕口令、儿歌等方式。在前期准备的时候，教师可以在实际教学活动中仔细观察，找到幼儿容易出现错误的音节以此来设计语音游戏。仅仅用文字材料进行游戏是不够的，教师应该抓住文字材料的特点，并设计出相应的道具运用在游戏当中，例如，小动物的头饰、提线木偶等。

(二)倾听类游戏

倾听类游戏的准备工作可以与日常交流工具结合起来。例如，教师可以利用电话，模拟幼儿正在打电话的场景，让幼儿之间互相倾听与交流。

(三)词汇类游戏

词汇类游戏多使用现实物品作为游戏材料。可以选择同类的事物，也可以将不同种类的事物组合起来。选择的实物材料最好是日常生活中可以轻易找到的，让幼儿真正能与自己的日常生活联系起来。如果实物道具有难以找到或是价格过高等问题，教师也可以使用照片或者图片，在照片或图片的背后标注清楚对应的词汇名称。

(四)句子类游戏

教师应该根据幼儿的接受能力来设计句型。教师可以提前准备好需要幼儿练习的句型，也可以准备一些具有对比性的实物道具或视频来帮助幼儿理解句型。

(五)描述类游戏

描述类游戏的前期准备工作可以从两方面开展。如果游戏侧重于人物描述，可以直接让幼儿进行互相描述。同班幼儿相熟且年龄相近，幼儿能更好地抓住同伴之间的特点。但是由于年龄相近，幼儿没有机会描述不同年龄阶段人的特征。因此教师可以寻找不同年龄阶段人的照片供幼儿描述。如果游戏侧重于对事物的描写，教师可以准备好具体实物，幼儿可以直接观察实物，再进行描述。照片、视频也可以为教师提供素材。

三、幼儿听说游戏过程设计与组织

(一)创设听说游戏情境

教师应当创设丰富的游戏环境，使幼儿在轻松愉悦的氛围内进行游戏，调动幼儿的积极性，让幼儿主动参与游戏，以达到游戏的目标。教师可以使用不同方法来创设幼儿情境。

1. 语言导入法

生动形象的语言是进行情境创设的重要手段之一。在游戏开始之初，教师可以使用谜语、故事或者儿歌等方式进行语言导入，也可以用生动的语言描述幼儿所在的游戏场景或者模仿幼儿将要扮演的角色，也可以让幼儿一起用声音模仿，增加幼儿的游戏参与度。如在“可爱的小动物”中，教师在游戏开始之前可以模仿小动物的叫声，同时向幼儿提出疑问。“咕咕咕，有没有小朋友可以告诉我什么小动物会咕咕咕地叫?”教师模仿完以后可以向幼儿提出疑问，“小朋友们，你们还知道别的小动物是怎么叫的吗?”让幼儿也参与到游戏当中。

典型案例

动物是人类的好朋友，幼儿对动物的喜爱之情随处可见。在游戏过程中，教师可以借助常见的动物，尤其是动物的叫声，吸引幼儿参与游戏。

幼儿游戏“动物汽车”

教育目标：学会念儿歌，知道小动物的名字、叫声和动作。

游戏准备：各种小动物的头饰。

游戏玩法：教师在游戏开始前先示范儿歌《可爱的小动物》，并让幼儿跟着一起学习和练习。教师说出小动物的名字，幼儿模仿小动物的叫声。待幼儿熟悉以后，在模仿小动物叫声的同时模仿出相应的动作。请幼儿上台模仿小动物的叫声和动作，让其他幼儿猜一猜台上的幼儿模仿的是哪种动物。

游戏规则：幼儿在游戏进行中不可随便说话，要根据教师的具体要求和指示进行游戏。

附：小鸽子咕咕咕，小鸭子嘎嘎嘎。小小鸡叽叽叽，小花猫喵喵喵。小黄狗汪汪汪，小白兔跳跳跳。(《可爱的小动物》儿歌)

2. 肢体表演法

教师可以用肢体动作来创设情境，吸引幼儿的注意力。例如，教师可以模拟动物的动作。教师也可以邀请幼儿进行简单的动作表演，想象游戏的内容，激发幼儿的兴趣。如“动物汽车”游戏，教师在游戏开始之前装扮成司机的样子，手里拿着方向盘，转动方向盘模仿司机开车时候的样子。教师让幼儿观察自己的动作，猜一猜自己的职业。

典型案例

“动物汽车”的游戏活动还可以用别的方式进行，以下案例就用动作表演创设情境，引导幼儿参加游戏活动。

幼儿游戏“动物汽车”

游戏目标：

练习正确的发音"嗡、汪、喵、嘎、叽、呱"。通过肢体动作辅助发音，遵守游戏规则。

游戏准备：

司机帽子、玩具方向盘1个、小动物头饰若干、《小司机》的音乐。

游戏玩法：

第一轮游戏：播放《小司机》音乐，教师当小司机，幼儿当乘客坐汽车。接着暂停《小司机》音乐，老师说："小朋友们听一听，这是什么声音，谁来坐汽车了？"另一位老师扮演的小蜜蜂飞过来说："蜜蜂蜜蜂，嗡嗡嗡。"司机（教师）："小朋友们，我们来跟小蜜蜂打招呼吧，蜜蜂蜜蜂，嗡嗡嗡。"司机带领着幼儿跟小蜜蜂打招呼，并做动作请小蜜蜂上车，司机继续开车。

第二轮游戏：选择六个幼儿扮演小动物，其他幼儿继续当乘客，流程与第一轮游戏一致。

游戏规则：

幼儿要遵守教师的指示，有序进行游戏。

3. 实物展示法

在游戏开始前，一方面，教师可以展示一些与游戏相关的图片、玩具等，吸引幼儿的注意力。另一方面，教师也可以运用不同道具对教室内的环境进行布置，直接为幼儿打造出一个可视、可触摸的游戏情境。如游戏"我的五官"，教师需要准备同样的人物头像2幅，眼、耳、口、鼻的图片各2幅。教师在游戏开始之前可以依次向幼儿出示五官照片，然后对小朋友们提出问题："这是什么？""小朋友们能指一指眼睛在哪儿吗？"既能帮助幼儿认识五官，为接下来游戏的开展做好铺垫，也能激发幼儿的学习兴趣。

温馨提示

要根据游戏特点选择创设情境的方法。

典型案例

扫描二维码，了解幼儿听说游戏活动教案《我的五官》。

幼儿听说游戏活动教案《我的五官》

(二)详细介绍听说游戏的玩法和规则

幼儿教师在创设情境后，需要向幼儿详细地介绍游戏玩法和规则，这是保证游戏顺利进行的先决条件，也是开展听说游戏的重点和难点。一是介绍听说游戏的规则本身就是对幼儿倾听能力的一种考验，需要幼儿能理解教师语言的意义，明白游戏的规则和流程。二是听说游戏设计需要符合幼儿年龄特点，有些听说游戏规则过于复杂，对于小班幼儿来说，理解起来可能有一定的困难。

第一，讲解时，教师的语言要简单易懂，符合幼儿的理解和接受能力。尽量使用口头语言，如教师需要幼儿描述某件物品的时候，不使用“描述”这个词语，而使用“说一说”这种经常出现在日常口语中的词汇。

第二，要按照游戏流程进行讲解，让幼儿明白先做什么，后做什么。解释游戏规则需要有一定的逻辑性，要按照游戏流程的先后顺序进行讲解。让幼儿明白自己应该怎样开始游戏，又应该怎样结束游戏。

第三，要说清游戏规则。教师在讲解游戏规则的时候要抓住重点，保证幼儿明白在游戏中他们可以做什么，不可以做什么。这样一方面可以保护幼儿的安全，另一方面也是游戏顺利开展的保证。

第四，教师要注意使用示范的方法。在游戏初期，教师可以参与到游戏中，推动游戏的进行。对于幼儿不理解的地方，教师应及时进行反馈和讲解。教师可以边讲解边用动作进行配合。如“袋鼠妈妈的大口袋”游戏，教师要先告诉幼儿自己扮演袋鼠妈妈，让幼儿先在袋鼠妈妈的大口袋里摸出一个动物的剪影，接着大声地说出动物的名字，说对了就能得到该动物剪影。接着教师要告诉幼儿，在游戏的过程中，只有回答的幼儿可以讲话，其他的幼儿不能随意讲话，要认真听。

温馨提示

教师要根据幼儿年龄特征选择适当的方式解释游戏规则。

(三)教师组织游戏

游戏虽然以幼儿为主，但是也需要教师参与其中，由教师组织游戏，推动游戏顺利进行。

1. 根据不同类型组织听说游戏的方法

第一，语音游戏的重点是练习发音，辅助的文字材料尤为重要。教师组织游戏的第一步，是要教会幼儿念对需要练习的文字材料。教师可以通过各种方式将文字材料给幼儿展示出来，如写在黑板上。教师先示范地把文字材料念一遍，给幼儿一个初步印象。教师要注意引导幼儿回忆游戏中儿歌的内容，使幼儿自主将儿歌的内容复述出来。

第二，在组织进行倾听类游戏时，教师首先需要为幼儿做出示范。如果一开始就让幼儿随意发挥，幼儿可能不知道要说什么或只说简单的一个词汇，这样不能达到游戏的教育目标。因此在游戏开始之初，教师可以首先进行示范，让幼儿倾听教师的语言，并从中获取信息。教师要让幼儿明白，不光需要倾听，接收信息，还要将接收的信息正确地表述出来。其次教师在组织语言的时候，要注意到幼儿角色的转变，要用幼儿所扮演的角色称呼他们。例如，小小接线员、小小士兵等。

第三，教师在组织词汇类游戏时，一是让幼儿明白所学习词汇的实物是什么样子，会出现在日常生活中的何处，具体有什么作用，使幼儿能将词汇与具体实物结合起来。二是让幼儿真正地沉浸在场景当中，使游戏与日常生活的联系也更加紧密。

第四，教师在组织句子类游戏的时候，要先将句型的大致用法教给幼儿。教师可以采用示范的方法，所举的例子贴近幼儿的日常生活。另外教师要让每个幼儿都有机会参与到游戏当中，如教师可以在讲授游戏规则时，为每个幼儿排好顺序，督促幼儿在自主游戏的过程中，按顺序参与游戏。

第五，教师在组织描述类游戏的过程中，要注意吸引幼儿的注意力，让幼儿把注意力放在应该观察的事物上。如可以通过实物展示的方法，将幼儿要观察的事物展示出来，同时设置疑问，询问幼儿能从中发现什么，引发幼儿思考。描述类游戏对幼儿自身语言能力要求较高，如果幼儿自身词汇量较少，语言表达能力较弱，则游戏开展会比较困难。因此教师在组织游戏的时候要做好引导，如果幼儿出现难以描述的情况，教师要及时帮助幼儿。

2. 根据不同年龄的幼儿组织听说游戏的方法

教师可以根据幼儿年龄特点来组织游戏。下面根据小班、中班和大班的幼儿进行分析。

对于小班幼儿而言，教师参与到游戏当中是必要的。小班幼儿年纪小，理解能力较差。教师要直接参与游戏，担任主要角色，做好指导工作，推动游戏顺利进行。

典型案例

以幼儿园小班游戏活动“顶锅盖”为例，请你分析该活动的哪些要素符合小班幼儿的年龄特点。

幼儿园小班游戏“顶锅盖”。

教学目标：

1. 学习“盖、怪、菜”等容易混淆的字音；

2. 探索游戏玩法，能根据自己的生活经验，说出不同菜肴名称。

教学准备：

锅盖 1 个。

游戏玩法：

1. 请幼儿学习顶锅盖的动作，启发幼儿探索用一只手的手掌当作锅盖，用食指顶住掌心；

2. 老师伸出手掌作为锅盖，幼儿用食指顶住“锅盖”并朗读儿歌；

3. 儿歌念完，教师就要问：“烧的什么菜”。同时教师握住掌心中的手指，被抓住的幼儿必须说一道菜的名称，方能与“锅盖”交换角色，然后游戏继续进行。

游戏规则：

游戏可以分组进行。

附：顶锅盖，油炒菜，辣椒辣了不要怪，呼，一口气；呼，两口气，一、二、三！（《顶锅盖》儿歌）

对于中班和大班的幼儿，教师在讲解清楚游戏的玩法和规则以后，可以请幼儿做示范。在这个过程中，教师要对出现的问题和幼儿不理解的地方及时给予指导。

典型案例

以幼儿园中班游戏活动“我的房间”为例，请分析该活动哪些要素符合中班幼儿的年龄特点。

幼儿园中班游戏“我的房间”

游戏目标：能用正确的方位词和形容词描述某个房间里的陈设。

游戏准备：不同房间的照片若干。

游戏玩法：教师先向全班幼儿介绍游戏玩法。接着将准备好的各个房间的照片展示给幼儿看，然后教师选一个幼儿，将选好的一张房间照片给幼儿看，并让幼儿描述这幅图片。让其他幼儿猜测究竟描述的是哪个房间，并将其选出来。

游戏规则：描述房间时，只允许选定的幼儿进行描述，其他幼儿保持安静。

在进行该游戏时，教师没有直接做示范，而是在讲解清楚游戏玩法后，从已经理解的幼儿当中选择一个，由他向其他幼儿进行示范。

想一想

教师应该如何根据幼儿不同的年龄特征组织幼儿开展游戏？

(四)保证幼儿自主游戏

游戏不能一直在教师的领导下进行。教师需要培养幼儿独立开展游戏的能力。幼儿需要明白游戏的玩法和规则，在一定的规则之下，按照玩法的指示进行游戏动作。

另外教师要确保每一个幼儿都能参与游戏，实现游戏的教育目的。这就要求教师的身份从参与者变成观察者。在幼儿自主进行游戏的时候教师应当在一旁观察幼儿游戏的动向。

第一，教师是幼儿听说游戏的引导者。教师要注意观察幼儿对游戏的掌握程度，观察幼儿是否能真正独立进行游戏，将游戏进行下去。对于无法独立进行游戏的幼儿，教师要及时给予指导。另外，要着重观察游戏中幼儿的个体表现，观察是否所有的幼儿都能积极参与游戏。

第二，教师是幼儿听说游戏的激励者。对于表达出正确信息的幼儿，教师要及时给予表扬和反馈，从而增加幼儿的自信心，让幼儿勇敢说出自己接收到的信息。例如，在词汇类游戏“水果店”当中，对于答对水果名称的幼儿，教师要及时地给予表扬。

职场实训

幼儿园词汇类游戏“水果店”活动组织：

师：小朋友们，大家看一看这是什么地方啊？（展示水果商店的图片）

（幼儿回答）

师：对，是水果商店，水果商店都有什么？我们去水果商店可以干什么呢？

（幼儿回答）

师：对，小朋友们说得都很好。那我们今天一起来认识水果店的各种水果好不好？

（出示水果实物或图片）

（幼儿回答）

师：你说得真棒。小河流水哗啦啦，老师表扬你顶呱呱。

思考分析：

请分析以上活动导入教师是如何鼓励幼儿的。

第三，教师是幼儿听说游戏的纠错者。教师在游戏当中发现问题要及时给予反馈。对于接受能力比较弱的幼儿要及时给予指导，帮助幼儿融入游戏当中。例如，在听说类游戏当中，教师要注意观察每个幼儿所传递的信息是否正确。教师可以让每个幼儿说一说自己接收到了怎样的信息。以“对暗号”游戏为例，教师要让每个幼儿说一说自己接收的暗号，而非只让最后一名幼儿说。另外对于出现倾听问题的幼儿，教师要及时给予指导。要注意分辨幼儿究竟是倾听出现问题，难以接受正确信息，还是语言表达有问题，无法将自己接收的信息正确表达出来。

职场实训

幼儿园倾听类游戏“对暗号”幼儿自主游戏活动组织：

师：小小士兵们，我们能不能向司令官报告一下自己获得的信息？

（幼儿回答）

师：真棒！每个人都是机智的小士兵。

思考分析：

请分析以上活动导入中教师如何检查幼儿信息接收的对错。

任务三　幼儿听说游戏活动的实施与评价

听说游戏作为幼儿语言活动的重要组成部分，在幼儿园活动中是不可或缺的。想要评估听说游戏的效果，就需要从实践出发，根据游戏在实践中的表现，形成对游戏的全面客观的评价，总结出游戏的优点和不足之处。

活动一：设计幼儿听说游戏活动

(一)活动方式

分小组进行，建议4～6人为一组，组内学生合作完成。

(二)活动要求

(1)教案要求有游戏目标、游戏准备、游戏过程和活动延伸。

(2)游戏设计要求完整。

根据本项目任务二所阐述的内容，要求活动设计中包含教案所设计的四方面内容，即游戏目标、游戏准备、游戏过程和活动延伸。游戏过程中要求有教具或者PPT等。

(3)游戏环节设计合理。

(三)活动素材

游戏“小小邮递员”

游戏方法：

教师问：“你是谁啊?”幼儿回答：“我是邮递员，这有你家的信。”教师接着问：“这是哪里来的信啊?”幼儿回答：“北京。”然后幼儿拿出一个信封交给教师。教师接过信并说：“谢谢你，邮递员。”幼儿回答：“不客气。”然后重复该过程，每一次邮递员回答信是从哪里来的都不能重复之前说过的地方。

教师和幼儿可以互换角色进行游戏。

(四)活动实施

(1)课下以小组为单位，学生互相讨论，形成教案。组内学生是合作分工的关系，集思广益共同策划活动，并将小组讨论的活动教案记录下来。

(2)以小组为单位向教师提交活动设计教案。

(3)教师评价。教师可以通过书面形式进行反馈，也可以通过小组答辩的方式或线上进行讨论。

活动二：观摩幼儿听说游戏活动，形成评价

首先通过阅读、观摩、评价不同的幼儿听说游戏，基本了解幼儿听说游戏的组织和指导要求。其次展开重点环节的训练，掌握开展听说游戏的基本技能。比如，教师能在日常活动中抓住幼儿存在的语言问题；教师学会采用不同方式设计游戏情境；学会采用不同的方式进行游戏活动导入；能设计、

准备符合游戏的道具；学会在游戏活动中观察幼儿的行为；具有组织一场完整听说游戏的能力。

(一)活动方式

小组讨论。

(二)活动要求

观摩：

(1)详细记录活动过程。

(2)记录该活动过程中你的感受和观点。

小组评价：

(1)该游戏的游戏性是如何体现的？

(2)该游戏都使用了什么材料？材料使用有什么特点？

(3)教师使用了什么方式进行游戏导入？能否吸引幼儿的注意力，引起幼儿的兴趣？

(4)游戏的各个环节能否为完成游戏目标而服务？

(5)游戏玩法的设置能否激起幼儿的兴趣？

(6)游戏玩法的设计是否符合幼儿年龄特点？

(三)活动素材

活动素材包括幼儿园大班听说游戏教案《碰撞》、幼儿园大班听说游戏实录《碰撞》。

典型案例

扫码查看听说游戏《碰撞》教案与活动实录。

幼儿园大班听说游戏活动教案《碰撞》

(四)活动实施

(1)教师在教室内播放课堂实录视频，说明活动要求。

(2)小组按照活动要求讨论视频。

(3)教师巡回指导，并且观察普遍问题，统一讲解。

活动三：模拟实施幼儿听说游戏

该活动是实践的最后一个层次，学生扮演幼儿教师实施自己设计的幼儿早期活动。

幼儿园大班听说游戏活动实录《碰撞》

(一)活动方式

小组模拟教学。

(二)活动要求

(1)小组内学生分配角色，两名学生扮演教师，其余学生扮演幼儿，在课下排练实施课堂教学活动。

(2)在课堂中，学生以小组为单位现场模拟实施教学活动。

(3)每组模拟实施后，教师根据实施效果进行评价，并且引导其他学生进行相互评价。

(三)活动素材

活动素材为幼儿园大班听说游戏活动实录《碰撞》。

(四)活动实施

(1)各小组轮流进行角色表演，其他学生和教师进行评价。

(2)教师对学生的表演进行录像，为学生以后的学习积累素材。

典型案例

游戏“你有什么”

游戏方法：

游戏开始时，教师把玩具或实物分成两份，教师和幼儿各持一份。教师先拿出一件玩具问幼儿：“我有一个娃娃，你有什么？”幼儿拿出自己的一件玩具说：“我有一辆汽车”。有时教师问幼儿，幼儿也可不拿出玩具，并说：“你有玩具，我没有玩具。”

游戏“你问我答”

游戏方法：

教师根据事物的颜色、形状、特性等对幼儿提问，幼儿要回答出符合该特征的事物。例如：

教师问：“什么白？”幼儿可以回答：“大雪白、白云白、棉花白”。

游戏“纠错”

游戏方法：

教师先给幼儿念儿歌，让幼儿仔细听。然后教师再念一遍儿歌，这次教师故意念错，然后请幼儿把错误找出来。

学习评价与反思

本项目学习完了，你认为自己学得怎么样？是否理解幼儿园听说游戏活动的含义、特征、分类及意义？能否独立完成幼儿听说游戏活动的设计？能否很好完成幼儿听说游戏活动的实施与评价？请把你的感悟写在下面吧！

记录与反思：

____

____

思考与练习答案

思考与练习

一、基础理论

(一)单项选择题

1. 下列不是幼儿听说游戏设计特点的是(　　)。

A. 尊重幼儿的主体性　　B. 注重游戏的教育功能

C. 重视游戏的情境性　　D. 将游戏规则简单化

2. 下列是设计和组织听说游戏应遵循的基本步骤之一?(　　)

A. 创设游戏情境　　B. 修改游戏规则

C. 制作游戏道具　　D. 增设游戏玩法

3. 随着幼儿对听说游戏规则的掌握和对游戏内容方式的熟练，他们在听说活动中保持着越来越明显的(　　)。

A. 好奇心理　　B. 外部动机

C. 内部动机　　D. 接受能力

4. 下列属于句子游戏的是(　　)。

A. 传话筒　　B. 盖高楼　　C. 开火车　　D. 金锁银锁

5. 以下哪个项是语音游戏的主要教育目标(　　)。

A. 练习 zh、z 的发音

B. 学习蔬菜类词汇

C. 描述日常生活用品

D. 练习“……是……”句型

(二)判断题

1. 幼儿听说游戏可以没有明确的教育目标。(　　)

2. 教师在组织幼儿听说游戏的时候只用注重语言方面的教育目标。(　　)

3. 幼儿听说游戏基本结构一般包括游戏目标、游戏准备、游戏玩法和游戏规则。(　　)

(三)名词解释

1. 幼儿听说游戏

2. 游戏目标

(四)简答题

简述幼儿听说游戏的分类。

二、实践操作

训练一，根据《拍手歌》设计一个听说游戏教案。

训练二，根据词语接龙设计一个词汇游戏教案。

单元综合检测题一参考答案

单元综合检测题一

一、单项选择题

1. 下列不属于幼儿听说游戏特征的是（　　）。

A. 蕴含着幼儿语言教育的目标　　B. 重点内容是游戏规则

C. 游戏性质会越来越明显　　D. 游戏性较弱

2. 幼儿听说游戏主要可以分为语音游戏、倾听游戏、（　　）、句子游戏和描述游戏五种。

A. 词汇游戏　　B. 结构游戏　　C. 角色游戏　　D. 口语游戏

3. 听说游戏的基本结构一般包括游戏目标、（　　）、游戏玩法和游戏规则。

A. 游戏功能　　B. 游戏准备　　C. 游戏情节　　D. 游戏角色

4. 下列不属于教育活动设计的一般原理的是（　　）。

A. 教育目标的设置　　B. 选择教学形式

C. 教育环境的设置　　D. 教学过程的设置

5. 以下哪项是语音游戏的主要教育目标（　　）。

A. 纠正和规范 zh、ch、sh、z、c、s 的发音

B. 训练句型“越……越……”

C. 认识水果类词汇

D. 描述房间的摆设

6. 游戏具有以下哪种特点（　　）。

A. 规则性、趣味性、全面性、指向性

B. 活动性、指向性、特殊性、全面性

C. 全面性、活动性、规则性、指向性

D. 规则性、趣味性、活动性、指向性

7. 开展语音游戏时经常使用以下哪种材料？（　　）

A. 实物道具　　B. 绕口令　　C. 图片资料　　D. 玩具

8. 下列哪项是设计和组织听说游戏应遵循的基本步骤（　　）。

A. 创设游戏情境—介绍游戏规则—教师引导游戏—幼儿自主游戏

B. 介绍游戏规则—创设游戏情境—幼儿自主游戏—教师引导游戏

C. 介绍游戏规则—教师引导游戏—创设游戏情境—幼儿自主游戏

D. 创设游戏情境—介绍游戏规则—幼儿自主游戏—教师引导游戏

9. 下列关于听说游戏说法正确的是（　　）。

A. 听说游戏是游戏不是活动

B. 听说游戏是活动不是游戏

C. 听说游戏兼有游戏和活动的双重性质

D. 以上说法都不正确

二、判断题

1. 游戏可以帮助幼儿学习一定语言规范知识，提高其运用规范的口语进行表达的能力。(　　)

2. 幼儿园以游戏为基本活动，寓教育于各项活动之中。(　　)

3. 听说游戏兼有游戏和活动的双重性质。(　　)

4. 在听说游戏活动中，教师不需要参与到游戏当中。(　　)

5. 听说游戏术语渗透语言教育途径。(　　)

三、名词解释

1. 游戏规则

2. 游戏准备

3. 句子游戏

4. 语言导入法

四、简答题

1. 简述创设游戏环境要遵循的原则。

2. 简述幼儿听说游戏的作用。

3. 简述幼儿听说游戏的目标。

五、案例分析题

1. 教师在开展“白鹅和狐狸”的听说游戏时，先展示白鹅和狐狸的头饰道具。

师：小朋友们，看看老师手里拿的是什么？你们认识这两种小动物吗？

幼：……

师：我想请几个小朋友上来表演一下白鹅和狐狸。

幼：……

请分析教师是如何创设幼儿听说游戏情境的。

2. 教师在第一次开展“白鹅和狐狸”的游戏时，选择部分幼儿佩戴小白鹅的头饰，并请这部分幼儿站在“河边”。教师一边讲解游戏规则，一边带领幼儿做游戏。教师用示范动作加上生动的语言告诉幼儿，当儿歌念完以后，鹅才能跳下河，狐狸才能抓鹅。

请说明教师是如何讲解游戏规则的。

单元综合检测题二参考答案

单元综合检测题二

一、单项选择题

1. 句子游戏要求幼儿按照正确的(　　)组成句子并会运用各种句式、句型的游戏。

A. 语言规则　　B. 逻辑顺序　　C. 词汇排序　　D. 游戏规则

2. 以下哪个选项是词汇游戏的主要教育目标？(　　)

A. n、l 的发音辨析　　B. 认识交通工具类词汇

C. 练习“因为……所以……”句型　　D. 描述不同教师的长相

3. 下列哪项不是设计和组织听说游戏应遵循的基本步骤？（　　）

A. 创设游戏情境　　B. 制作游戏道具

C. 介绍游戏规则　　D. 幼儿自主游戏

4. 听说游戏由活动向游戏过渡所需的转换有（　　）。

A. 由外部控制向内部控制转换、由真实情境向假想情境转换、由他人教育向自我教育转换

B. 由外部控制向内部控制转换、由真实情境向假想情境转换、由外部动机向内部动机转换

C. 由真实情境向假想情境转换、由外部动机向内部动机转换、由他人教育向自我教育转换

D. 由外部控制向内部控制转换、由外部动机向内部动机转换、由他人教育向自我教育转换

5. 关于听说游戏的规则说法正确的是（　　）。

A. 不是所有的听说游戏都有游戏规则

B. 听说游戏的规则都是由幼儿自己制定的

C. 听说游戏的规则可以提高幼儿参与游戏的兴趣

D. 听说游戏的规则可以不去遵守

6.“开火车”属于（　　）游戏。

A. 语音游戏　　B. 词汇游戏　　C. 句子游戏　　D. 描述游戏

7. 我国《幼儿园工作规程》规定：“以（　　）为基本活动。”

A. 学习　　B. 游戏　　C. 教学　　D. 体育

8. 下列不属于幼儿听说游戏的外部可观察的行为因素的是（　　）。

A. 表情　　B. 动机和体验　　C. 动作　　D. 言语

9. 下列哪种游戏不是幼儿听说游戏？（　　）

A. 词汇游戏　　B. 句子游戏　　C. 语音游戏　　D. 体育游戏

二、判断题

1. 因为听说游戏有一定的教育目的，所以可以忽略幼儿的游戏乐趣。（　　）

2. 教师应在幼儿已经逐步掌握和熟悉游戏规则和玩法后，再让幼儿独立进行游戏。（　　）

3. 听说游戏有助于建立教师与幼儿之间平等的关系。（　　）

4. 幼儿听说游戏在设计时需要尊重幼儿的主体性。（　　）

三、名词解释

1. 情境性

2. 游戏玩法

3. 实物展示法

4. 描述性游戏

5. 倾听游戏

四、简答题

1. 创设游戏情境可以用到哪些方法?

2. 简述幼儿听说游戏的基本特征。

3. 幼儿听说游戏的组织步骤包括哪些?

五、案例分析题

1. 游戏:我长大了

教师展示幼儿不同时期的照片,共同观察、回忆幼儿成长的过程。

师:小时候的你是什么样子的?现在长大的你又是什么样子的呢?

请分析该游戏是什么类型的游戏?运用了什么道具?有什么作用?

2. 游戏:猜照片

猜照片导入:

师:小朋友们,今天老师给你们带来了一个好玩的游戏“猜照片”,请你们猜一猜照片上的小宝宝是你们中的谁?

教师先把幼儿1岁、2岁的照片呈现出来,请幼儿猜一猜。

请分析教师用了什么样的方法设置游戏情境。

项目七　幼儿文学活动的设计、实施与评价

学习目标

1. 了解幼儿文学活动的内涵和特点；
2. 理解幼儿文学活动的价值；
3. 具备完成幼儿文学活动设计和实施的能力；
4. 具有幼儿文学活动的评价能力。

铸魂育人

本项目在编排时选择了中华优秀传统儿童文学作品，旨在引导学生感知语言文字的形态美和诗词的韵律美。同时，设计与实施幼儿文学活动，可以增加学前教育专业学生对中华优秀传统文化的了解，传承中华优秀传统文化。

思维导图

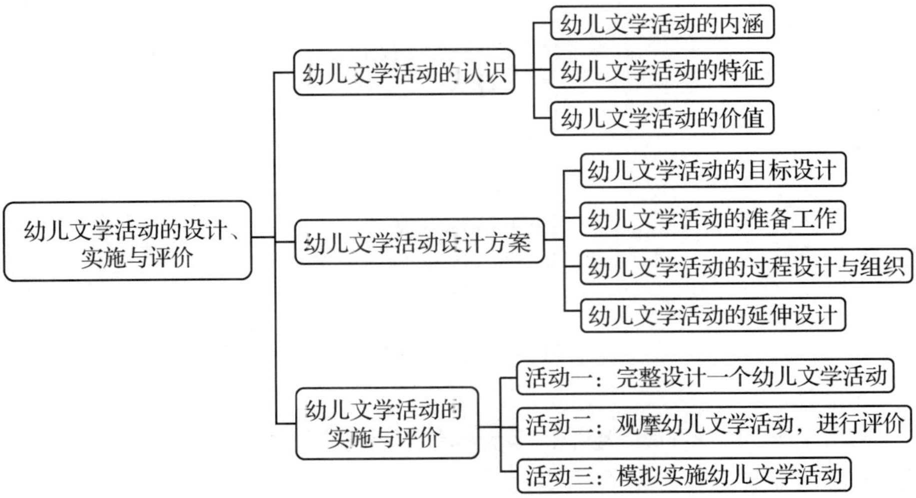

单元导入

幼儿文学活动是以幼儿文学作品为基本内容开展的一种专门的语言教育活动。幼儿具有强烈的好奇心和求知欲，他们对儿歌、诗歌、绕口令、谜语、童话故事、生活故事、幼儿散文等充满浓厚兴趣。那幼儿该如何欣赏、理解这些作品呢？幼儿教师又该如何站在幼儿的角度分析文学作品，将幼儿文学

作品中的优美意境传递给幼儿，促进幼儿想象力、创造力的发展呢？

情境创设

怎样叫

大公鸡，怎样叫，
喔喔喔喔这样叫，
喔——
宝宝宝宝快起早。

小鸭子，怎样叫，
嘎嘎嘎嘎这样叫，
嘎——
黄黄的绒毛水上漂。

老黄牛，怎样叫
哞哞哞哞这样叫
哞——
拉起犁头田里跑。

小山羊，怎样叫
咩咩咩咩这样叫
咩——
好像在把妈妈找。

小花猫，怎样叫
喵喵喵喵这样叫
喵——
吓得老鼠逃不掉。

（彭玉冰）

某天幼儿园中班的王老师和李老师针对诗歌《怎样叫》进行教研活动，这个诗歌很有童趣，但是适合中班幼儿学习吗？从这个诗歌中幼儿能学到什么呢？幼儿如何获取这些语言经验？

任务一　幼儿文学活动的认识

《纲要》中指出，要“引导幼儿接触优秀的儿童文学作品，使之感受语言的丰富和优美，并通过多种活动帮助幼儿加深对作品的体验和理解。”在幼儿教学实践中，教师以幼儿文学作品为依托，灵活运用多种方式，引导幼儿欣赏文学作品的词汇、语言表达、韵律、情感和意境等。幼儿在欣赏的基础上，理解文学作品所表达的主题思想，并且能够创造性地表达自我。

图 7-1　幼儿文学活动掠影

幼儿文学活动与儿童剧表演分不开，请扫码欣赏在校学生的儿童剧表演。

儿童剧表演活动“老虎拔牙”

一、幼儿文学活动的内涵

(一)幼儿文学作品

幼儿文学作品是指为 3～6 岁幼儿提供的文学作品，主要包括诗歌、故事、散文、谜语、绕口令等体裁；是指以通过对生活、社会、自然和人性的思考，以语言为工具，以文字为形式，形象地反映生活，表达作者对人生、社会的认识和情感，以唤起人的美感，给人以艺术享受的著作。

幼儿文学作品具有多元教育功能，可以帮助幼儿拓展认知。幼儿文学作品充满想象和幻想的色彩，对促进幼儿想象力、创造力的发展具有不可替代的作用。幼儿文学作品作为一种语言表现形式，具有语言优美、规范和丰富等特点，具有发展幼儿语言表达的独特功能。幼儿文学作品体裁丰富，意境优美，风格生动有趣，欣赏幼儿文学作品有助于幼儿愉悦身心、陶冶情操。

(二)幼儿文学活动

幼儿文学活动是指以幼儿文学作品为基本教育内容而设计组织的语言教育活动类型。幼儿文学活动主要通过教师的解读赏析、环境创设、精巧设问、思维启迪、整合渗透，引导幼儿进行对话质疑、有效互动、表演游戏、迁移经验、仿编作品，是一个从理解到表达、从模仿到创新、从接受到运用的整合过程。幼儿对知识和生活经验都有所欠缺，幼儿文学作品对世界的描绘简单、有趣，且人物生动形象、故事情节结构清晰，语言优美浅显。幼儿教师可以通过合理组织幼儿文学活动促进幼儿生活经验的增长。

温馨提示

幼儿文学作品的选择既要考虑幼儿时期的年龄特点，又要考虑班集体、小组，甚至个别幼儿的个性化差异，从而选择适合幼儿欣赏的文学作品。

二、幼儿文学活动的特征

(一)完整语言教育观的体现

完整语言教育观是当前国内外幼儿语言教育新思潮，其主要观点之一就强调了语言是口头语言与书面语言、日常生活语言与文学语言的统一。完整语言教育观认为，在幼儿发展过程中，他们不仅应学习日常生活语言，也应该学习文学语言。

在幼儿文学活动中，幼儿通过倾听某一文学作品，然后将自己对文学作品的理解用语言表达出来。除语言表达之外，幼儿还可以通过绘画、折纸、泥工等幼儿特殊的书写方式，将自己的理解表达出来。而这个过程也符合完整语言教育观的观点，即完整的语言教育目标应该包括培养幼儿的听、说、读、写四个方面的情感态度、认知和能力。具体来说，主要是培养他们的听、说能力和良好的听、说行为习惯，并且教师可以根据幼儿的年龄阶段特点，适当加入前书写、前阅读等技能。

想一想

完整语言教育观适用于整个幼儿语言领域教育。同学们请思考如何将该观点运用到谈话、讲述、早期阅读和区角活动中。

(二)围绕作品开展系列活动

幼儿文学活动是围绕文学作品开展的系列活动，教师通过组织系列活动帮助幼儿加深对文学作品的理解，提高幼儿的审美、理解力和想象力。要达成这一目标，应做到以下三点。

1. 开展多个活动帮助幼儿理解文学作品

幼儿文学作品的语言信息丰富而独特，包含着幼儿已知及未知的人、事、物，以及幼儿需要知道和渴望了解的社会生活现象。教师要通过一系列活动，如经验讲述、角色扮演、参观体验、绘画、表演等活动引导幼儿学习，并让幼儿在这一系列活动中逐步理解文学作品。

幼儿教师设计、组织的系列活动需根据幼儿已有经验分层展开，幼儿对于文学作品的学习，一般分为感受、理解和表现三个层次。教师可以通过图片、视频、实地参观等多种途径带领幼儿感受文学作品，也可以编排相关活动帮助幼儿理解文学作品，通过语言表达、艺术创作等多种形式表现文学作品。

职场实训

西红柿

西红柿，圆又圆，
营养含量排在前。
开胃明目多用途，
夏季养心要多选。

请你以“西红柿”为主题，为大班幼儿设计多个活动。

2. 通过灵活的教学方式帮助幼儿理解文学作品

幼儿识字数量有限，尤其是小班幼儿。结合幼儿的认知发展特点，幼儿的思维主要就是具体形象思维，幼儿教师通过轻松、愉快和灵活的方式帮助幼儿理解文学作品。

幼儿通过聆听、诵读、阅读图画、观看多媒体动画等方式，将书面语言信息转化为口头语言信息，理解作品丰富有趣的内容。

3. 深入分析、赏析不同类型的文学作品

教师对文学作品的欣赏水平直接影响幼儿对文学作品的理解。教师对不同类型作品进行深入分析，把握文学作品的典型特征和核心要素，从而更好地将文学作品所传达的内容教给幼儿。

不同类型的幼儿文学作品有不同特征，需要教师从具体的文学作品出发，深入分析、赏析不同类型的幼儿文学作品，用幼儿的角度引导其学习、理解文学作品。如故事体裁，教师引导幼儿从故事情节、发展和人物关系方面理解分析；诗歌体裁，教师引导幼儿从韵律、节奏、词汇等方面理解分析；绕口令体裁，教师引导幼儿从内容、语音练习、节奏等方面理解分析。

温馨提示

教师要通过多个视角分析幼儿文学作品，不仅要从成人的视角多方面、深层次分析，而且要从幼儿视角，进行多元化分析。

职场实训

引导幼儿学习散文《做一片美的叶子》，请你围绕该作品设计一系列活动，帮助幼儿理解该作品。

做一片美的叶子

金波

远远望去，那棵大树很美。

树像一朵绿色的云，从大地上升起。

我向大树走去。

走近树的时候，我发现，枝头的每一片叶子都很美。每一片叶子形态各异——你找不到两片相同的叶子。

无数片不同的叶子做着相同的工作，把阳光变成生命的乳汁奉献给大树。

绿叶为大树而生。春天的时候，叶子嫩绿；夏天的时候，叶子肥美；秋叶变黄；冬日飘零——回归大树地下的根。

大树把无数的叶子结为一个整体。无数的叶子在树上找到了自己的位置。

我们每个人都像叶子，为生活的大树输送着营养，让它茁壮、葱翠。大树站在太阳和土地之间。

每一棵大树都很美，每一片叶子都很美。为了我们的大树，做一片美的叶子吧！①

教学建议：

可以设计这样的一系列活动：

活动一：感知和理解作品主要内容。

活动二：通过画、剪、粘、涂等形式表现不同季节叶子的美，并在表现美的同时理解并学习作品中的语言，感悟什么是美。

活动三：改编或者仿编散文《做一片美的叶子》，加深幼儿对文学作品的理解和感悟。

(三)将文学作品整合、渗透于其他领域教育活动中

根据加德纳的多元智能理论对教育观念的冲击和幼儿语言学习系统理论的影响，当代幼儿语言教育已经出现了整合教育的趋势，把幼儿语言学习看成一个整合的系统，充分认识到幼儿语言发展与其他方面的发展是整合一体的关系。在幼儿文学活动中，幼儿对于新词、句式、语法和语言结构的习得，不仅仅是对语言的学习，而且包括对社会、健康、艺术、科学四个领域的认知和技能经验。可见，语言的学习是整个学习系统的调整、吸收与发展的结果。幼儿对文学作品的学习应与其他方面的教育密切结合，内容上与社会、健康、艺术、科学四个领域相结合，形式上渗透在生活和游戏活动中。

---

① 转引自吴城、李学红：《晨读10分钟 三年级·春夏卷》，68页，石家庄，河北教育出版社，2019。

职场实训

雪花

望安

雪花，雪花，
你有几个小花瓣？
我用手心接住你，
让我数数看：
一，二，三，
四，五，六。
咦？
刚数完，
雪花怎么不见了？
只留下一个
圆圆的小水点。①

提问：

根据该诗歌，你能够给幼儿设计哪些不同领域的活动？

教学建议：

1. 结合舒缓的音乐，引导幼儿欣赏诗歌，也可采用表演的方式，营造良好的情境氛围，让幼儿感知诗歌的美好意境。

2. 根据诗歌内容，采用提问和点数的方式，让幼儿进一步感知、理解诗歌，并指导幼儿有感情地朗诵诗歌。

三、幼儿文学活动的价值

幼儿喜欢聆听诗歌、故事和散文等文学作品，虽然这种语言信息是以口头语言方式输入的，但它又带有高质量的书面语言特征，对幼儿语言的发展具有重要意义。

(一)有助于增加幼儿的词汇量

幼儿文学作品的学习有助于丰富幼儿的词汇量。幼儿学习词汇，就是在获得某一个或一组事物的概念的基础上，将这些概念与相应的语言形式对应和固定下来。

一般而言，幼儿词汇的学习有两种途径，一种是在日常生活中通过模仿，潜移默化地获得一些词汇。例如，幼儿最初见到妈妈，他并不知道这个人叫什么，通过观察妈妈跟自己的对话，后来知道这样的一个人叫作“妈妈”，这

---

① 转引自汤素兰：《顶尖小学生名家美文阅读一/二年级》，78 页，合肥，安徽少年儿童出版社，2009。

个词汇就被纳入他的词汇系统中；另一种是通过接触幼儿文学作品逐渐获得一些新的词汇。幼儿文学作品从本质上讲就是由各种词汇组合起来的语言艺术作品，例如，“小企鹅，美滋滋，旅游穿件黑褂子”。因此，学习文学作品，是增加幼儿词汇量，帮助幼儿掌握语言内容的重要途径。

幼儿在学习、理解文学作品词汇的基础上，更重要的是将这些词汇运用在生活中，以表达自己的想法。例如，幼儿在日常生活中可以用到“愉快”“美丽”“活泼”等书面用语。

想一想

幼儿文学作品的学习有助于增加幼儿的词汇量，在这一过程中，教师如何将抽象的词汇概念解释给幼儿，帮助幼儿理解呢?

(二)有助于提高幼儿对文学语言的欣赏水平

幼儿文学作品是语言的一种表现形式，这种语言形式呈现在幼儿面前，有助于幼儿了解、理解、模仿多样化的语言表达方式。例如，幼儿故事以叙事为主。在学习的过程中，让幼儿了解故事中角色的鲜明特点，理解事件的发生、发展和结束的顺序性，感受情绪、情感的表达方式。

幼儿通过接触不同体裁的文学作品，在耳濡目染中逐渐了解并感知诗歌、故事以及散文等语言的风格与特征，体会不同文学样式在表现作品内容时的独特优势，为将来掌握不同风格的文学语言运用打下基础。

(三)为幼儿提供理解与运用文学语言的模式

幼儿文学作品具有丰富的语言信息，无论是故事、诗歌，还是绕口令，都有着各自的语言特征，幼儿可以通过不同层次的划分来学习文学作品。

首先，文学作品理解作品内容层次的学习。在聆听或阅读的时候，由丰富的词汇连接起来的文学作品本身，是第一层次的学习，幼儿必须理解一个个具体的词汇、句子以及他们所代表的各个概念。

其次，文学作品与生活相联系层次的学习。透过词汇和句子认识文学作品所表现的社会生活内容，实际上是借助语言文学作品来认识周围的世界，这是第二层次的学习。

最后，文学作品语言结构层次的学习。幼儿在理解文学作品内容、学习词汇和句子、认识文学作品所展示内容的同时，还可以感受文学语言的结构、文学语言的不同表达方式，从而有助于幼儿运用艺术语言结构表达自我，这是第三个层次的学习。

温馨提示

文学作品三个层次的学习是相辅相成、相互影响的，每一个层次的学习都不是孤立的。幼儿对文学作品中艺术语言结构的学习和运用，要建立在理解文学作品的词汇、语言和内容的基础之上，也要建立在与社会生活相联系的基础之上。

典型案例

妈妈的爱

妈妈的爱有魔法，
变成，美丽的衣服，
变成，美味的饭菜，
变成，好听的故事。
变呀变，
变呀变，
把我变高了，
把她乐坏了！

请分析《妈妈的爱》的语言形式，并且运用这种语言形式为幼儿重新编诗歌。

（四）有助于增加幼儿对文学语言的美感体验

美感是人类的高级情感之一，包括社会美感、艺术美感和文学美感。幼儿对文学作品的学习有助于提高幼儿感受美、鉴赏美和创造美的能力。

幼儿文学作品多从幼儿生活出发，并且有着丰富的情感内容，通过文学作品的学习，可以引导幼儿从不同角度感受亲情、友情等情感体验。文学作品不仅在内容上表现了生活中的真、善、美，而且在形式上创造了语言艺术之美，无论是体裁、结构还是表现手段，形式与内容的完美结合提升了文学作品的艺术感染力，让幼儿在理解的基础上感受优美的意境与强烈的情感，增加幼儿欣赏文学语言的审美体验。

任务二　幼儿文学活动设计方案

幼儿文学活动是从具体的幼儿文学作品入手，并围绕这个作品开展活动，培养幼儿对文学作品的兴趣，逐步提高幼儿欣赏文学作品的能力，提高幼儿运用文学语言表达想象、表达生活经验的能力。

幼儿文学活动的设计与实施应在符合幼儿年龄发展特点的基础上，增加幼儿欣赏、理解文学语言的经验，包括对文学作品的结构认知，语词排列组合的效果，艺术性语言的表现(比喻、象征、拟人、夸张等手法；儿歌，幼儿诗，幼儿散文的节奏感、韵律感、意境等)经验，以实现幼儿创造性地运用文学语言进行表达的目的。

幼儿文学活动的设计是指幼儿教师以某一幼儿文学作品为依托，计划实施某一幼儿文学活动的目标设计、准备工作、过程设计与组织、延伸设计等环节的预设内容。

预设内容即为教师提前计划好的，根据不同年龄阶段幼儿的特点，根据语言领域学习目标的要求，根据当今社会对于幼儿语言能力的需求为幼儿设计的活动内容，具有较强的科学性、计划性和结构性。

下面从幼儿文学活动的目标设计、准备工作、过程设计与组织、延伸设计方面进行深入分析和具体训练。

一、幼儿文学活动的目标设计

(一)幼儿文学活动的目标

幼儿文学活动是一种整合性活动，文学活动的目标也是多方面的，不仅包括文学教育的相关内容，还包括日常交流、文学创作表现方面的相关内容。幼儿文学活动也蕴含着除语言教育之外的其他领域教育的多个方面内容。

1. 喜欢文学作品，积极参加文学活动

这是情感态度方面的目标。对文学作品和文学活动的情感态度是进行文学教育、语言教育的基础。文学活动通过让幼儿欣赏大量优秀的文学作品，培养幼儿对文学作品的兴趣，激发幼儿参与文学活动的愿望。情感态度方面的目标具体包括两个方面的要求。

第一，喜欢不同形式的文学作品。

第二，喜欢欣赏文学作品，能积极主动地参与到文学活动中。

温馨提示

幼儿教育中，激发幼儿的学习兴趣是教学目标中的一项必不可少的任务，也是促进幼儿文学活动目标实现的前提。

2. 能理解、表现和创作文学作品

这是文学教育方面的目标。文学活动最重要的是对幼儿进行文学教育，使幼儿学会欣赏、理解文学作品，感受、体验文学作品中人物的真、善、美，发展幼儿的艺术想象力和创造力。根据文学活动多层次的特点，文学教育的目标包括三个层次的要求。

第一，能理解文学作品的人物形象、情节内容、中心主题。

第二，能运用语言、动作表情、绘画等方式表达对作品的理解和感受。

第三，能根据文学作品提供的线索，发挥想象，仿编诗歌、散文或续编故事。

3. 能欣赏、掌握和运用文学语言

这是语言教育方面的目标。文学活动首先是语言活动，是通过欣赏文学作品来学习语言的语言教育活动类型。文学作品的题材多种多样，语言表现形式也多种多样，幼儿在文学活动中能发现文学语言与生活语言的不同，进而感受文学语言的美，积累丰富的文学语言。根据文学活动多层次的特点，语言教育的目标包括三个层次的要求。

第一，对文学语言感兴趣，能感受文学作品的语言美。

第二，积累文学语言，丰富词汇、句型。

第三，能运用文学语言表达自己的想法和感受。

4. 善于倾听文学作品并渗透到其他领域

文学活动的第四步就是要求幼儿积极主动地倾听作品，提高其倾听能力。另外，教师还要根据文学作品的内容渗透其他领域的教育，可以是认知或社会行为方面的教育。倾听和渗透其他领域的教育具体包括两个方面的要求。

第一，乐意倾听并善于倾听文学作品。

第二，进行其他领域的教育。

(二)幼儿文学活动的目标设计

幼儿文学活动的目标设计是指某一个教学活动的目标设计，该目标的设计要在领域目标、年龄阶段目标的范围之内，并结合具体的教学内容而形成。目标设计要求包括以下几点。

1. 体现幼儿文学活动目标的内容

幼儿文学活动主要锻炼幼儿的倾听能力、理解文学作品的能力、表现文学作品的能力、欣赏文学作品的语言表达和韵律的能力，以及培养喜欢文学作品的情感。在某一个幼儿文学活动教学中，其目标的设计必须包含其中一个或几个内容。

2. 体现三维目标

根据《纲要》和《指南》的要求，幼儿的学习是多方位的、全面的学习，既要注重幼儿知识和技能的学习，也要注重激发幼儿的学习兴趣。所以，在幼儿文学活动目标的设计中要有三维目标，即认知、技能和情感三个维度。

3. 体现幼儿是活动的主体

在幼儿文学活动中，教师应该以幼儿的发展现状、幼儿的发展需要为中心，并且体现在目标设计的表述中。因此，目标表述多以幼儿为主语，采用“知道”“理解”“能够”“探索”“体验”等动词，体现幼儿为活动的主体。

4. 体现教学活动的具体性

在目标设计中，教师要注意表述不可过于笼统、模糊，要根据某一教学活动内容进行具体表述。通常情况下判断目标表述是否具体，可以将某一目标放在多个活动过程上，如果都适合就证明目标不够具体，如果发现该目标只适用于一个活动过程，则说明目标是具体的。

考证要点：

请设计“猜猜我有多爱你”故事活动的目标。

目标设计：

1. 倾听故事，感知可爱的小兔和兔妈妈之间真挚的母子情。
2. 通过妈妈和小朋友面对面的表演和对话交流，体验母子之情。
3. 能够在集体面前大胆地讲述自己对妈妈的爱，表达自己的情感。

案例分析：

本次活动的主题是“亲子之爱”，该活动从三个维度目标指向这个主题，并且从感知作品中的母子情，到体验作品中的情感，到表达自己对妈妈的爱，层次上是递进的，经验得到迁移。

二、幼儿文学活动的准备工作

按照主体来分，幼儿文学活动的准备工作可以分成教师的准备、幼儿的准备和家长的准备。其各自的准备内容不同，但是共同促进活动的顺利展开。

(一)教师的准备

1. 活动空间和教具的准备

在幼儿教学活动中，根据教学内容的不同，教师可以选择不同的活动场地，包括室内和室外。在活动场地内，如何摆放桌椅、如何摆放教具、是否需要多媒体，这些事项都需要教师提前准备。准备原则为方便幼儿活动和不占用幼儿的学习时间。

2. 幼儿文学作品分析的准备

幼儿文学作品种类较多，根据其特点和幼儿在不同时期的发展需求，教师要挑选合适的作品，并且深入分析作品的内涵。对文学作品的深入分析，有助于幼儿把握文学作品的主题思想、主要内容和语言素材，从而制定具体的、明确的、能促进幼儿语言发展的教育目标，以保证幼儿故事教育活动的有效开展。

拓展链接

幼儿文学作品有多种体裁，在幼儿教学活动中常用的体裁为儿童故事、儿童诗歌和儿童散文。每种幼儿文学作品的含义也不尽相同，分清楚各种体裁文学作品的特点才能有效组织不同类型的幼儿文学活动。

不同类型幼儿文学作品的含义及特征

温馨提示

幼儿教师对于诗歌的欣赏水平直接影响幼儿对于诗歌的欣赏。作为准幼儿教师，大家要多阅读诗歌，提高自己的欣赏水平，从而提高审美能力。

(二)幼儿的准备

幼儿的准备分为经验准备和心理准备，是指幼儿在进行幼儿文学活动前已经具备的经验和积极的心理状态。

学习是连续的过程，也是螺旋上升的过程，幼儿的学习也是如此。

(三)家长的准备

家长的准备又叫家园准备。当教师设计的活动需要家长配合完成，或者需要家长参与时，家长需要做的准备叫家园准备。如在“秋天”系列活动中，幼儿园组织幼儿去公园观察秋天，体验秋天的美。这样的活动需要家长帮助幼儿准备外出的东西，为幼儿讲解外出事宜，即为家园准备。

三、幼儿文学活动的过程设计与组织

幼儿文学活动的过程设计由多个环节构成，每个环节从易到难、环环相扣，每个环节都有明确的目的。活动过程要体现整个教学活动的目标。

(一)教学活动的导入环节

幼儿文学活动的导入环节是活动的开始部分，通常所占用时间为3～5分钟。导入环节的作用有二：其一，通过创设良好的情境，集中幼儿的注意力；其二，引出文学作品主题，并引起幼儿的学习兴趣。

幼儿教师根据活动内容、文学作品主题、幼儿个性化特点，选择适当的导入方式。通常导入方式为提问导入、谈话导入、视频导入、情景导入、实物导入等。

职场实训

“猜猜我有多爱你”活动设计导入环节：

师：小朋友，能说说你们爱谁吗？有多爱？

(幼儿回答)

师：说了这么多，我们都想把自己的爱说清楚，能不能说得更清楚呢？有一只小兔子和一只大兔子也在讨论这个问题，我们一起来欣赏故事《猜猜我有多爱你》。

思考分析：

1. 请分析以上导入环节是如何引起幼儿的学习兴趣的。
2. 请分析以上导入环节如何与故事主题相联系。

(二)教师引导幼儿欣赏文学作品

由于文学作品是文字的载体，幼儿对于文学作品的欣赏需要教师的悉心引导，在教学实施过程中，教师通常会选择图片、音频、视频和教师亲自讲述或朗诵等方式引导幼儿欣赏文学作品。

在教学过程中，教师经常会有一些疑问，如教师亲自讲述或朗诵还是通过多媒体的形式进行讲授好？活动过程中教师带领幼儿欣赏几遍文学作品合适呢？以上问题并没有标准答案，但是根据幼儿的认知发展特点，教师可以采用更适合幼儿的活动方式。

拓展链接

在幼儿故事的讲述过程中，幼儿园教师给了较为实用和具体的办法。扫描二维码，了解幼儿园教师在讲故事过程中的注意要点。

幼儿教师谈讲故事

当幼儿初次接触某文学作品时，最好由教师亲自讲述或朗诵，这样可以使文学作品更有感染力，更能吸引幼儿。为了收到良好的教学效果，教师在讲述或朗诵时，要充满感情，语言生动形象，使幼儿随着文学作品内容的发展，与作品里的人物一起高兴、着急或者难过。如果一个文学作品已经被幼儿所了解，为了给幼儿提供多种欣赏方式，教师可以选择以视频或音频的方式让幼儿欣赏作品。

（三）多种方式引导幼儿理解文学作品内容

在以上环节的基础上，幼儿已经对作品内容有了初步的理解。但是这还远远不够，理解作品内容仅仅是认知目标，为了实现技能和情感目标，幼儿应该对文学作品有更深入的理解和感悟。

为了帮助幼儿更加深入地理解文学作品的情节、语言和主题思想，教师在讲述的过程中可以结合提问、讲解新词、让幼儿操作活动等方式。

教师的提问可以促进幼儿理解学习内容，那在活动中，对教师的提问有哪些要求呢？首先，教师应该选择开放式提问，给幼儿说话、发挥自主能动性的机会，尽量避免封闭式提问。其次，教师在活动中的提问应该分层次，提问要从易到难，逐步提高幼儿的理解、运用语言的能力。

典型案例

提问大致分为故事情节的提问、生活经验的提问、主题情感的提问和文学语言的提问。以下内容列举了有关不同提问的案例。

故事情节提问：

在学习《会动的房子》时，听完故事后，教师提问："我们刚刚讲的故事叫什么名字？故事中有哪些小动物？小松鼠把房子改在了哪里？小松鼠的房子先后到了哪些地方？"

生活经验提问：

在学习散文诗《秋天》时，教师提问："秋天是什么样的？走进大自然，你最喜欢秋天的什么风景呢？"

主题情感提问：

在文学作品活动"大象和小樱桃"中，教师提问："你最喜欢谁？为什么？如果是你，你会怎么做？"

文学语言提问：

在文学作品《金色的房子》中，教师提问："你最喜欢哪一句？请说给大家听听。你能模仿这句话来描述其他事物吗？"

教师可以运用讲授法为幼儿讲解新词含义，讲授法的运用有以下注意事项。首先，讲授要生动有趣，符合幼儿的认知发展水平，能激发幼儿兴趣；其次，讲解与演示相结合，使课堂更加生动形象；最后，讲授过程中要与幼儿及时互动，确保幼儿能够理解所学内容。

教师通过组织幼儿操作活动，帮助幼儿进一步理解文学作品的主题思想。教师还可以通过展示图片、实物和模仿动作等方式促进幼儿理解内容。如在教授儿童故事《小马过河》时，教师要帮助幼儿理解凡事要自己尝试体验后才知道自己能不能做到的道理。教师可以设置幼儿操作环节，在器皿里模拟小马、黄牛、小松鼠过河的场景，使幼儿明白河水深度和小动物高度的关系。

典型案例

"猜猜我有多爱你"活动过程环节：

1. 出示封面图片。

师：大家猜猜故事中的两只兔子，一只小兔子，一只大兔子，他们会是什么关系呢？

2. 分享故事，讲述第一段。

师：小兔子对兔妈妈说了一句什么话？小兔子用了一个什么动作来表示爱？小兔子把手臂张开，张到无法再张开，为什么要张开？

（幼儿回答）

师：和妈妈来比一下吧，看谁的爱更多。

（教师引导幼儿比一比谁的爱更多）

师：接着看，小兔子又用了哪两个动作来表达自己对兔妈妈的爱？

3. 教师继续讲故事。

师：小兔子怎么用"树"表达对兔妈妈的爱啊？

教师引导幼儿说完整的话，如"树有多高，我就有多爱你"。

思考分析：

1. 请分析该案例中，教师是如何为幼儿讲述故事的。

2. 请分析该案例中，教师用什么方式帮助幼儿理解故事内容。

3. 请分析该案例中，教师选择了将什么语言要素传递给幼儿。

（四）围绕文学作品开展活动

教师在引导幼儿欣赏和理解文学作品的基础上，为了增加教学活动的趣味性，加深幼儿对故事的理解和表现，可以围绕故事展开相关活动。

其一，让幼儿讲述和朗诵文学作品。在幼儿感受、理解文学作品的基础上，教师可以组织幼儿学习讲述和朗诵文学作品。在讲述和朗诵的过程中，锻炼幼儿的记忆力、独白语言表达能力、逻辑思维能力、文学语言运用能力。幼儿讲述和朗诵故事后，教师要进行及时反馈。教师可以对幼儿的讲述进行评价，也可以让幼儿之间进行相互评价，还可以设置奖励机制，以此来帮助幼儿认识自我，调动幼儿的讲述积极性。其二，鼓励幼儿表演文学作品，创造性表现作品内容。表演文学作品是语言和态势表达的结合，是创造性的表现。根据幼儿年龄特点分析，幼儿十分喜爱作品表演活动，表演更有利于展现幼儿的个性。教师利用幼儿这一特点，组织幼儿进行表演活动，将儿童故事的教育效果深刻化、扩大化。教师在指导幼儿表演过程中，要对幼儿进行适当指导。由于表演通常是合作性的活动，幼儿的社会合作意识还没有那么强烈，因此教师要组织幼儿进行角色挑选、动作设计、舞台布置、表演排练和正式表演等环节。幼儿故事表演结束后，教师组织观众对幼儿的表演进行有效反馈。

(五)开展文学作品的续编、改编与创编活动

续编、改编、创编是一种创造性的语言活动，能够锻炼幼儿的语言技能，培养幼儿的想象力和思维力。在续编、改编、创编环节，需要幼儿做到以下两点。首先，它要求幼儿理解作品的构成要素和结构；其次，幼儿要有较强的语言组织能力。

教师在指导幼儿开展续编、改编、创编活动时，可以运用提问或借助教具引导幼儿想象和构思。教师的提问能够给幼儿提供思路，引导幼儿按照一定的线索创编。为了帮助幼儿更好地想象，教师可以用图片、实物等直观教具，让幼儿借助教具进行想象构思。在续编、改编和创编的过程中，教师要根据幼儿的能力，选择一句话、一段话，使幼儿进行整个作品的创造。最后，教师还应该用幼儿能够理解的方式总结、记录幼儿的创编内容。

职场实训

“猜猜我有多爱你”活动过程环节：

师：说一说，小兔子还可以用什么表达对妈妈的爱？

教师出示大海、大山、大树、星星、月亮等图片，先请个别能力较强的幼儿到台前选择其中一张图片用自己的语言和动作来表达对父母的爱。

思考分析：

1. 该环节的意图是什么？

2. 该环节中教师用什么措施帮助幼儿进行续编？

温馨提示

教师帮助幼儿总结、记录仿编内容时，应注意方式和方法。幼儿对于书

面文字的理解比较困难，所以教师要选择更适合幼儿理解的方式做记录，如简笔画、图片等。

四、幼儿文学活动的延伸设计

在幼儿文学作品教学活动之后，教师可以将教学内容延伸到幼儿的日常生活、家园活动和区角活动中。

在日常生活中，幼儿的语言交流较为自由且有效。语言是沟通的工具，语言的学习最终以运用为目的。幼儿与教师的交流、与同伴的交流，都是为了传递信息，这才体现出语言的实用性。如在《有礼貌》故事中，教师引导幼儿学习“谢谢你”“对不起”“抱歉”等词汇，将讲故事活动延伸到日常生活中。

相比于集体教学活动，区角活动的结构化低，幼儿在区角活动的自由度更高，更能发挥自己。教师可以让幼儿独立或者以小组形式，完成某个语言任务，有助于巩固幼儿的学习成果。如在《金色的房子》的故事学习中，教师可以增加延伸设计，将相关挂图放在美工区，幼儿可以根据挂图绘画自己的漂亮房子，然后在讲述区跟同伴讲述自己的房子。

家园活动是指幼儿园与家庭共同协作完成的活动，将幼儿园里学习的语言经验迁移到家庭中，转换成亲子活动。一方面可以促进亲子之间的交流；另一方面可以促进幼儿的语言经验运用。

典型案例

根据以上学习的设计要点，请欣赏幼儿园文学作品活动案例。

扫描二维码，查看具体活动教案。

幼儿园大班文学作品活动教案《夏天的云》

大班文学作品活动实录《夏天的云》

任务三　幼儿文学活动的实施与评价

文学作品活动是幼儿语言教育中常见的语言教育活动类型。文学作品活动对幼儿有着重要的教育价值，是幼儿语言教育活动的重要组成部分。文学作品活动的实践训练要全方位地开展，本课安排三项不同层次的实训活动。

活动一：完整设计一个幼儿文学活动

（一）活动方式

分小组进行，建议 6 人为一小组，组内学生合作完成。

（二）活动要求

1. 活动设计要完整

要求学生在活动设计中保证活动目标设计、准备工作、过程设计与组织、延伸设计四个部分的完整性。

2. 活动环节设计准确

在保证活动设计的完整性基础上，学生要注重每一个环节设计的科学性。学生根据活动内容设计三维活动目标，活动的准备要充分且有效，过程设计与组织要环环相扣，延伸设计要合理有趣。

3. 活动方式活泼新颖

在活动环节设计科学的基础上，教师还应该结合幼儿的年龄特点，使活动方式更加活泼有趣，从而吸引幼儿的注意力，保持活动的新颖性。

(三)活动素材

素材一：

小猫钓鱼

金近

在树林旁边，有一条小河，河里有许多鱼，它们在水中游来游去。

一天早上，猫妈妈带着猫弟弟到小河边去钓鱼。他们刚坐下，一只蜻蜓飞来了。蜻蜓真好玩，飞来飞去像架小飞机。猫弟弟看了真喜欢，放下钓鱼竿，就去捉蜻蜓。蜻蜓飞走了，猫弟弟没捉着，空着手回到河边。一看，猫妈妈钓了一条大鱼。

猫弟弟又坐在河边钓鱼，一只花蝴蝶飞来了。花蝴蝶真美丽，猫弟弟看了真喜欢，放下钓鱼竿，又去捉蝴蝶。蝴蝶飞走了，猫弟弟又没有捉着，空着手回到河边。一看，猫妈妈又钓了一条大鱼。

猫弟弟说："真气人，我怎么一条小鱼也钓不着？"

猫妈妈看了看猫弟弟，说："钓鱼就要一心一意，不要三心二意。你一会儿捉蜻蜓，一会儿捉蝴蝶，怎么能钓着鱼呢？"

猫弟弟听了猫妈妈的话很难为情，于是就开始一心一意地钓鱼了。

蜻蜓又飞来了，蝴蝶也飞来了，猫弟弟就像没有看见一样，一步也没走开。不一会儿，嘿！钓竿上的线往下沉，钓竿也动起来啦，猫弟弟使劲把钓竿往上甩，"哎哟！"一条大鱼钓上来啦。猫弟弟赶紧捉住大鱼，高兴地喊了起来："我钓到大鱼啦，我钓到大鱼啦！"猫妈妈和猫弟弟一起抬着大鱼回家了。①

素材二：

春天是这样来的

张国南

叮咚，叮咚！

小溪试了试清脆的嗓子。

① 转引自罗英智：《幼儿园探究式活动教师用书 中班上》，111～112页，大连，辽宁师范大学出版社，2016。

啊，春天是唱着歌来的！
呼啦，呼啦，
柳枝弯弯柔软的腰，
啊，春天是跳着舞来的！
毕剥，毕剥，
春笋在泥地里快活地拔节，
啊，春天是放着鞭炮来的！①

（四）活动实施

（1）课下以小组为单位，通过学生讨论的方式，形成文字版活动设计。组内学生是合作分工的关系，分工角色包括创意者、记录者和答辩者。组内学生集思广益策划活动，记录组内成员讨论出来的活动计划方案。

（2）以小组为单位向教师提交活动设计。

（3）教师对活动设计方案进行评价，教师可通过书面形式进行反馈，也可通过小组答辩的方式进行现场或线上反馈。

活动二：观摩幼儿文学活动，进行评价

本活动要求是比活动设计更深层次的实践，通过观看幼儿文学活动的课堂实录，幼儿学习如何将活动设计转化为教学活动。

（一）活动方式

小组讨论。

（二）活动要求

观摩：

（1）详细记录活动过程。

（2）记录活动过程中你的感受和观点。

观摩中注意以下问题：

（1）请分析《山村咏怀》的语言、意境、情感等特点。

（2）活动目标设计是否符合中班幼儿故事教学活动的要求？如果不符合该如何进行修改？

（3）教师如何进行课堂导入，导入有没有紧扣主题、激发幼儿的兴趣？

（4）教师可以运用哪些手段帮助幼儿理解诗歌？分为几个步骤？分别有什么作用？

（5）教师如何引导幼儿朗诵诗歌？

（6）请分析在课堂实录中，你认为教师通过该活动传递给幼儿的核心语言经验是什么？

幼儿园大班文学作品活动教案《山村咏怀》

---

① 转引自吴珹、李学红：《晨读10分钟　三年级·春夏卷》，38页，石家庄，河北教育出版社，2019。

(三)活动素材

活动素材包括两个部分，一是幼儿园大班文学作品活动教案《雨中的森林》；二是幼儿园大班文学作品活动实录《雨中的森林》

典型案例

扫描二维码，查看具体活动素材内容。

幼儿园大班文学作品活动实录《山村咏怀》

(四)活动实施

(1)教师播放课堂实录视频，说明活动要求。

(2)各小组按照活动要求讨论视频。

(3)教师巡回指导，观察幼儿遇到的普遍问题，并统一讲解。

活动三：模拟实施幼儿文学活动

模拟实施是指幼儿教师根据预设内容进行具体的操作实施。该活动是实践的最后一个层次，学生可以扮演幼儿教师实施自己设计的文学作品活动。

(一)活动方式

小组模拟教学。

(二)活动要求

(1)小组内学生进行角色分配，两名学生扮演教师，其余学生扮演幼儿。学生可在课下排练课堂教学活动。

(2)在课堂中，学生以小组为单位现场模拟实施教学活动。

(3)每组模拟实施后，教师根据实施效果进行评价，并且引导其他学生进行相互评价。

(三)活动素材

参照活动一的学生设计的方案。

(四)活动实施

(1)各小组轮流进行角色表演，其他学生和教师进行评价。

(2)教师对学生的表演进行录像，为学生今后的工作积累素材。

学习评价与反思

本项目学习完了，你认为自己学得怎么样？是否理解幼儿文学活动的含义、特征、分类及意义？能否独立完成幼儿文学活动的设计？能否很好完成幼儿文学活动的实施与评价？请把你的感悟写在下面吧！

记录与反思：

思考与练习

思考与练习答案

一、基础理论

(一)单项选择题

1. 下列不适合幼儿阅读的文学作品体裁是(　　)。

A. 幼儿诗歌　　B. 幼儿散文

C. 幼儿故事　　D. 流行小说

2. 教师带领幼儿学习散文诗《秋天》的时候，带领幼儿去户外感受落叶，感受秋风等，这属于(　　)。

A. 文学作品理解活动　　B. 文学作品表现活动

C. 文学作品体验活动　　D. 文学作品创作活动

3. 以下不属于幼儿文学活动的价值的是(　　)。

A. 增加词汇量　　B. 背诵好词好句

C. 对不同风格语言的理解　　D. 增强语言审美体验

4. 以下不属于围绕故事开展的相关活动的是(　　)。

A. 复述故事　　B. 表演故事

C. 续编、创编故事　　D. 做游戏体验故事

5. 分析幼儿诗歌时，不需要分析的是(　　)。

A. 诗歌的类型　　B. 诗歌的语言特点

C. 诗歌的主题思想　　D. 诗歌的作者

(二)判断题

1. 幼儿文学活动主要通过教师的解读赏析、环境创设、精巧设问、思维启迪、整合渗透来引导幼儿有效互动、表演游戏、迁移经验、仿编作品。(　　)

2. 在幼儿理解诗歌内容的基础上，教师就可以教幼儿朗诵诗歌。教师可以采用教师跟读的方法教幼儿朗诵诗歌。(　　)

3. 幼儿初次接触故事时，最好由教师亲自讲述，这样可以使故事更有感染力。教师可以根据实际需要，一边演示教具一边讲述。(　　)

(三)名词解释

1. 幼儿文学活动

2. 童话故事

(四)简答题

请简述幼儿文学活动的价值。

二、实践操作

1. 在幼儿园观摩幼儿文学活动，并且记录活动过程中的主要环节、教师的提问。根据所学知识给予评价。

2. 在幼儿园实施自己设计的幼儿文学活动方案。

单元综合检测题一参考答案

单元综合检测题一

一、单项选择题

1. 以下不属于幼儿文学的是(　　)。

A. 儿童故事　　B. 儿童诗歌　　C. 绕口令　　D. 科普漫画

2. 当今幼儿语言教育要达到口头语言与书面语言、日常生活语言与文学语言的统一，该教育理念来自(　　)。

A. 完整语言教育观　　B. 整合语言教育观

C. 应试教育　　D. 多元智能教育观

3. 幼儿文学作品活动是围绕作品开展的系列活动，系列活动不包括(　　)。

A. 不止一个活动　　B. 教学方式灵活

C. 不同教师组织展开　　D. 分析不同类型的作品

4. 在《做一片美的叶子》散文学习中，教师融入了语言表达、艺术制作和社会交往等内容，反映出文学作品活动的特征是(　　)。

A. 发展幼儿的完整语言　　B. 促进幼儿全面发展

C. 深入分析作品特征　　D. 整合渗透多个领域

5. 幼儿通过学习幼儿文学作品，学会了"愉快""高兴""美丽"等形容词汇，反映出幼儿文学作品活动的价值是(　　)。

A. 提高幼儿欣赏水平　　B. 增加幼儿词汇量

C. 有助于幼儿创作作品　　D. 有助于熏陶语言美

6. 以下属于幼儿文学作品活动主要锻炼的语言技能是(　　)。

A. 听、写　　B. 说、写　　C. 听、说　　D. 听、读

7. 以下属于幼儿文学作品活动的情感目标的是(　　)。

A. 理解文学作品的人物形象、情节内容、中心主题

B. 积极主动地参与到文学活动中

C. 能运用文学语言表达自己的想法和感受

D. 积累文学语言，丰富词汇、句型

8. 幼儿故事可以分为(　　)。

A. 童话故事和生活故事　　B. 寓言故事和童话故事

C. 寓言故事和生活故事　　D. 神话故事和生活故事

9. 某教师计划为幼儿组织幼儿故事活动"一只猪和一百只狼"，教师从小猪的角度出发，讲述小猪一天的经历，突出小猪的内心活动。以上准备属于(　　)。

A. 故事类型划分　　B. 抓住故事主要脉络

C. 总结故事思想情感　　D. 分析故事的词汇和语法

10. 下列不属于幼儿故事活动导入环节作用的是(　　)。

A. 吸引幼儿注意力　　B. 调动兴趣

C. 引出故事主题　　D. 复述故事

二、判断题

1. 生活故事是一种叙事的、现实社会会发生的故事。大多数以叙述事件为主，向幼儿讲述经过提炼、概括或虚构的“真人真事”。(　　)

2. 幼儿的学习以兴趣为主，以游戏的方式进行，所以幼儿教师没有必要对每个故事的主题思想、主要内容和表达方式进行深入思考、细致区分。(　　)

3. 教师根据故事内容、故事主题和教师熟悉的特点，选择适当的导入方式。(　　)

4. 活动过程中教师讲几遍故事合适呢？对于以上问题，有标准答案，即3遍。(　　)

5. 为了帮助幼儿更加深入地理解故事的情节、语言和主题思想，教师在讲述的过程中可以结合提问、讲解新词、让幼儿操作活动、学说对话等方式。(　　)

三、名词解释

1. 幼儿文学作品活动

2. 生活故事

3. 完整语言教育观

4. 故事续编、改编、创编活动

四、简答题

1. 简述幼儿文学作品活动的特征。

2. 简述幼儿文学作品活动的目标。

3. 简述如何分析儿童故事。

五、论述题

1. 试述在儿童故事教学活动中，如何用多种方式引导幼儿理解故事内容？

2. 试述教师示范朗诵诗歌的价值和实施要点。

单元综合检测题二

单元综合检测题二参考答案

一、单项选择题

1. 以下描述符合完整语言教育观的教学实践是(　　)。

A. 用绘画表达儿歌内容　　B. 传唱儿歌

C. 用表演诠释儿童故事　　D. 背诵、复述故事

2. 教师要通过一些活动，如经验讲述、角色扮演、参观体验、绘画表演等活动促进幼儿对文学作品的理解。此种方式属于(　　)。

A. 围绕作品开展多个活动　　B. 运用多种教学方式

C. 深入分析文学作品　　D. 引发幼儿的活动兴趣

3. 幼儿教师在《猜猜我有多爱你》教学中，用温暖的声音、饱满的情感讲故事，帮助幼儿感受小兔子和兔妈妈之间爱的表达。该做法反映出文学作品活动的价值是(　　)。

A. 提高幼儿语言欣赏水平　　B. 增加幼儿词汇量

C. 有助于幼儿学习语言结构　　D. 增加幼儿美感体验

4. 以下不属于幼儿文学作品活动目标的是(　　)。

A. 喜欢文学作品　　B. 能够背诵诗歌

C. 能够理解文学作品中的感情　　D. 能够运用文学语言

5. 幼儿学习文学作品中的语言时，应做到(　　)。

A. 积累词汇　　B. 背诵全文

C. 认识汉字　　D. 了解创作背景

6. 某幼儿教师在组织幼儿故事活动“一只猪和一百只狼”时，分析该故事为童话故事，教师在讲述过程中采用夸张、拟人等方式帮助幼儿理解故事内容。以上准备属于(　　)。

A. 故事类型划分　　B. 抓住故事主要脉络

C. 总结故事思想情感　　D. 分析故事的词汇和语法

7. 以下哪种方式不利于幼儿理解诗歌内容？(　　)

A. 图片展示　　B. 反复朗诵

C. 情景模拟　　D. 实物分析

8. 以下哪种方式不运用于幼儿的朗诵练习中？(　　)

A. 跟读朗诵　　B. 带读朗诵

C. 分小组朗诵　　D. 态势语朗诵

9. 以下不属于诗歌仿编要点的是(　　)。

A. 诗歌词汇仿编　　B. 诗歌结构仿编

C. 诗歌仿编汇总　　D. 情节的发生发展

二、判断题

1. 文学活动通过让幼儿欣赏大量优秀的文学作品，培养幼儿对文学作品的兴趣，激发幼儿参与文学活动的愿望。(　　)

2. 文学作品活动要求幼儿乐于倾听，提高倾听技能。(　　)

3. 童话故事是一种带有幻想色彩的虚构故事，通过夸张、象征、拟人的语言表现方式去塑造形象，表现生活，借助幻想创造出并不存在于现实生活的故事。(　　)

4. 幼儿初次接触故事时，最好由教师播放音频，教师可以根据实际需要，一边演示教具一边讲述。(　　)

5. 在幼儿理解诗歌内容的基础上，教师就可以教幼儿朗诵诗歌。教师可以采用教师带读的方法教幼儿朗诵诗歌。(　　)

三、简答题

1. 简述幼儿通过文学作品学习语言结构的不同层次。

2. 简述儿童诗的特征。

3. 简述分析儿童诗歌的要点。

四、论述题

1. 试述如何引导幼儿复述故事。

2. 试述教师如何组织幼儿开展仿编活动。

项目八　幼儿早期阅读活动的设计、实施与评价

学习目标

1. 了解幼儿早期阅读活动的含义和作用；
2. 明确幼儿早期阅读活动的教育目标；
3. 掌握不同文学载体的幼儿早期阅读活动的教育策略；
4. 具有幼儿早期阅读活动的评价能力。

铸魂育人

本项目在编排时选择了中华优秀传统民间故事作为幼儿早期阅读素材，旨在引导幼儿感受中华优秀传统文化的独特魅力和汉字的结构之美。同时帮助学前教育专业的学生充分了解教师在幼儿早期阅读中的作用，培养其职业道德与职业素养。

思维导图

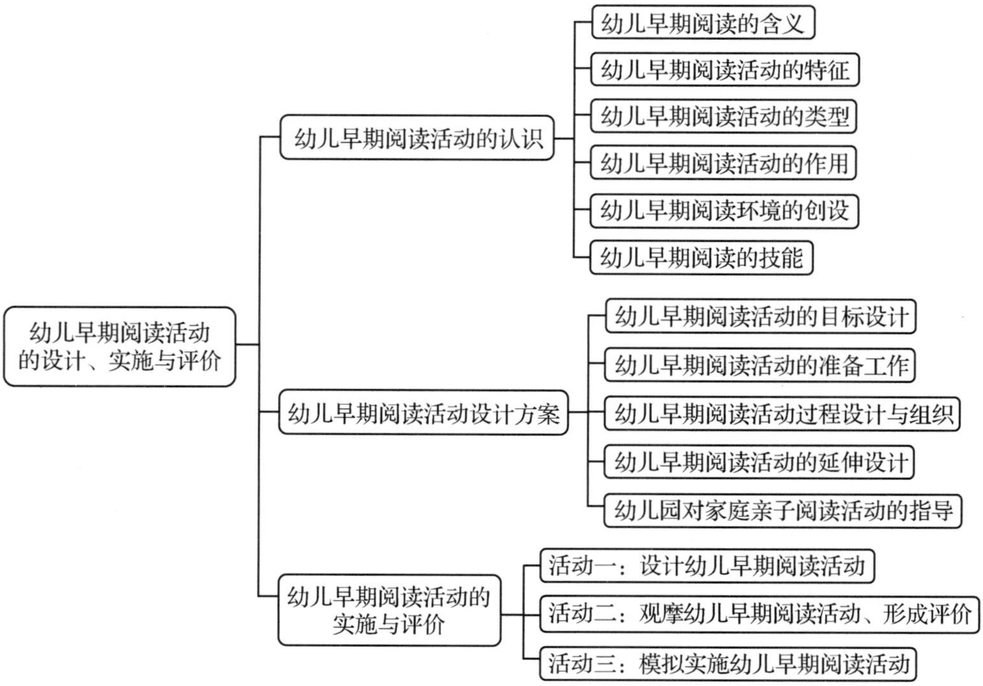

单元导入

幼儿早期阅读活动是有计划、有目的地培养幼儿书面语言的教育活动。教师如何开展幼儿早期阅读活动？能够达成什么样的教育目标？应该选择什么样的阅读材料？如何开展家园亲子阅读活动？这些问题都需要我们去研究和探索。

情境创设

幼儿早期阅读活动的活动过程如下：

1. 运用谜语进行导入。

师：小朋友们，老师有一个问题想考考大家，你们知道什么小动物有两撇小胡子，贼头贼脑，还喜欢偷东西吃吗？

（幼儿回答）

师：对，就是小老鼠。我想问问各位小朋友，你们当中有没有属相是老鼠的？

（幼儿回答）

师：大家知道今年是什么年吗？一共有多少生肖啊？你们知道生肖是如何排列的吗？

2. 幼儿自主阅读。

引导幼儿自主阅读《十二生肖的故事》绘本。

3. 师生共同阅读。

教师与幼儿一起阅读《十二生肖的故事》绘本，并让幼儿熟悉生肖的排序。

4. 生肖排序游戏。

教师给一部分幼儿发放生肖的头饰，让幼儿对生肖进行排序，再让其他没有参与游戏的幼儿检查排序是否正确。

问题思考：教师采用了什么样的方式进行早期阅读活动的导入？

图 8-1　幼儿早期阅读活动“我有友情要出租”

任务一　幼儿早期阅读活动的认识

幼儿早期阅读活动作为幼儿语言教育的组成部分，对幼儿的语言发展有着重要作用。《指南》在“阅读与书写准备”中提出了三个目标，分别是喜欢听故事、看图书，具有初步的阅读理解能力，具有书面表达的愿望和初步技能。可见早期阅读是培养幼儿书面语言意识、行为和能力的教育活动。教师在幼儿早期阅读活动中起着至关重要的作用。教师要明确社会责任，做好本职工作，不仅要在幼儿园内开展丰富多彩的早期阅读活动，还要充分发挥自身专业优势，辅助家长开展家庭亲子阅读活动。

一、幼儿早期阅读的含义

幼儿早期阅读是指0～6岁幼儿凭借变化着的色彩、图像、文字和成人形象地读讲，来理解读物的活动过程。与成年人相比，幼儿早期阅读的形式更为丰富，不仅仅是视觉活动，也是听觉、触觉的活动。幼儿早期以阅读图画为主，可以辅之少量的文字。随着信息载体的多元化，早期阅读已打破纸质载体的限制，向着多元化方向发展，比如，网络信息、影像资料、宣传广告等。早期阅读是幼儿接触书面语言的开端，具有以读图为主、选择性、视听阅读、口语与书面语同步阅读四个特点。教师应在遵循幼儿发展规律的前提下，为幼儿创造良好的阅读环境，激发其阅读兴趣；开展丰富的阅读活动，扩展其阅读经验；明确基本的阅读要求和规则，促使其养成良好的阅读习惯；倡导亲子阅读，提升其阅读效果。

考证要点：
早期阅读是指0～6岁学前儿童凭借变化着的色彩、图像、文字或凭借成人形象地读讲来理解读物的活动过程。

二、幼儿早期阅读活动的特征

（一）以系列活动为主

一本图画书的阅读，不是简单照本宣科的念书活动。阅读活动的设计不能只局限在图画书的阅读上，而是要围绕这本图画书开展一系列的教育活动。系列活动要从帮助幼儿更好地理解图书的角度出发，激发幼儿的阅读兴趣，培养幼儿良好的阅读习惯。例如，引入性活动、理解性活动和体验性活动。

（二）阅读活动的组织不能脱离图画书

过于复杂的活动可能会引起幼儿注意力的转移，使幼儿的兴趣点最终不是放在阅读上，这就是本末倒置，导致活动难以发挥其应有的作用。在开展活动的时候，教师要明确活动的目的是让幼儿更好地理解图书、体验图书。

活动开展要紧紧围绕图书的情节、人物和情感等。

（三）要创设具有幼儿游戏特点的阅读过程

幼儿阅读活动应该是充满乐趣的。要把阅读活动当作游戏来实施，而不只是简单地组织幼儿进行集体阅读。教师应该为幼儿提供多种多样有趣的阅读活动。例如，将幼儿游戏运用到早期阅读活动当中。一方面可以将阅读当作游戏，借助幼儿对游戏的热爱来激发幼儿对阅读的兴趣，让幼儿在游戏中感受阅读的乐趣。另一方面，教师可以探索在游戏中组织阅读的基本策略，组织具有游戏特点的阅读。

（四）要创设丰富的环境

良好阅读环境的创设是影响幼儿早期阅读活动的重要因素，它可以直接影响幼儿阅读兴趣的提高、阅读习惯的形成、阅读能力的培养等。阅读环境的创设可以从物理环境创设和精神环境创设两个方面进行。例如，阅读材料的投放、阅读环境的设备情况或人际关系环境等。通过创设适合幼儿的早期阅读环境，最大限度地发挥环境的作用，促进教师更好地开展幼儿早期阅读活动。

三、幼儿早期阅读活动的类型

幼儿早期阅读活动形式多样，种类众多。目前在幼儿园内开展的阅读活动形式主要有：幼儿园阅读教育活动（包括阅读区阅读活动、集体阅读活动）和家庭亲子阅读活动。

（一）幼儿园阅读教育活动

幼儿园阅读教育活动主要指在幼儿园内，教师根据幼儿年龄特点、兴趣爱好、接受能力等，为幼儿创设适合的阅读环境、提供符合幼儿需要的阅读材料，有目的、有计划地开展阅读教育活动。

（二）家庭亲子阅读活动

家庭亲子阅读活动是指父母和幼儿园互相合作，以家庭为主要场所，通过父母为幼儿提供各种阅读材料，使幼儿凭借色彩、图画、文字并在与父母的互动中理解和运用形象符号的活动。家庭亲子阅读活动是早期阅读活动的重要组成部分，不仅可以培养幼儿的阅读能力，激发幼儿阅读兴趣，而且还可以促进亲子之间的交流。

想一想

教师在家庭亲子阅读中发挥怎样的作用？

四、幼儿早期阅读活动的作用

（一）促进幼儿语言能力的发展

一是为幼儿提供种类丰富、形式多样的口头语言和书面语言的教学材料；

二是为幼儿创设各种使用语言的教育活动，为幼儿提供练习语言的机会。教师在早期阅读活动中，培养幼儿用口头语言表达书面语言的习惯，让幼儿通过阅读一些幼儿文学作品，提升词汇量，学会造句的语法。在早期阅读中幼儿通过阅读不同体裁的作品，获得不同个体的语言习惯，教师也可以创造机会让幼儿之间相互交流，使幼儿逐步学会创造性地运用语言。

(二)培养幼儿阅读习惯

早期阅读活动对于培养幼儿阅读习惯起着积极作用。幼儿文学作品以图片为主，图文并茂，很容易引起幼儿的阅读兴趣。通过阅读活动的开展，使幼儿愿意主动去读书、看书，从而养成良好的阅读习惯。幼儿通过文字阅读，接触更多的书面语言，获得与书面语言有关的态度、情感和行为。

(三)促进幼儿认知的发展

阅读是幼儿认识、感受世界的主要途径之一。处在成长中的幼儿对外界事物满怀好奇心，充满了极强的求知欲。但是由于受到各种条件限制，幼儿往往不能直接、有效地认识自己感兴趣的事物。通过阅读，幼儿能够直接形象地感知多方面的外界事物，发展智力，为幼儿今后的学习生活打下良好的基础。在早期阅读过程中，幼儿有机会接触多种语言环境，这有利于幼儿形成良好的文化积淀，进一步促进幼儿认知能力的发展。例如，童话故事教会幼儿什么是美与丑、善与恶，告诉幼儿在面对困难的时候要勇敢坚强。文学作品《葫芦娃》可以帮助幼儿认识葫芦兄弟的勇敢善良、爷爷的慈爱之心。

(四)培养幼儿的社会性

社会性也是幼儿重点发展的能力之一。早期阅读为幼儿的社会交流提供了机会。图书区角是幼儿早期阅读活动开展的形式之一，往往以幼儿集体活动为主。集体活动为幼儿之间的相互交流创造了机会，使幼儿可以学会如何与其他人交往。幼儿之间的交流也进一步培养了幼儿的语言能力。另外，幼儿的早期阅读很多时候需要成年人的帮助，图书为家长、教师与幼儿之间的交流架起了桥梁。在这个过程中，可以发展密切的亲子关系、师幼关系等，培养幼儿的社会性。

职场实训

如果组织幼儿阅读绘本《我长大了》，你该如何来进行游戏的设计呢？

教学建议：

可以围绕绘本《我长大了》设计一系列活动。

活动一：通过模仿狗熊的动作、声音等引入绘本阅读。

活动二：让幼儿展开想象，想一想自己长大以后是什么样子，能做些什么。

活动三：开展表演活动，让幼儿扮演绘本故事中的角色。

五、幼儿早期阅读环境的创设

幼儿早期阅读活动是一项长期的、复杂的活动。仅仅凭借单一的活动来进行早期阅读是远远不够的。幼儿更多时候是在环境中进行学习的，因此幼儿园需要为幼儿提供一个丰富多彩的阅读环境。

(一)立体式阅读环境

幼儿园应当为幼儿建立立体式的绘本阅读环境，在幼儿园渲染浓厚的读书氛围。从大的环境创设来说，可以在幼儿园建设专门的“阅读吧”，放置经典的阅读材料，布置专门的桌子和沙发，营造一个舒适的阅读环境，让家长和幼儿可以在幼儿园中找到适合阅读的地方。同时，要注重小环境的设立，注重幼儿园角落的设计。教师可以在班级的墙壁上设置专门的阅读板块，展示幼儿围绕阅读材料所创造的延展内容，如对绘本内容的续写等。另外，环境创设不受材料的限制，校园广播也是一种很好的途径。在广播内容中可以添加国学经典、童话、儿歌、古诗等内容。创设多元阅读环境，营造良好的阅读氛围，激发幼儿的阅读兴趣。

(二)注重阅读材料的投放

阅读材料是激发幼儿进行主动阅读的条件之一。种类丰富的阅读材料可以吸引幼儿的注意力，符合幼儿兴趣的图画书，可以激发幼儿的阅读兴趣。一是可以投放纸质好、具有一定操作性的阅读材料。对于幼儿来说，除了图画书的数量要得到保证，图画书的质量也很重要。由于幼儿肢体、大脑和眼睛之间的协调能力还比较弱，可能会造成图书破损的情况。因此提供的图书最好为硬壳封面且纸质较厚，质量好。二是阅读材料的选择最好能贴近幼儿的生活，选择幼儿熟悉的、有趣的、简单的阅读内容。图画书的画面色彩鲜艳，文字简单易懂，能帮助幼儿展开想象的空间，促进幼儿情感的发展。三是可以结合活动内容或者季节变化等，定期更换阅读内容。图画书的更新可以给予幼儿一些新的刺激，从而增进他们的阅读兴趣。

考证要点：

幼儿园阅读环境如何创设。

六、幼儿早期阅读的技能

(一)前阅读技能

在幼儿开始自主看图画书之前，教师需要为幼儿传授一定的前阅读经验，以帮助幼儿开展早期阅读活动。

第一，教师要为幼儿提供翻书的经验，使幼儿掌握翻图画书的规则和方法。一是图书要从前往后翻，在翻页的时候不能跳页，应该一页一页进行观看。二是要从上向下阅读，从左至右阅读，注意一页中的所有内容。

第二，教师要教会幼儿读懂图画书内容。让幼儿学会看图画书，能从中发现人物表情、动作、背景；能理解不同人物之间的关系和人物间的互动，能将所获得信息相互联系起来从而理解故事情节。

第三，让幼儿理解图画书画面与文字之间的关系，文字与口语之间的关系。在听教师念图画书文字或描绘图画的时候，知道是在讲画面的故事。

第四，让幼儿了解有关图画书制作的经验。明白图书上的故事是作家自己创作出来的，画面是画家画出来的，最后印刷、装订成书。

(二)前识字技能

前识字经验是指幼儿在接受学校教育之前，获得的有关符号和文字在功能、形式和规则上的意识，及在有目的、有意义的情境中初步习得有关符号与文字的经验。《指南》提出，幼儿要“能理解图书上的文字是和画面对应的，是用来表达画面意义的”并且“对图书和生活情境中的文字符号感兴趣，知道文字表示一定的意义”。

第一，幼儿能理解文字是有具体意义的，可以正确地念出文字的读音，将文字与口语对应起来。

第二，幼儿需要了解文字与其他视觉符号之间的区别。知道汉字是方块字，并且可以将汉字与图形、其他符号区分开来。

第三，明白文字的构成是有一定规则的，培养幼儿文字结构意识。

(三)前书写技能

《纲要》指出：“利用图书、绘画和其他多种方式，引发幼儿对书籍、阅读和书写的兴趣，培养前阅读和前书写技能。”前书写是指幼儿以笔墨纸张以及其他书写替代物为工具，通过画图和涂写，运用图画、图形、文字及其符号，表达信息、传递信息，与周围的同伴和成人分享、交流其思想、情感和经验的书写活动。

第一，幼儿应该学会正确的书写姿势，其中包括握笔姿势、正确坐姿、纸的摆放位置等。

第二，认识书写工具，了解铅笔、钢笔、毛笔等不同书写要求。

第三，掌握初步的书写技巧和规则。如懂得汉字分为上下结构、左右结构等。可以进行线条填画、图形临摹等。

考证要点：
前阅读技能、前识字技能、前书写技能的概念。

温馨提示

注意前识字技能与识字之间的区别，前书写技能与书写之间的区别。

任务二　幼儿早期阅读活动设计方案

幼儿早期阅读活动是有目的、有计划地发展幼儿阅读能力的活动。幼儿早期阅读活动主要分为两大类，分别为幼儿阅读活动的设计和家园亲子阅读活动。另外，早期阅读活动中最主要的阅读材料是绘本。教师在选择绘本时可以从中华优秀传统故事出发，帮助幼儿感知中华语言文字的形态美和中华故事的韵味美。

下面从幼儿早期阅读活动的目标设计、准备、过程设计与实施、延伸设计以及对家庭亲子阅读活动指导五个方面进行深入分析和具体训练。

一、幼儿早期阅读活动的目标设计

(一)幼儿早期阅读活动的目标

幼儿早期阅读活动的目标是多方面的，不仅需要注重幼儿阅读能力的培养，也要注意培养幼儿对阅读的兴趣和良好的阅读习惯等。

1. 培养幼儿对阅读的兴趣

一是幼儿早期阅读的首要目标是培养幼儿对书籍的兴趣，让幼儿愿意主动去阅读各类图画书。教师要注意引导幼儿观察图画书中各类符号，激发幼儿对文字语言产生好奇感，乐于主动去发现和探索。二是注重在阅读的过程中培养幼儿良好的阅读习惯。

2. 具有初步的阅读理解能力

引导幼儿以自己的经验为基础理解图书内容，使幼儿能够体会图书中所蕴含的情感。要帮助幼儿建立起对语音的敏感性，能将书面文字与其发音联系起来。提高幼儿对汉字特征的敏感性，逐渐引导幼儿发现汉字构成规律，使其感受文字的魅力和文学语言的美。

3. 培养幼儿的书写兴趣

幼儿早期阅读是幼儿开始接触汉字的主要途径，为幼儿了解和学习汉语言文字提供了机会。在幼儿早期阅读中要注意培养幼儿的书写兴趣，教师可以鼓励幼儿通过涂涂画画的方式来表达自己。另外，要提醒幼儿学会正确的书写姿势、坐姿和握笔姿势。

(二)幼儿早期阅读的目标设计

可以根据不同年龄段幼儿的特征来设计幼儿早期阅读的目标。目标应既不超出幼儿自身的能力范围，也对幼儿具有一定的挑战性。

1. 小班幼儿早期阅读的目标设计

一是喜欢阅读，知道阅读的基本方法，能初步理解单幅图画书的主要内容；二是能用口头语言简单描述图画书的内容；三是激发幼儿的好奇心和探索外界事物的欲望。因此在活动环节教师可以使用提问的方法，根据阅读材料的内容，教师设置相关的问题，鼓励幼儿从自身经验出发，大胆表达自己的看法，从而培养幼儿的语言表达能力。

2. 中班幼儿早期阅读的目标设计

一是能仔细观察图画书中人物的特点，鼓励幼儿感受故事中的人物形象，把握人物性格；二是能看懂单页多幅幼儿图画书的主要内容；三是懂得爱护图书，初步了解图书的制作过程，并有兴趣模仿制作图示；四是培养幼儿阅读的专注力和持久力；五是培养幼儿阅读兴趣的多样性。在活动环节教师可以使用表演的方法。教师可以制作角色的头饰、道具，让幼儿进行角色表演，从而体会故事中有趣的情节，体验各个角色的心理，把握角色形象。

3. 大班幼儿早期阅读的目标设计

一是能与同伴合作制作图画书，进一步了解图画书的构成；二是可以让幼儿体验继续编故事的乐趣，提高幼儿的语言能力；三是掌握基本的书写姿势。教师可以通过续写的方式开展活动。教师可以组织幼儿进行小组讨论，让幼儿想一想自己想让故事如何发展，如果自己是主人公会采取怎样的行动，再让幼儿将编写的故事用绘画的形式记录下来，讲给其他小朋友听。

二、幼儿早期阅读活动的准备工作

幼儿早期阅读的准备工作主要体现在阅读材料的选择上，教师应该选择适合幼儿的阅读材料。教师根据幼儿阅读材料自身的特点来设计活动并以此为基础进行准备工作。

考证要点：

幼儿早期阅读的目标设计。

（一）阅读材料的选择

教师要根据幼儿的年龄特点和阅读活动目的选择合适的阅读材料。只有符合幼儿年龄特点和认知规律的阅读内容，才能引起幼儿的兴趣，实现最佳的教学效果。

图书内容应贴近幼儿生活，主要以图画为主，辅之以文字。情节简单、主题突出、色彩明快的图书比较适合幼儿进行自主阅读。

阅读材料的选择除了要考虑幼儿的兴趣之外，还要注意符合幼儿前阅读经验。教师要根据幼儿的前阅读经验，选择恰当的早期阅读活动材料。

教师根据自身的教育目的选择合适的阅读材料，有计划、有组织地设计阅读活动，帮助幼儿提升语言能力，促进幼儿发展。如绘本作为一种常见的阅读材料在幼儿早期阅读活动中经常用到。绘本主要以童话故事为主，内容涉及科学、健康、社会等方面的各种知识，配以充满艺术气息的图画，吸引幼儿的注意力。在分析幼儿绘本故事的时候不仅要注意到文字内容所表达的信息，更要注重图画信息。

考证要点：
幼儿早期阅读材料选择。

典型案例

怎么吃饭才营养呢？食物中富含各种营养成分，红色的营养能够造血，促进肌肉、骨骼和牙齿生长，黄色的营养能够让身体充满活力，而绿色的营养则能调节身体的状态。只有每天均衡地摄入三种营养，身体才会保持健康。①

(二)教学材料的准备

幼儿以无意注意为主，具体形象思维占主导地位，因此需要教师为幼儿塑造一个活生生的、可以真实感受的多彩世界。具有一定情境性的早期阅读活动能激发幼儿对阅读的兴趣，使幼儿更好地融入其中，理解故事内容。教师在设计幼儿绘本活动时，应努力为幼儿创设一个与阅读材料相匹配的阅读环境，让幼儿在充满情感与魅力的情境中感受阅读魅力。这就需要教师根据阅读材料的内容准备教学材料。

1. 角色人物

教师可以根据阅读材料中出现的角色来准备材料。如果材料中的人物角色以小动物形象为原型，就可以运用一些小动物的头饰或是动物玩偶等。如果材料中的角色涉及不同的职业，可以选择能表现该职业特点的道具，如出现司机的形象可以使用方向盘作为道具。

典型案例

绘本故事《彩虹色的花》情境创设：

师：小朋友看看老师手里拿的是什么？(展示道具彩虹色的花)

(幼儿回答)

师：对！是一朵彩虹色的花。今天啊我们就来讲一个故事，故事的名字就叫《彩虹色的花》。

思考分析：

1. 请分析以上情境设置是如何引起幼儿学习兴趣的。
2. 请分析以上情境设置是如何与故事主题相联系的。

2. 故事环境

教师也可以从故事的背景环境出发来准备材料。例如，如果故事背景发

① 岩间范子编，王成昆译：《怎么吃饭才营养》，6～7页，西安，陕西人民教育出版社，2016。

生在森林当中，教师就可以对教室进行适当的布置，使用大树道具等，创设出一个森林的环境。

三、幼儿早期阅读活动过程设计与组织

幼儿早期阅读活动并不是单一的活动，而是由多个环节构成的。教师在设计的过程中要巧妙构思，将不同的环节组合起来，成为一个完整活动。

(一)幼儿自主阅读

早期阅读活动主要以幼儿自主阅读为主，教师在设计活动时，可以让幼儿先自己阅读。但是这不意味着教师可以完全放手，而是应该做好引导的工作。

1. 活动导入

在阅读之前，设置与阅读内容有关的材料，例如，制作与阅读任务相关的幻灯片、人物或动物头饰等，吸引幼儿的注意力，激发幼儿的阅读兴趣。

另外可以运用提问法，设置疑问、布置阅读任务，引导幼儿一边阅读一边思考。例如，教师可以让幼儿观察图画书封面，然后让幼儿猜一猜发生了一个什么样的故事。

典型案例

幼儿园阅读活动“变色蜗牛”

师：小朋友仔细听一听，是谁来了？窸窣、窸窣，是谁慢慢地爬过来了？(展示小蜗牛的图片，教师模仿动作)

(幼儿回答)

师：那大家想不想知道小蜗牛每天都吃什么呢？吃完以后会发生什么事呢？(引导幼儿自主阅读)

思考分析：

1. 请分析以上情境设置是如何引起幼儿学习兴趣的。
2. 请分析以上情境设置是如何与故事主题相联系的。

2. 提出阅读要求

在阅读过程中应当向幼儿提出阅读要求。一是阅读时要保持安静；二是身体要坐正，眼睛注视图书。三是一页一页地翻看。提出阅读要求可以帮助幼儿养成良好的阅读习惯。

3. 仔细观察和指导

在幼儿进行自主阅读的时候教师要在一旁认真观察。一是注意幼儿的阅读方法是否正确，如阅读时翻页是否从第一页翻到最后一页，有没有跳页、漏页的问题。二是幼儿的阅读习惯是否良好，能否安静阅读，认真阅读。三是幼儿在阅读过程中遇到了哪些困难。

(二)师生共读材料

在幼儿完成自主阅读后，教师应当开展师生共同阅读活动，帮助幼儿进

一步理解图书内容。

第一，分析主要文字内容。

图画书的文字内容较少，却能清晰描述出故事主人公的性格特征和完整的故事主线。如绘本故事《跑得太快的斑马》，该绘本准确地描述了斑马在游戏中只在乎自己的感受，忽视朋友的自私形象。同时也描述了这个绘本故事的主线内容，斑马、大象和小鸟本是好朋友，可是斑马在游戏时一心只顾自己玩乐，却忽视了朋友们的感受，结果没人愿意再跟他玩了。经过风雨洗礼，大象和小鸟意识到他们还牵挂着斑马，而斑马也反省了自己，并认识了新朋友。最后大家重归于好。通过这个故事，幼儿应发现只顾自己的感受是不行的，还应该考虑到他人这一道理。因此抓住图画书的主要文字内容，便能得知故事的主题和所要表达的思想内涵。

第二，分析主要图画内容。

幼儿早期阅读材料有着丰富的图画，因此在分析一本图画书时不能忽视图画部分。比起文字信息，幼儿对图画更感兴趣。绘本生动形象的图画能给幼儿留下深刻的印象，在幼儿的脑海中描绘出一个个精彩绝伦的故事。再搭配上简单的文字，能更好地帮助幼儿理解绘本内容。在视觉想象和语言文字的互相配合下，幼儿能更充分理解文字的内涵、图书的艺术，从而使自己的语言能力得到进一步的发展。

第三，灵活的讲述方法。

教师可以配合阅读材料将故事内容再为幼儿讲一遍。这个“讲”不单单是将书面文字向幼儿念一遍，而是要让幼儿真正理解图画书的内容。

首先，教师在讲述故事的时候应当注意图文结合。一是图画书语言都短小精练，有的时候可能一页都是图画，一个字都没有。这就需要教师用生动准确的文字来为幼儿描述图画内容。如《彩虹色的花》画面是一只灰色的老鼠，它的尾巴后面绑着一片蓝色的花瓣。教师可以这样描述花鼠：小老鼠开开心心地接过蓝色的花瓣，挠着脑袋想了想，把花瓣绑在了自己的尾巴上面。小老鼠得意地扭过头，晃晃自己的尾巴，满心欢喜地看着这片花瓣，心里想着，这个花瓣真好看。同时教师还可以用动作模仿小老鼠的动作，将图画、语言、动作结合起来，也可以请幼儿一起来模仿小老鼠的动作。二是部分图书具有重复的画面和语言，构成旋复式结构。重复的文字和结构可以加深幼儿对文字使用和故事情节的印象。教师应该学会运用这些重复的画面和文字，引导幼儿说一说故事中的语言。

职场实训

假如你是幼儿园教师，请你根据不同年龄的幼儿设计教师示范阅读的具体方法。

典型案例

幼儿园阅读活动“变色蜗牛”活动环节：

师：小朋友们，小蜗牛每天都吃这么多好吃的东西，多开心！如果你给小蜗牛送好吃的东西，你会给它吃什么呢？它会变成什么颜色的蜗牛呢？(鼓励幼儿用“第七天，它吃了……变成了一只什么颜色的蜗牛”来造句)

思考分析：

1. 请分析以上活动设置可以培养幼儿哪方面的语言能力。
2. 请分析以上活动设置如何培养幼儿的语言能力。

其次，教师可以采用提问的方式，让幼儿回答。一方面可以让幼儿参与到师生共同阅读的环节中，另一方面教师也可以有效了解幼儿的掌握情况。但是要注意在提问的时候，一是要避免一问一答的模式，这样就显得提问非常死板，幼儿很容易失去兴趣，从而打击幼儿的阅读积极性。另外，只有个别幼儿参与活动时，教师无法掌握全部幼儿的情况，没有被问到的幼儿对阅读活动的参与度会大大降低。二是对不同年龄阶段的幼儿有不同的提问方式。对于小班的幼儿，教师要重点提问幼儿对单页单幅画内容的掌握情况，并能使用一段话而非几个字来描述画面。对于中班的幼儿，要能理解多幅画面的内容，并将其联系起来，还可以让幼儿学习如何根据故事内容为图书命名。对于大班的幼儿，要让幼儿能讲清楚复杂的情节，并且可以按照不同发展线索将故事分成不同部分进行描述。让幼儿学习如何用一句话归纳图画书的内容，并可以预测接下来的故事发展情节，可以进行简单续写。

(三)幼儿讲述图书内容

教师应该给予每个幼儿进行图书故事讲述的机会，以激发幼儿参与活动的积极性。常见的几种幼儿讲述图书内容的方式有小组讲述、集体讲述和合作讲述。

第一，幼儿讲述图书时，教师要注意对幼儿进行引导。幼儿在讲述中出现问题时，教师要及时记下，在幼儿讲述完成后，教师要及时给予指导。

第二，教师要及时鼓励幼儿，增强幼儿的自信心。

第三，教师可以使用不同方式开展幼儿讲述图书活动。如戏剧表演活动，教师可以提供图画书中角色的头饰和道具，让幼儿自主选择表演绘本中的内容。一方面，让幼儿念出故事角色的台词，锻炼幼儿的语言能力。另一方面，让幼儿当众表演，增强幼儿的自信心。教师还可根据故事的不同，组织一些小的阅读活动游戏。例如，可以开展排序游戏。教师先将绘本拆成单页，然后再让幼儿根据故事情节，在桌子上进行排序后，再将故事讲述出来。

想一想

教师应当如何开展幼儿自主讲述故事活动？

四、幼儿早期阅读活动的延伸设计

戏剧表演作为幼儿表演游戏的一种，也能为幼儿早期阅读活动平添一份乐趣。将绘本阅读语言与幼儿戏剧表演有机结合起来，让幼儿参与、体验、创造与享受这一过程，既可提高幼儿的阅读与学习能力，也可以激发幼儿的学习兴趣，让幼儿快乐阅读。

（一）绘本戏剧主题活动设计

绘本戏剧主题活动设计就是从绘本故事的主题和内容出发，充分挖掘绘本故事自身的内涵，在此基础上开展一系列戏剧活动，这不仅能够提高幼儿的文学素养，还能增强幼儿的想象力和创造力。幼儿戏剧教学活动策略主要有以下三条。

第一，角色塑造策略。教师引导幼儿通过对绘本角色的理解，挑选出合适的角色进行扮演。幼儿在理解的基础上，用动作或是语言表现角色的外在形象、经典动作、说话方式等。

第二，情节创作策略。绘本戏剧的情节应该以绘本故事为依托，但是也不能直接照搬照抄。教师可以引导幼儿展开想象，以绘本为基础，不断产生新的想法，并将内心的想法表演出来。教师带领幼儿通过探索角色内心活动，揣摩角色性格特点来带动情节创作，使创作的情节既有趣味性，也不会超脱绘本。

第三，场景创作策略。场景创作通常与角色创作和情节创作结合起来。根据所创作的角色和情节，描绘出相符的场景，使角色和情节更加生动形象。教师可以带领幼儿一起想象故事的发展进程，以动态方式进行场景创作，使其符合故事情节。

（二）绘本戏剧教学活动流程

幼儿戏剧教学活动流程主要由三个层面构成。

第一层面是情境导入。教师可以采用多种方式，例如，语言描述法、动作模仿法、想象情境法等，将故事中的角色、事物、场景、时间等紧密联系起来，让幼儿仿佛置身其中。

第二层面是戏剧创作。教师根据人物对话、情节冲突等，引导幼儿展开想象，进行戏剧创作。

第三层面是戏剧赏析。幼儿不仅是戏剧的参与者、扮演者，同时也是戏剧的欣赏者。教师应引导幼儿欣赏和感受戏剧的魅力，让幼儿学会评价戏剧。

（三）绘本戏剧主题活动设计方案

第一，明确设计意图。教师应明确活动能满足幼儿什么样的需求，培养幼儿什么样的能力，围绕设计意图来开展活动。

第二，教师在开展活动之前必须熟识绘本的故事内容，对于角色关系、角色性格、情节发展脉络、绘本的主题等了然于心，如《会飞的抱抱》这一故事主要表达的就是小猪对小猪奶奶的爱。

第三，教师要设定切实有效的教育目标。教学目标的设定应该从多方面进行考虑，而不应该只局限在语言能力方面。如《会飞的抱抱》在情感方面的教育目标即让幼儿感受家人之间的爱和幸福；语言方面即提高幼儿的语言表达能力；戏剧方面即让幼儿学会通过语言、动作等表达爱。

第四，教师在进行绘本戏剧活动之前需要准备大量的教学材料，教师可以利用已有的素材或者现成的道具，也可以根据需要自己制作相关道具。例如，《会飞的抱抱》教学材料包括：《会飞的抱抱》读本、教学课件以及小猪和小猪妈妈、小猪奶奶、各种动物邮递员的头饰等。

典型案例

绘本戏剧活动“会飞的抱抱”讲述故事环节：

师：小朋友们，这里老师就要考考大家了，好大的抱抱是什么样子啊？有没有小朋友可以示范一下？

请分析教师是如何将绘本故事变得有趣起来的。

第五，教师要进行具体的教学设计。在活动引入环节，教师可以通过谈话、动作表演或图片展示的方式引入活动。例如，《会飞的抱抱》里教师通过提问的方式引入活动，如询问幼儿有没有想念的人，如何向自己想念的人表达思念与爱意等。在戏剧表演开始之前，教师要做好幼儿的阅读指导，让幼儿先熟知绘本故事内容，了解绘本故事的情节和人物。

第六，教师与幼儿一起演绎故事，共同开展戏剧活动。一是角色塑造。教师可以邀请一些幼儿把故事中不同的角色形象表演出来。如《会飞的抱抱》故事中，教师可以让幼儿用动作模仿小猪、兔子、绵羊、狗熊等。另外，教师还可以要求幼儿模仿邮递员。二是选择重点场景进行表演。教师可以通过询问幼儿，了解幼儿感兴趣的场景进行表演活动。三是分组创作，教师将幼儿分成小组进行表演活动时，可以让幼儿自己展开想象，锻炼幼儿的想象力，让戏剧更加生动有趣。教师在幼儿表演结束后要及时鼓励他们，增强他们的自信心，提高其活动参与积极性。

第七，教师要组织幼儿进行交流和分享。教师可以邀请幼儿谈谈自己从故事和表演当中受到的启发，或者是懂得了什么样的道理。一方面考查幼儿对绘本的理解程度，另一方面是对幼儿口语表达能力的锻炼。教师也可以根据故事内容进行总结和升华。例如，《会飞的抱抱》当中教师可以鼓励幼儿勇敢表达自己的爱，做一个温暖的人，将爱传递出去。

五、幼儿园对家庭亲子阅读活动的指导

幼儿园可以与家庭合作，共同举办活动。一方面，幼儿园可以对家长进行理论指导，让家长在家庭中科学地指导幼儿，进行亲子阅读。另一方面，幼儿园也可以作为主办方举办“亲子交流会”等活动，组建一个教师、家长和幼儿可以互相交流的平台，在幼儿园内实现家庭亲子阅读。

> **考证要点：**
> 家庭亲子阅读活动指导。

(一)家庭亲子阅读活动指导

1. 注重环境创设，为幼儿提供一个良好的家庭读书氛围

家庭环境对于家庭亲子阅读活动的开展非常重要。如果想让幼儿在家庭中主动阅读，我们需做到以下几点。第一，要为幼儿创造一个爱阅读的环境，家长应该以身作则，主动与幼儿交流，共同开展阅读活动，让幼儿在家里也能感受到浓浓的阅读氛围。第二，创建一个安静的阅读环境，让幼儿能够在独立自主的阅读空间中阅读。第三，有适宜幼儿阅读的读物。家长可以带幼儿到书店选购图书或者到图书馆阅读，使幼儿有机会接触更多类型的图书，让幼儿根据自身的兴趣，选择自己真正喜爱的图书，从而激发幼儿的阅读兴趣。

2. 注重培养幼儿良好的阅读习惯，保证阅读时间

家长帮助幼儿养成良好的阅读习惯。一是阅读时，要规范幼儿阅读行为，使幼儿做到认真阅读。对于幼儿不正确的坐姿，如趴在桌子上读书等要及时给予纠正。二是阅读结束后，要督促幼儿将图书放到指定的位置。

家长要保证幼儿的阅读时间，不能随意打扰幼儿。另外也不要因为一些其他的计划打断幼儿的阅读计划，如在外出旅游的时候，也可以带上几本幼儿喜欢的图书，让幼儿在旅游中也可以进行阅读。

3. 科学指导，激发幼儿的阅读兴趣

如果家长缺乏对于幼儿阅读目标的正确认识，在为幼儿计划阅读目标时可能会脱离幼儿自身的特点和适应能力。有时家庭在对幼儿进行阅读指导的时候会过分强调让幼儿进行识字、复述和朗读，这样就忽略了幼儿自身对阅读的兴趣。家长应该尊重幼儿的兴趣，注重培养幼儿的独立阅读和自主探索精神。另外有些家长会过分注重幼儿对故事情节的理解，将阅读活动变成了一项任务，而忽视了幼儿在阅读活动中的情感体验。

温馨提示

注重教师在家庭亲子阅读活动中的作用。

家长应该注意到幼儿阅读活动与成人阅读活动有着本质上的不同。幼儿

阅读的主要目标不是让幼儿识字或是学会朗读，而是让幼儿感受文字的魅力，让幼儿真正喜欢阅读，愿意去阅读。

(二)家园共育亲子阅读活动

1. 家园共育亲子阅读特点

以对家长的辅导为主。幼儿园可以通过讲座等方式请园内教师或者外聘专家向家长传授亲子阅读的相关知识和经验。幼儿园还可以开展咨询活动，解决家长在实际中遇到的问题和困难。

重视幼儿园与家长之间的合作。幼儿园可以组织如“家长开放日”或是“幼儿园亲子阅读活动”，将家长请进幼儿园当中，家长、教师和幼儿三方一起开展亲子阅读活动。教师可以对家长在亲子阅读活动中遇到的问题及时给予反馈。

2. 阅读材料的选择

首先，应弄清图与文字的关系。家长应尽可能按照丰富多彩、生动形象的选择原则，以幼儿自身的学习特点和兴趣爱好为核心帮助幼儿进行阅读材料的选择。其次，注重亲子阅读材料的多样性。最后，在阅读材料选择上应具备年龄特点。家长应选择短小精悍的阅读内容，使幼儿能够在短时间内进行阅读，以提升阅读效率。

3. 家园亲子活动设计

(1)宣传动员

幼儿园可以通过多种方式向家长进行宣传，如通过社交平台，以短信的方式或者向家长发放“亲子读书活动倡议书”等。在通知家长的同时要详细说明此项活动的目的和意义。鼓励家长积极参加活动，在学校和家庭中形成读书的热潮。

(2)方法探讨

在亲子阅读获得家长认同的基础上，教师可以开展家长座谈会。在座谈会上，教师可以提出一些切实可行的亲子阅读计划，家长可以对这些计划提出反馈意见。教师与家长一起完善亲子阅读活动方案。一是教师和家长可以联合制订一个切实可行、明确清晰的亲子阅读计划，如可以确定每周阅读图书的数量、每天的阅读时间。二是教师可以从自身经验和专业知识出发，为亲子阅读设计多种有趣的活动和游戏，打造良好家庭阅读环境。三是教师向家长建议写一份亲子阅读报告，谈一谈幼儿的收获与趣事，这样教师也可以及时得知家庭中亲子阅读的情况。

职场实训

根据以上规则要求，假如你是幼儿园教师，请制作一份教师组织家长座谈会的大纲。

(3)开展幼儿园内阅读活动

幼儿园可以开展不同活动，来丰富亲子阅读，真正做到家园合作。

第一，教师可以邀请家长来到幼儿园中与孩子共同参加表演活动。通过扮演故事中的不同角色，家长与幼儿的角色发生了转变，这样不仅可以提升幼儿的阅读水平，还可以增加家长与孩子之间配合的默契度，丰富两者之间的交流。

第二，教师可以直接在幼儿园内开展亲子阅读活动。幼儿园可以建立专门的场地，为家长和幼儿提供一个安静舒适的场所。家长之间可以交换图画书，给幼儿更多机会读到不同的图画书。另外教师可以进行观察，对于家长出现的亲子问题可以及时给予指导。家长也可以趁此机会与其他家长共同探讨亲子阅读的经验。

第三，教师直接进行示范指导。教师可以分批组织家长来幼儿园，与幼儿一起参加早期阅读活动，让他们通过直接观察发现亲子阅读活动的技巧。教师也可以让家长学会根据幼儿不同的年龄阶段来开展亲子活动。例如，在小班举行阅读活动时，教师运用教具、多媒体等多种道具，富有感情地为幼儿讲述图画故事，将生硬的文字表演成生动的童话剧。在为大班讲述的时候，教师则要鼓励幼儿自己讲述图画书故事，并引导幼儿想象和思考。根据幼儿的实际阅读需求而开设的阅读活动更能引起幼儿的兴趣。

想一想

教师应当如何指导家长进行亲子阅读?

任务三　幼儿早期阅读活动的实施与评价

幼儿早期阅读的组织与实施需要从两个方面进行，一是在幼儿园开展的早期阅读活动的赏析、评价；二是在家庭里开展的亲子阅读活动的赏析、分析。

活动一：设计幼儿早期阅读活动

请阅读以下材料，设计绘本阅读活动教案，并以小组为单位模拟实施活动过程。

(一)活动方式

分小组进行，建议 4～6 人为一组，组内学生合作完成活动。

(二)活动要求

(1)教案要求有活动目标、活动准备、活动过程和拓展延伸部分。

(2)活动设计要求完整。

根据任务二所阐述的内容，要求活动设计中包含教案所设计的四部分内容，即活动目标、活动准备、活动过程和拓展延伸。

(3)活动环节设计准确。

(三)活动素材

幼儿绘本 PPT《小猪变形记》。

扫描二维码，查看具体活动素材内容。

幼儿绘本 PPT《小猪变形记》

(四)活动实施

(1)课下以小组为单位，学生互相讨论，形成教案。组内学生是合作分工的关系，学生集思广益共同策划活动，并将小组讨论的活动教案记录下来。

(2)以小组为单位向教师提交活动设计教案。

(3)教师评价。教师可以以书面的形式反馈，也可以以小组答辩或线上的方式进行讨论。

活动二：观摩幼儿早期阅读活动，形成评价

首先通过阅读、观摩、评价不同的早期阅读活动，对幼儿早期阅读活动的组织和指导有初步的了解。其次展开重点环节的训练，掌握开展幼儿早期阅读活动的基本技能。比如，教师要具备筛选适合不同年龄段幼儿图书的能力；具备用生动语言讲解幼儿图画书的能力；具备根据图画书开展活动或游戏的能力；具备指导家长进行亲子活动的能力。

(一)活动方式

分小组讨论。

(二)活动要求

观摩：

(1)详细记录活动过程。

(2)记录该活动过程中你的感受和观点。

小组讨论分析：

(1)教具是否准备充分？是否恰当？

(2)能否自然引出阅读主题？

(3)能否巧妙地引起幼儿的阅读兴趣？

(4)教师设置的各个环节是否与图画书相关？能否为阅读活动服务？

(5)教师对于幼儿阅读的指导是否到位？

(6)师生之间的互动是否融洽？是否能引起幼儿的想象？

(三)活动素材

幼儿园中班早期阅读活动教案《我有友情要出租》；幼儿园中班早期阅读活动实录《我有友情要出租》。

典型案例

扫描二维码，查看具体活动素材内容。

幼儿园中班早期阅读活动教案《我有友情要出租》

幼儿园中班早期阅读活动实录《我有友情要出租》

(四)活动实施

(1)在教室内播放课堂实录视频，说明活动要求。

(2)小组按照活动要求中的问题讨论视频。

(3)教师巡回指导，并且观察普遍问题，统一讲解。

活动三：模拟实施幼儿早期阅读活动

该活动是实践的最后一个层次，由学生扮演教师实施自己设计的幼儿早期阅读活动。

(一)活动方式

小组模拟教学。

(二)活动要求

(1)小组内学生自由分配角色，两名学生扮演教师，其余学生扮演幼儿。在课下排练实施课堂教学活动。

(2)课堂中，学生以小组为单位现场模拟实施教学活动。

(3)每组模拟实施后，教师根据实施效果进行评价，并且引导其他学生进行相互评价。

学习评价与反思

本项目学习完了，你认为自己学得怎么样？是否理解了幼儿早期阅读活动的含义、特征、分类及意义？能否独立完成幼儿早期阅读活动的设计？能否很好完成幼儿早期阅读活动的实施与评价？请把你的感悟写在下面吧！

记录与反思：

____

____

思考与练习

一、基础理论

思考与练习答案

(一)单项选择题

1. 下列关于前阅读技能说法不正确的是(　　)。

A. 提供翻书的经验

B. 提供理解图书内容的经验

C. 明白画面与文字之间的关系

D. 学会正确的握笔姿势

2. 下列关于幼儿绘本故事分析说法正确的是（　　）。

A. 只需要分析文字不需要分析画面

B. 只需要分析画面不需要分析文字

C. 要将文字与画面结合起来

D. 以上说法都不正确

3. 下列不是幼儿早期阅读技能的是（　　）。

A. 前阅读技能　　B. 前描述技能

C. 前书写技能　　D. 前识字技能

4. 下列关于幼儿阅读活动设计原则说法不正确的是（　　）。

A. 幼儿早期阅读活动应该设计成系列活动

B. 阅读活动可以完全脱离阅读材料进行

C. 创设具有幼儿游戏特点的阅读过程

D. 幼儿戏剧教学活动可以运用到幼儿早期阅读活动当中

5. 下列关于幼儿早期阅读材料说法正确的是（　　）。

A. 绘本故事可以作为幼儿早期阅读的材料

B. 街边的广告可以作为幼儿早期阅读的材料

C. 小学语文课本可以作为幼儿早期阅读的材料

D. 产品包装盒可以作为幼儿早期阅读的材料

（二）判断题

1. 家庭亲子阅读不属于幼儿早期阅读的一部分。（　　）

2. 幼儿戏剧教学活动流程主要有情境导入、戏剧创作、戏剧赏析三个层面。（　　）

3. 幼儿园需要为幼儿建立立体式阅读环境。（　　）

（三）名词解释

1. 幼儿早期阅读

2. 家庭亲子阅读

（四）简答题

简述幼儿早期阅读的作用。

二、实践操作

1. 根据幼儿早期阅读要求，设计一个家庭亲子阅读活动方案。

2. 根据前识字技能要求设计一个活动方案。

单元综合检测题一参考答案

单元综合检测题一

一、单项选择题

1. 以下哪个选项不是幼儿早期阅读的特点之一？（　　）

A. 以读图为主　　B. 选择性

C. 口语与书面语同步阅读　　D. 可视阅读

2. 以下哪个选项不能作为幼儿早期阅读的材料？（ ）

A.《小石潭记》 B. 绘本故事《我长大了》

C. 街边汽车广告 D. 绘本视频

3. 幼儿园早期阅读活动材料选择（ ）。

A. 文字 B. 图画

C. 以图画为主，辅之以文字 D. 以文字为主，辅之以图画

4. 以下哪个选项不是幼儿早期阅读活动的设计原则？（ ）

A. 幼儿早期阅读活动应该设计成系列活动

B. 定期更换阅读内容

C. 阅读活动的组织不能脱离图画书而要围绕书本的内容来设计

D. 要创设具有幼儿游戏特点的阅读过程

5. 以下哪个选项不是幼儿戏剧教学活动策略？（ ）

A. 道具制作策略 B. 角色塑造策略

C. 情节创作策略 D. 场景创作策略

6. 幼儿早期阅读是针对（ ）学前儿童的。

A. 0～6 岁 B. 3～6 岁 C. 0～3 岁 D. 6 岁以后

7. 幼儿的语言能力是在（ ）过程中发展起来的。

A. 讲话 B. 阅读 C. 运用 D. 倾听

8. 下面哪项不是幼儿早期阅读的具体内容？（ ）

A. 前阅读技能 B. 前识字技能 C. 前书写技能 D. 前理解技能

9. 以下关于幼儿图画书的特点，说法正确的是（ ）。

A. 字数要多 B. 内容与幼儿生活无关

C. 图画颜色要鲜艳 D. 图文内容要不一致

10. 前阅读技能不包括下列哪项？（ ）

A. 翻书的动作 B. 识字写字

C. 按顺序阅读 D. 明白页码的作用

二、判断题

1. 早期阅读活动的开展主要以教师指导阅读为主 。（ ）

2. 教师指导幼儿认识绘本时需要指导包括绘本的封面、环衬、扉页、封二、封三及封底。（ ）

3. 幼儿以无意注意为主，具体形象思维占主导地位。（ ）

4. 家庭亲子阅读活动与幼儿教师无关。（ ）

5. 学习书写汉字是幼儿早期阅读的目标之一。（ ）

三、名词解释

1. 幼儿园阅读教育活动

2. 前识字经验

3. 前阅读

四、简答题

1. 简述早期阅读对幼儿语言发展的重要性。

2. 如何创设幼儿园早期阅读活动环境?

五、案例分析题

1. 家庭亲子阅读存在价值认识功利化的问题。很多家长对亲子阅读的价值认识趋于功利化。大部分家长把亲子阅读教育等同于识字，把幼儿的阅读活动误认为是教幼儿识字和对幼儿进行早期智力启蒙。

请结合实际情况谈谈，作为幼儿教师应该如何纠正家长错误的认识。

2. 老师发现小明在进行自主阅读的时候，总是左顾右盼，自言自语，翻书时总是跳页，有时候还会将书页撕破。

请结合学过的知识，分析教师应如何改变这种情况。

单元综合检测题二参考答案

单元综合检测题二

一、单项选择题

1. 下列哪个选项是设计和组织幼儿园早期阅读活动应遵循的基本步骤?(　　)

A. 师生共同阅读—幼儿自主阅读—围绕阅读重点开展活动—归纳阅读内容

B. 幼儿自主阅读—师生共同阅读—围绕阅读重点开展活动—归纳阅读内容

C. 幼儿自主阅读—师生共同阅读—归纳阅读内容—围绕阅读重点开展活动

D. 师生共同阅读—幼儿自主阅读—归纳阅读内容—围绕阅读重点开展活动

2. 以下哪个选项可以作为幼儿早期阅读的材料?(　　)

A. 街边的广告　B. 小说　C. 小学教材　D. 英文原著

3. 以下哪个选项不是幼儿戏剧教学活动流程的主要层面?(　　)

A. 角色分配　B. 情境导入　C. 戏剧创作　D. 戏剧欣赏

4. 幼儿无法通过早期阅读活动掌握的是(　　)。

A. 翻书的能力　B. 了解汉字构成的规律

C. 正确的握笔姿势　D. 流畅书写汉字的能力

5. 以下哪个选项不是幼儿早期阅读的教育目标?(　　)

A. 提高幼儿学习文字语言的兴趣

B. 建立口头语言与书面语言的对应关系

C. 培养对文字语言的视觉感知和辨别的能力

D. 认识大量的汉字并学会书写

6. 下列关于前阅读技能说法不正确的是(　　)。

A. 提供翻书的经验　　B. 提供理解图书内容的经验

C. 明白画面与文字之间的关系　　D. 学会正确的坐姿

7. 下列哪种教师行为不应该出现在幼儿自主阅读环节?(　　)

A. 巧妙导入　　B. 提出阅读要求

C. 大声给予指导　　D. 仔细观察和指导

8. 以下哪个选项不是幼儿早期阅读的特点?(　　)

A. 以读图为主　　B. 选择性

C. 大量文字阅读　　D. 口语与书面语同步阅读

9. 下列关于幼儿早期阅读说法错误的是(　　)。

A. 家长不需要参与到幼儿早期阅读活动当中

B. 幼儿早期阅读活动可以提高幼儿学习文字语言的兴趣

C. 教师可以运用绘本故事开展活动

D. 幼儿早期阅读活动可以加入游戏

二、判断题

1. 幼儿早期阅读的首要目标是教会幼儿识字。(　　)

2. 绘本活动必须让幼儿严格按照绘本内容进行，不可以随意创作。(　　)

3. 幼儿的主要内容是发展口头语言，所以不必关注幼儿的书面语言。(　　)

4. 家庭亲子阅读活动是帮助幼儿成为自主阅读者的重要途径。(　　)

5. 幼儿早期阅读可以通过单一的活动展开。(　　)

三、名词解释

1. 前书写

2. 绘本阅读教育活动

3. 绘本戏剧主题活动设计

4. 幼儿早期阅读活动

四、简答题

1. 早期阅读与幼儿的全面发展之间有何关系?

2. 幼儿早期阅读的目标是什么?

五、案例分析题

1. 教师在幼儿自主阅读的时候提出三个要求：第一，要求幼儿将绘本像传递接力棒一样，一个接一个传递下去；第二，找到最喜欢的一页，并能说出页码；第三，请幼儿说一说这一页上都有什么。

请分析教师培养了幼儿哪方面的能力。

2. 教师在开展绘本阅读《我爱妈妈》时，先播放歌曲《我的好妈妈》并据此向幼儿提出问题。

师：刚才你在歌曲中听到了谁？

幼：……

师：对，我们听到了我们的妈妈。大家喜不喜欢自己的妈妈啊？

幼：……

师：今天我们绘本故事的主角小熊也有妈妈。我们看一看小熊与妈妈都发生了什么事情，我们跟妈妈之间有没有发生过相同的事情。这些答案就在书里，请你拿起书，一页一页地往后看。

请分析教师是如何开展幼儿自主阅读的。

项目九　幼儿语言区角活动的设计、实施与评价

学习目标

1. 理解幼儿语言区角活动的含义、特点和价值；
2. 了解幼儿语言区角活动的种类、环境创设和材料特供的要求；
3. 具有幼儿语言区角活动的评价能力；
4. 能完成幼儿语言区角活动的设计和组织。

铸魂育人

本项目在编排时立足于幼儿全面发展的基本原则，树立教师促进幼儿全面发展的教育观念。语言区角活动的设计与指导要求教师时刻关注幼儿，对幼儿的发展水平进行准确分析和评估，旨在锻炼学生树立科学的儿童观和教育观。

思维导图

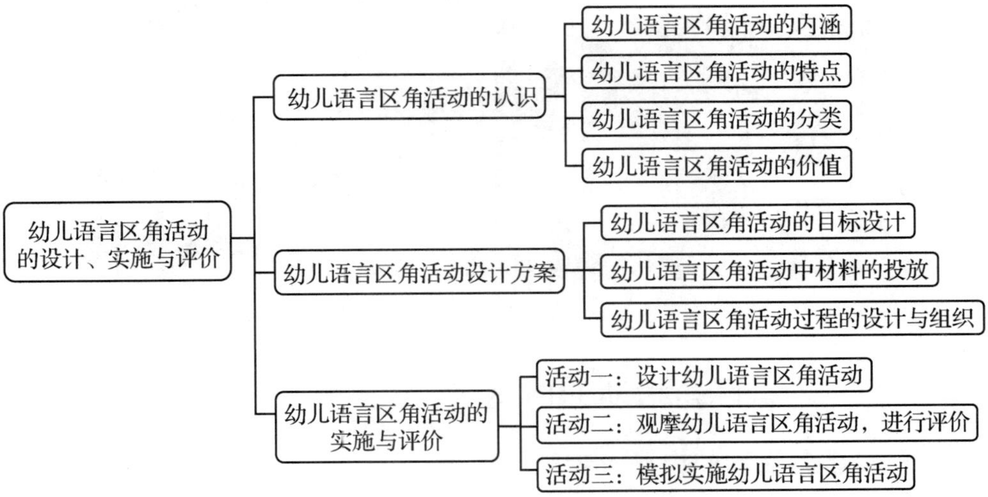

单元导入

幼儿园活动按照功能可分为四种类型，分别为教学活动、区角活动、生活活动和户外体育活动。幼儿语言教育不仅仅表现在教学活动中，区角活动

也是锻炼幼儿语言发展、巩固幼儿语言运用的重要活动方式。语言区角活动相比语言教学活动结构化更低、更自由。《纲要》中指出，创造一个自由、宽松的语言交往环境，支持、鼓励、吸引幼儿与教师、同伴或其他人交谈，体验语言交流的乐趣，学习使用适当的、礼貌的语言交往。为进一步保障幼儿语言发展，教师要对语言区角有深入探究，如语言区角环境、材料应如何创设，区角活动应如何设计，这就是本项目要解决的问题。

任务一　幼儿语言区角活动的认识

《指南》中指出，“幼儿的语言能力是在交流和运用的过程中发展起来的。应为幼儿创设自由、宽松的语言交往环境，鼓励和支持幼儿与成人、同伴交流，让幼儿想说、敢说、喜欢说并能得到积极回应”。幼儿园语言区角活动能够为幼儿提供相对自由、宽松的环境，并且满足幼儿多方互动的需求，让幼儿在活动、游戏中学习。

图 9-1　幼儿语言区角活动掠影

一、幼儿语言区角活动的内涵

(一)区角活动的内涵及特征

区角，指合理地利用和设计幼儿园活动室或者公共环境中的若干空间，并提供各种各样的材料，使每个空间角落都成为幼儿活动和游戏的场地。

区角活动又叫“活动区活动”，是幼儿园课程内容及幼儿园通常使用的教学活动之一。在这个区域，幼儿可以游戏、探索、操作、合作等。区角活动具有以下特征。

1. 结构化较低

在幼儿园活动中，区角活动的结构化相对较低，幼儿在区角活动中能够发挥自主性。幼儿可以根据自己的兴趣选择区角，在区角中自主选择同伴和材料。材料的玩法没有规定标准，幼儿可以在其中充分发挥创造性，按照自己的想法进行活动。

2. 创设有效环境，间接指导幼儿

区角活动中幼儿是活动的主体，教师是环境创造者、观察者和陪伴者。幼儿在区角活动中获得的经验不是来自与教师的互动，而是来自与环境的有效互动。幼儿通过观察环境、操作材料、同伴互动获得直接经验，所以在区角活动中，教师创设有效环境，间接指导幼儿，保障其获得相关经验。

3. 个性化活动

区角活动是幼儿园教育中促进幼儿个性化发展的有效形式，教师尊重幼儿的个别差异，在不同游戏区合理搭配多样化材料，适应幼儿的差异化学习需求。

综上所述，区角活动是指教师根据幼儿的兴趣和发展需要，将空间划分为多样的区域，教师根据功能投放适当的材料，并且不定期更新，制定活动规则，幼儿自由选择区域，在区域内与环境、材料和同伴发生互动，从而获得个性化经验的活动。

(二)语言区角活动的重要性

语言区角活动是幼儿园语言教育活动的有机组成部分，是教育者依据语言教育活动目标、幼儿感兴趣的语言活动类型及材料，有目的、有计划地创设语言环境、投放材料，并且制定活动规则，促进幼儿与环境、材料、同伴的充分互动的区域活动。

语言区角活动是实现语言教育目标的有效途径，是实施语言教育活动的重要环境，也是落实语言教育任务的具体手段，可以培养幼儿对语言学习的积极态度。

二、幼儿语言区角活动的特点

语言区角活动相对于集体教学活动有其独特的作用和优势，其特点如下。

(一)语言学习的游戏化

语言区角活动将语言学习与游戏有机融合在一起。在语言区角活动中选择适合幼儿感知、认读、描述和书写的内容，将幼儿语言学习的目标任务转化为生活中常见、有趣的情景，使得幼儿在轻松愉快的游戏活动中操作、运用语言材料。

想一想

在阅读活动中，怎样将阅读游戏化？

(二)语言学习的潜移默化作用

语言区角活动中教师可以利用隐性课程对幼儿进行语言教育。教师在交往过程中语言生动形象、言辞达意、口齿清晰，对幼儿理解词汇、模仿语音、掌握语法都具有潜移默化的作用。在真实的语言情境中，幼儿对于语言的掌握和运用更有效。

(三)语言学习的互动性

语言是沟通交流的工具。发展幼儿语言的关键不是幼儿能写很多字，或者记忆大量的词汇，而是引导幼儿进行沟通交流。正如《纲要》中描述的：乐意与人交谈，讲话礼貌；注意倾听对方讲话，能理解日常用语；能清楚地说出自己想说的事；喜欢听故事、看图书；能听懂和会说普通话。幼儿的语言学习应该从教学中走出来，走向幼儿的同伴交往，走向生活。语言区角活动中幼儿需要跟同伴、教师商讨、交流、合作和分享，在此互动过程中幼儿能够积累大量的语言经验。

职场实训

幼儿 A：你想给谁打电话？

幼儿 B：我要给我爸爸打电话。

幼儿 A：我也给我爸爸打电话。

幼儿 B：喂，你是爸爸吗？是啊，拜拜！

幼儿 A：喂，你是爸爸吗？是啊，拜拜！

幼儿 B：喂，你是妈妈吗？是啊，拜拜！

幼儿 A：喂，你是妈妈吗？是啊，拜拜！

……

经过很长时间，两名幼儿还在继续玩这个游戏，但是老师已经发现，这样的对话没有起到交流的作用。如果你是幼儿的教师，你会怎么引导幼儿进行互动？

三、幼儿语言区角活动的分类

幼儿园常见的语言区角活动有图书角活动、表演角活动、听说角活动、识字角活动。

(一)图书角活动

图书角又叫阅读区，是幼儿阅读的区域，为幼儿提供安静、温馨的阅读环境和氛围。图书角活动是指教师有目的、有计划地培养幼儿的观察力、理解力及对图书的兴趣，从而锻炼幼儿对语言的理解能力和幼儿的前阅读技能。

(二)表演角活动

在幼儿园活动区中，表演角不同于图书角，是较为吵闹的一个区域，表演角活动是指教师有目的、有计划地投放表演材料，培养幼儿理解故事内容、运用故事对话，发展语言表达能力和表现力的活动。表演角活动通常是以歌唱、乐器为主，但是其中也有故事表演。

(三)听说角活动

听说角活动是指教师有目的、有计划地投放讲述材料，引导幼儿与同伴、成人交流，从而锻炼幼儿运用语言进行交流的活动。在语言区角活动中必不可少的就是听说角，侧重于培养幼儿的倾听能力和语言表达能力。听说角主要锻炼幼儿的对话语言和独白语言等语言表达能力。

(四)识字角活动

识字角活动是指教师有目的、有计划地投放关于汉字的材料，培养幼儿对汉字的兴趣，促进幼儿对汉字的了解，从而为入小学做好语言准备的活动。其中主要是指幼儿的前识字经验和前书写经验。

识字角是主要针对中大班幼儿设置的一个语言区角。一是大班幼儿逻辑思维开始萌芽，对语言符号有较强的敏感性，而且可以初步理解汉字代表的含义；二是大班幼儿要做好入学准备，幼小衔接中语言的衔接是必不可少的。

四、幼儿语言区角活动的价值

(一)有利于增强幼儿学习语言的兴趣和自信心

首先，语言区角活动多以游戏的方式展开，有利于提高幼儿学习语言的兴趣。游戏是幼儿喜闻乐见的活动，有助于发挥幼儿的主观能动性，在游戏规则下，幼儿的潜能可以得到更大程度的开发。这种自主、自愿、自由的活动方式与内容，使幼儿在没有压力的环境中说说看看、写写画画、玩玩做做，让幼儿既有说话的时间，也使幼儿有话可说，有话想说，极大调动了幼儿学习语言的积极性。

其次，在语言区角活动中，幼儿之间相互交流，运用已经获得的语言经验，更容易获得成功的体验，使幼儿感到愉快和满足。这些情感体验能够促使幼儿更积极地参与到新的活动中，从而形成良性循环。

典型案例

某幼儿园大班老师，在活动室内设置了“字宝宝找朋友”的语言活动区。根据象形文字的特点，教师将汉字拟人化，把汉字与图画、汉字与实景结合起来。教师为幼儿提供了大量图片，要求幼儿按照自己的想法和理解将图片与文字对应，并且能将单个图片或文字组合起来形成词组。

案例分析：

该语言区角活动是“识字区”，大班幼儿应该做好幼小衔接的准备。该班教师采用这种生动形象，并且开放的、游戏化的学习方式使幼儿对汉字产生极大的兴趣，并且帮助幼儿对汉字意义有了初步理解，对汉字结构有了初步认识，为入学的语言学习做好充分准备。

(二)有利于幼儿社会性的发展

首先，在语言区角活动中，幼儿会与同伴接触，这为幼儿之间的交流提供了更多机会。在此过程中，幼儿自由交往、自我表达与表现，都会增进同伴之间的相互理解，学习交往、合作、沟通等社会生活交往技能。

其次，语言区角活动都有一定的规则，幼儿在活动时，要理解规则、遵守规则，甚至制定规则。关于规则的社会经验是幼儿社会化的重要过程之一，为幼儿的终身发展奠定了基础。

(三)有效连接专门语言教育活动

幼儿期是语言发展的重要时期，语言区角活动不仅为幼儿创造了语言表达、交往、运用和学习语言的机会，而且与专门语言教学活动紧密融合、相互渗透。

专门语言教学活动是集体活动，是围绕一定目的，在教师的统一组织下开展的。它的特点是目的性强、效率高、计划性强，主要关注幼儿语言新经验的学习，但缺乏教师对幼儿的个别差异关注。语言区角活动是小组活动，幼儿自主性更强、个别指导更多。

语言区角活动是专门语言教学的延伸，使幼儿在区角中积累、练习、运用语言经验。教师对幼儿进行观察，记录幼儿的语言发展特点和兴趣，然后教师根据幼儿的兴趣点组织实施下次专门语言教学活动，这样既能够满足幼儿的需求，又符合幼儿语言发展水平。

任务二　幼儿语言区角活动设计方案

语言区角活动是为了帮助幼儿提高语言能力而开展的活动，教师应根据幼儿的不同学习层次提供不同形式的操作材料。语言区角就是幼儿“无声的老师”，环境告诉幼儿规则，材料告诉幼儿玩法，沟通交流碰撞火花。教师的任务就是提前预设环境，提供材料。在幼儿游戏活动过程中，教师观察幼儿活动，并且进行个别化指导，针对幼儿活动中表现出来的优点和缺点，教师再进一步策划下一步的幼儿学习方案。

幼儿语言区角活动设计是指教师根据幼儿某一方面的语言发展需要，计划实施语言区角活动的目标、投放材料、活动过程和重点指导等环节的预设内容。

一、幼儿语言区角活动的目标设计

幼儿语言区角活动包含多个种类，在进行目标设计时，教师要结合区角活动的类型和幼儿的语言发展需求，制定相应目标。由于区角活动以游戏互动为主，因此对幼儿技能和情感方面的锻炼较多，知识性学习较少。

(一)关于阅读的目标设计

1. 喜欢阅读

这是情感态度的目标。图书角活动的自主性、游戏化就是实现此目标的重要依据。教师可以通过多种方式，引导幼儿主动进入图书角阅读图书，并且能够与别人分享阅读。

2. 对文字符号感兴趣，能够理解图片与文字的对应关系

这是情感和技能相结合的目标。在阅读的过程中，幼儿能将口头语言、图片符号和文字符号联系起来，对汉字产生兴趣，并且有一定的理解。这是幼儿前识字技能的内容之一，为幼儿入学打下良好基础。

3. 拓展词汇，丰富语言素材

这是认知目标。在阅读的过程中，幼儿可以学习新的词汇、句子表达方式和讲话的逻辑，为以后幼儿的语言表达奠定基础，让幼儿的语言表达更加准确，具有逻辑性。

(二)关于听说的目标设计

1. 能够听懂别人说话

该目标是关于“听”的技能维度目标。幼儿在听说区有很多与同伴交流的机会，能够听懂别人说话是交流的基本要求，并且倾听可以体现出与人沟通交流很有礼貌。

2. 能够与别人对话

该目标属于“说”的技能维度目标。表达是语言学习的重要途径，听说区要求幼儿与别人沟通交流，甚至独自讲述。

3. 能够运用丰富的词汇、完整的语言与人交流

该目标为技能目标，在上一个目标的基础上，对幼儿语言表达的质量有所要求，随着幼儿年龄的增长，幼儿的语言表达能力会越来越强。在小班，幼儿能够听懂别人说话，并愿意表达就已经实现目标；在中班，幼儿能够理解别人说话，并能有效回应，甚至针对某一问题进行讨论，完整地表达自己的观点；在大班，幼儿要根据同伴的需求讲话，确保别人能听懂，并且能够完整、连贯、有逻辑地表达自己的想法。

4. 能够大胆表达自己，愿意与人交流

该目标为情感目标，要求幼儿有表达自己想法的意愿，愿意与别人说话。其中不仅仅要求幼儿具备一定的语言能力，还包括社会交往能力、观察力、思维力和勇气。

(三)关于认识汉字的目标设计

1. 对汉字感兴趣，乐于观察汉字

该目标为情感目标，也是识字角主要实现的目标。兴趣是学习的老师，

幼儿园阶段不要求幼儿能够认识多少字，会写多少字，但是要培养幼儿对汉字的兴趣，为以后升入小学做好语言准备。

2. 能够发现相同文字，找到汉字的细微差别

该目标为技能目标。汉字是象形文字，甲骨文时期，汉字就如画一般。在幼儿园中，要培养幼儿观察汉字的习惯，并让幼儿在观察的过程中了解汉字的结构，能够找到相同的文字，以及类似文字之间的细微差异。

3. 能够在活动中认识汉字

该目标为技能目标，也可以理解为认知目标。在活动过程中，幼儿通过汉字和图片的联系、汉字和实物的联系、汉字和口语语言的联系，能够认识生活中一些常见的汉字。并且通过识字角的游戏，能够运用汉字表达自己的想法。

职场实训

请根据所学内容，制定图书角活动"汽车总动员"的活动目标。

二、幼儿语言区角活动中材料的投放

(一)教师应从幼儿熟悉的材料开始投放

教师应该先向区角投放一些幼儿熟悉的材料，从而有效地吸引幼儿的注意力。心理学研究表明，幼儿容易被自己熟悉的事物所吸引。在幼儿园中，教师可以充分利用家庭资源，例如，从分享的角度，引导幼儿将自己喜欢看的图书带到幼儿园来分享，调动幼儿进入图书角的主动性。由于语言区角活动与语言专门教学活动联系紧密，教师可以将专门教学活动中提及的图书放入图书角，增加幼儿对图书角的熟悉程度。

(二)教师应投放多层次材料

区角材料应该根据幼儿的年龄特点、经验和能力的差异，进行分层次投放。一是考虑小、中、大班幼儿年龄特点的不同，投放不同难度层次的材料。二是在同一个班级，通过材料投放的不同层次性，满足不同发展水平的幼儿需求。比如，为了照顾不同幼儿的水平，在图书角教师既要投放一些页数较多的故事绘本，也要投放一些页数较少的故事绘本，不同能力的幼儿可以根据自己的需要进行选择，能力弱的幼儿可以先看短的故事，能力强的幼儿可以看长的故事，并鼓励幼儿讲述故事，与同伴分享。可见图书角活动提供的阅读材料应该满足不同幼儿的个性化学习需求。

(三)教师应定时更新替换活动区材料

材料要根据教育目标和幼儿的发展需求、活动的内容，定期和不定期地进行更换和增减，以保持幼儿对活动区的兴趣和积极性。如当幼儿的讲述能力提高了，可以将原来对幼儿要求的少图讲述，变为更难的多图讲述，或者

对生活经验的讲述。

语言区角活动也是幼儿专门语言教育的延伸，区角活动的材料可以根据教学活动的主题和内容进行更新。

(四)教师应投放多元化材料

区角活动的材料是较为丰富的，但是教师要注意材料种类的多样性，避免同质化材料过多。材料的多样化是促进幼儿语言发展的基础，也是幼儿语言表达的依据。幼儿的主要思维特点为具体形象性，具体形象阶段思维意味着幼儿很难凭空想象，幼儿需要依据具体实物，在实物认识的基础上进行表达。材料的多元性可以体现在以下三个方面。

一是材料要涵盖幼儿生活的多方面需要，首先，语言中的“听”。在语言学习过程中，幼儿不仅需要听别人的声音，也需要听自己的声音，教师可以录制幼儿的声音，然后播放给幼儿听，更能吸引幼儿的兴趣；其次，语言中的“说”。生活中几乎任何场合都需要语言表达，教师可以创设多种多样的场景，为幼儿提供表达机会。例如，创设“电话亭”，让幼儿用打电话的方式，自由选择跟谁说话、说什么。生活中除了对话的表达，还有独白的表达，爸爸妈妈每天都会看天气预报，小朋友们可不可以自己做“小小天气预报员”，为爸爸妈妈预报天气呢？或者为其他小朋友、老师预报天气。

典型案例

以幼儿园识字角材料投放为例，分析教师应该如何投放相应的材料。

扫描二维码，了解教师如何在识字角投放材料。

识字角材料投放

二是材料要适合不同爱好的幼儿需求。例如，有的表演角内女孩儿较多，而大部分男孩儿却很少进去。究其外部原因，有可能是教师投放的道具、服饰、故事的选择、音乐的选择都有所偏差。如表演角内经常看到公主的服装、蝴蝶仙子道具、漂亮的头饰等，但是很少看到有关超人、警察等服装道具。

三是材料的投放要兼顾文化的多样性，既要包含中国传统文化，也要有西方文化，以帮助幼儿了解世界文化的多元性，现象存在的合理性。例如，在表演角，不仅包括有关中国传说故事中的人物道具、音乐，还要包括国外神话、童话等表演道具、音乐。

(五)教师应投放有趣的材料

语言是抽象的符号，教师要避免幼儿枯燥学习、重复练习。在语言区角活动中，应该投放有趣的活动材料，吸引幼儿的游戏兴趣，增强幼儿学习语言的积极性。例如，在识字角中最重要的材料就是汉字，教师要注意提供多种识字材料，避免识字活动的单调、枯燥。教师可以提供图片和与图片相对应的字卡，让幼儿玩找朋友游戏，进行图、字配对。字卡不仅可以在幼儿园的语言区使用，还可以在门、窗、花、草、树木等物体上使用，让幼儿经常接触、自然掌握。综上所述，教师要将汉字的学习融入游戏中，并制定规则，帮助幼儿完成识字任务。

职场实训

某幼儿园中班开展“西游记”的主题活动，教师为了让幼儿体验师徒四人一路上的惊险历程，在表演角设置了“西游舞台”的活动内容。

请你根据内容主题，设想投放的材料应该有哪些。

三、幼儿语言区角活动过程的设计与组织

(一)幼儿语言区角活动的规则设计

为了让幼儿能够在语言区角活动中自主开展活动，在活动开展之前，教师应该帮助幼儿了解活动规则。语言区角活动规则的制定和介绍分为两种。

一是教师制定规则并介绍规则。教师从保证语言区角活动顺利开展的角度制定规则，首先是准入规则，教师要求幼儿进入区角后，要将自己的“行动旗”放进进区图标中，代表自己在此区角内活动，一旦离开，便要带着自己的“行动旗”去下一个区角活动。如果某区角的进区图标已经被贴满，幼儿则应该等待，或者是去别的区角活动，等到有空位置再过来活动。

其次是行动规则，教师对进入区角的幼儿进行行动限制，如禁止打闹、争抢玩教具、骂人等行为。该规定是为了保证幼儿在语言区角内顺利进行相应活动。

最后是管理规则，教师要求幼儿爱护区角的材料，在取用过程中轻拿轻放，活动过后不将材料带出语言区角，将材料放在原来的位置上。

典型案例

某幼儿园中班图书角规则如下：

1. 进入图书角的幼儿将自己的“行动旗”插在进区图标中。
2. 图书角内幼儿要保持安静，禁止大声喧哗。
3. 图书角内幼儿要爱护书籍，轻拿轻放。
4. 图书角内禁止打闹。
5. 图书角内幼儿之间要友好交往，合作分享。

请你分析以上规则的必要性，并且尝试向幼儿解释。

二是教师和幼儿共同制定规则并做介绍。教师可以从幼儿活动的角度提出问题，让幼儿想办法解决，从而形成语言区角活动规则。该方式的优点在于幼儿参与规则制定，有助于幼儿主人翁意识的萌发和责任感的形成。

职场实训

根据以上规则要求，假如你是教师，请你为幼儿的图书角制定规则，并用书面语言表达出来。

温馨提示

规则的设置最终要转化为书面语言，教师可以通过简单文字、图示和符号表达出来，确保幼儿能够看懂。

(二)幼儿语言区角活动内容的设计

幼儿语言区角活动内容主要从材料的投放和教师的预设内容两个方面体现。材料的投放要与教师设计的活动内容联系紧密，教师在材料投放正确的基础上，合理设计活动内容。

幼儿语言区角活动在幼儿自由自主的基础上，结合当下主题活动制定短期活动任务。制定短期具体任务的价值有二，其一是给幼儿布置更具体的任务，帮助没有目标或无所事事的幼儿进入语言区角活动；其二有助于主题活动的完成，进一步实现专门语言教学活动的目标。在阅读角活动中，教师可以根据主题投放相关的阅读材料。如本月主题为“动物世界”，教师可以增加投放跟动物有关的故事书、科普书等，给幼儿布置任务，使其找到自己不认识的动物，并跟大家分享，这时可以要求幼儿用自己的方式在纸上做记录，锻炼幼儿的前书写技能。

拓展链接

在幼儿园里，语言区角活动与主题活动联系非常紧密，主题活动可以将零散的区角活动整合起来，区角活动可以最大化实现主题教育的目标。

扫描二维码，了解主题活动与语言区角活动的关系。

主题活动与语言区角活动的关系

教师根据幼儿的语言发展需求，设计活动内容。如之前所讲，幼儿语言区角可以分为图书角、表演角、听说角和识字角，教师根据每一个区角的不同功能，设计能够锻炼幼儿早期阅读、听、说和识字的能力。

想一想

某幼儿园大班正在开发听说角活动，请你根据以上内容发挥创造力，想想听说角可以做哪些活动内容？投放哪些材料？

(三)幼儿语言区角互动的指导

区角活动的结构化较低，教师对于幼儿的指导有限，主要是幼儿的自主活动。教师给幼儿提供宽松的活动空间、充分的思考和准备时间，使幼儿能够发挥自己的想象力，展现自我。

1. 教师是观察者，不随意打扰幼儿活动

在幼儿语言区角活动中教师是观察者，观察幼儿的活动过程，观察幼儿的语言发展水平、活动水平和社会交往水平。观察是教师了解幼儿的基本途径，在活动中教师能够了解幼儿的真实发展水平，为以后教师设计专门教育活动，促进幼儿发展提供依据。

在幼儿语言区角活动中，教师要给幼儿充分的时间和空间，让幼儿在宽松的氛围中自主思考、自主活动。在幼儿活动过程中，教师不要主动打断幼儿，以防干扰幼儿。如在幼儿阅读时，不要在幼儿面前频繁走动，或是随意与幼儿讲话。幼儿有自己的思维，教师要有足够的耐心等待、观察幼儿的成长。

2. 教师是示范者，为幼儿提供模仿的榜样

当幼儿在活动区内需要帮助，或遇到困难时，教师要蹲下来认真倾听，与幼儿的目光接触，并轻声给予幼儿引导或解答，因为此时教师的语态、声调、表情也是一种示范，将直接或间接地影响幼儿。

在语言区角活动中，教师可以参与到幼儿的活动中，以参与者的身份帮助幼儿解决问题，启发幼儿的思路。例如，在阅读角，教师指导幼儿认识封面、页码等，引导幼儿随着页码逐页翻阅，根据图序进行阅读。小班幼儿在阅读时，教师不妨走过去看看他们是否把图书拿颠倒了，是否逐页地看，是否将书翻得皱皱的。如果出现这些现象，教师可坐在幼儿身边与幼儿一起看书，边看边做示范(对倒着拿书的幼儿)，教师可以悄悄地提醒他，如“你书中的太阳怎么在小朋友的脚下呢?”以此提醒他把书拿正。

3. 教师是指导者，设计不同的指导层次

在语言区角活动中，幼儿是分组进行活动的，教师的指导也多为小组指导和个别指导。所以教师在指导活动时要设计不同的指导层次，对于语言发展较好的幼儿，教师要促进幼儿语言的进一步提高；对于语言发展有所欠缺的幼儿，教师要帮助幼儿发展到正常水平。

听说游戏活动教案《电视播音员》

4. 教师及时给幼儿反馈

在幼儿语言区角活动中，教师要及时对幼儿作出反馈，尤其是积极反馈。如果幼儿得到赞赏，那会增强幼儿活动的自信心。在这种积极情感中，幼儿对活动更加有兴趣，更加专注。

典型案例

图书角活动“我的动物大全”

适用年龄：5～6岁

活动目标：

表演角游戏活动教案《树婆婆和鸟娃娃》

1. 能够独立、完整地翻阅关于动物的图书。

2. 能够用自己的方式在纸上做记录，制作自己的图书。

3. 乐意通过翻阅图书寻找事物。

活动材料：

关于动物的图书、彩纸若干、彩笔若干。

玩法：

幼儿可以自主选择图书主题，根据自己选择的主题，翻阅教师投放的图书，找到与自己主题相关的事物，绘制自己的图书内容，并且模仿图书，完整制作自己的图书。

识字游戏活动教案《吃掉相同字》

指导重点：

1. 幼儿关于动物主题的确定。

2. 幼儿翻阅图书的技能。

3. 幼儿了解图书构造。

4. 幼儿正确使用纸笔，绘制图书。

扫描二维码，查看其他幼儿园语言区角活动方案。

幼儿园图书角活动实录《我的动物大全》

任务三　幼儿语言区角活动的实施与评价

语言是表达与交流的工具。对于成长中的幼儿来说，语言发展十分重要，语言区角的设置为幼儿创设了一个丰富多元的语言环境，融听、说、读、写于一体，这不仅有助于提高幼儿语言表达能力，而且有利于拓展幼儿生活经验和想象空间，为幼儿进一步的语言学习打下基础。

语言区是将幼儿的语言学习与游戏有机结合的区域。语言区应选择适于幼儿感知、认读、描述、书写的内容，将幼儿语言培养目标转化为一个个生动有趣的操作活动，让幼儿在轻松愉快的游戏活动中自然习得语言。

该任务主要从三个方面实现学生对于幼儿区角活动的设计、实施和评价。首先，根据所学内容，学生设计幼儿语言区角活动方案，形成文字资料。并且注意阅读角、听说角、表演角和识字角等活动的设计。其次，通过观摩、评析幼儿园各种语言区角活动，进一步了解语言区角活动设计与实施的基本要求。通过有重点地开展单项技能的训练，掌握组织语言区角活动的各项基本技能。最后，通过模拟组织实施幼儿语言区角活动设计方案，尝试模拟指导幼儿活动，并练习说课或试教，最终掌握语言区角活动设计和指导的综合能力。

活动一：设计幼儿语言区角活动

(一)活动方式

分小组进行，建议 6 人为一小组，组内学生以合作方式完成活动。

(二)活动要求

1. 活动设计要完整

根据任务二所阐述内容，要求学生在活动设计中保证活动目标、材料投放、活动内容和指导要点四个部分的完整性。

2. 活动环节设计准确

在保证活动设计的完整性基础上，学生要注重每一个环节设计的科学性。学生根据活动内容设计活动目标，材料投放要精准有效，且材料符合不同水平幼儿、不同年龄幼儿和不同性别幼儿活动的需求。材料投放还应注意投放的趣味性。活动内容要结合幼儿需求，与其他语言活动相联系。

3. 活动方式活泼新颖

在活动环节设计准确的基础上，活动方式要活泼有趣，吸引幼儿的注意力。

(三)活动题目

题目一：图书角“汽车总动员”活动设计

题目二：表演角“拔萝卜”舞台表演活动设计

题目三：听说角“我是环保小卫士”活动设计

题目四：识字角“汉字的相同和不同”活动设计

(四)活动实施

(1)课下以小组为单位，通过学生讨论，形成文字版活动设计。组内学生是合作分工的关系，学生集思广益策划活动，并将小组讨论出来的活动方案记录下来。

(2)以小组为单位向教师提交活动设计。

(3)教师评价。教师可以以书面的形式反馈，也可以以小组答辩或线上的方式进行反馈。

活动二：观摩幼儿语言区角活动，进行评价

本活动是比活动设计更深层次的实践，通过观看幼儿语言区角活动的课堂实录，让幼儿学习如何将活动设计转化为区角活动。

(一)活动方式

小组讨论。

(二)活动要求

观摩：

(1)详细记录活动过程。

(2)记录该活动过程中你的感受和观点。

观摩中注意以下问题：

(1)请你分析该活动区的环境创设。

(2)仔细观察活动区中材料的投放是否合理、有效。

(3)根据活动猜想此活动的目标，并判断目标是否合理。

(4)观察活动中教师何时参与活动，并给予幼儿什么指导。

(5)观察活动区内幼儿的表现，分析幼儿在活动区内锻炼了哪些语言技能。

(6)结合活动区活动目标设置和幼儿活动情况，对此活动提出合适的建议。

(三)活动素材

幼儿园大班表演角活动方案、幼儿园大班表演角活动实录。

典型案例

扫描二维码，查看具体活动素材内容。

语言区角活动教案《西游记》

语言区角活动实录《西游记》

(四)活动实施

(1)教师在教室内播放课堂实录视频，说明活动要求。

(2)小组按照活动要求讨论视频。

(3)教师巡回指导，并且观察普遍问题，统一讲解。

活动三：模拟实施幼儿语言区角活动

(一)活动方式

小组模拟教学。

(二)活动要求

(1)小组内学生自由分配角色，两名学生扮演教师，其余学生扮演幼儿，在课下收集能用到的材料，做规则板制作，模拟区角活动情境。

(2)课堂中，学生以小组为单位，介绍区角环境创设、材料投放依据，以及现场模拟实施教学活动。

(3)每组模拟实施后，教师根据实施效果进行评价，并且引导其他学生进行相互评价。

(三)活动素材

活动一中学生设计的方案。

(四)活动实施

(1)小组表现，其他学生和教师进行评价。

(2)录像为学生今后的工作积累素材。

学习评价与反思

本项目学习完了，你认为自己学得怎么样？是否理解幼儿区角活动的含义、特征、分类及意义？能否独立完成幼儿区角活动的设计？能否很好完成幼儿区角活动的实施与评价？请把你的感悟写在下面吧！

记录与反思：

思考与练习

思考与练习答案

一、基础理论

(一)单项选择题

1. 按照幼儿园活动功能分类，下列不属于幼儿园活动类型的是(　　)。

A. 教学活动　　B. 区角活动

C. 生活活动　　D. 集体活动

2. 下列不属于区角活动的特征的是(　　)。

A. 结构化低　　B. 环境有效

C. 教师为主导　　D. 个性化活动

3. 下列不属于语言区角的是(　　)。

A. 美工区　　B. 图书角　　C. 电话亭　　D. 识字角

4. 以下不属于语言区角活动特征的是(　　)。

A. 学习游戏化　　B. 是集体学习

C. 学习效率高　　D. 以单独学习为主

5. 在语言区角活动中幼儿在互动中学习，更能调动幼儿的学习积极性，获得成就感。说明语言区角活动的价值为(　　)。

A. 有利于增强幼儿学习语言的兴趣和自信心

B. 有利于幼儿社会性的发展

C. 有效连接专门语言教育活动

D. 有助于幼儿想象力和思维能力的发展

(二)判断题

1. 语言区角活动相对于语言教学活动的计划性更强。(　　)

2. 语言区角活动中教师的角色是观察者、陪伴者。(　　)

3. 在语言区角活动中，教师讲授汉字，并且要求幼儿跟读。(　　)

(三)名词解释

1. 区角活动

2. 结构化

(四)简答题

简述区角活动的特征。

单元综合检测题一

单元综合检测题一参考答案

一、单项选择题

1. 区角活动属于自由的游戏活动。幼儿在区角活动中能够发挥自主性，材料的玩法没有规定的标准、结果和评价标准。这反映出区角活动的特征是（　　）。

A. 结构化低　　B. 创设环境　　C. 间接指导　　D. 个性化强

2. 以下说法不属于有效环境的是（　　）。

A. 幼儿能观察的　　B. 幼儿能交流的

C. 动漫卡通人物　　D. 幼儿能操作的

3. 在语言区角活动中，下列属于教师给幼儿的榜样示范的是（　　）。

A. 语言完整　　B. 口齿清晰　　C. 生动形象　　D. 语言儿童化

4. 语言区角活动使幼儿在没有压力的环境中说说看看、写写画画、玩玩做做，让幼儿既有时间说话，也使幼儿有话可说，有话想说。体现了语言区角活动的价值是（　　）。

A. 增强自信心　　B. 促进社会交往

C. 促进遵守规则　　D. 促进新知的学习

5. 在语言区角活动中，幼儿会与同伴发生接触，为幼儿之间的交流提供了更多自由的机会，这体现了语言区角活动的价值是（　　）。

A. 增强自信心　　B. 促进社会交往

C. 促进遵守规则　　D. 促进新知的学习

6. 下列不属于图书角活动对于环境的要求是（　　）。

A. 材料的民族化　　B. 空间宽阔

C. 安全舒适　　D. 光线温暖昏暗

7. 在图书角活动中，幼儿从图书中学习词汇、句式，这反映了图书角活动的目标是（　　）。

A. 喜欢看图书　　B. 对文字符号感兴趣

C. 丰富语言素材　　D. 喜欢阅读

8. 在专门语言教学活动中，教师带领幼儿阅读绘本故事，幼儿从中获取阅读技巧，用于图书角阅读活动。该做法使用的教学法是（　　）。

A. 现场指导法　　B. 示范法　　C. 讲解法　　D. 讨论法

9. 表演角活动要求幼儿在语言上表现，还要幼儿在情绪情感、肢体动作等方面对作品人物进行表现。这体现的目标是（　　）。

A. 理解文学作品　　B. 善于倾听

C. 能够完成表演　　D. 愿意上台表现自己

10. 在听说角采用幼儿熟悉的环境，创设幼儿熟悉的生活场景，可以调动幼儿听、说的积极性。这体现听说区的环境要求是（　　）。

A. 环境安全　　B. 贴近生活　　C. 材料多样化　　D. 设施摆放有序

二、判断题

1. 语言是沟通交流的工具，发展幼儿语言的关键不是幼儿能写很多字，或者记忆大量的词汇，而是引导幼儿沟通交流。（　　）

2. 在语言区角活动中，幼儿相互交流，运用已经获得的语言经验，更容易获得成功的体验，感到愉快和满足。（　　）

3. 区角活动中幼儿是主体，教师是环境创造者、讲授者和陪伴者。（　　）

4. 区角活动是幼儿个性化发展的重要途径，教师尊重幼儿的个别差异，不同的区角满足幼儿的差异化学习需求，低结构化为幼儿提供充分创造空间。（　　）

5. 幼儿的语言学习是系统的、专门的，日常生活中不需要语言学习。（　　）

三、名词解释

1. 图书角活动

2. 表演角活动

四、简答题

1. 简述幼儿语言区角活动的特点。

2. 简述图书角活动的环境创设要求。

3. 简述听说角活动的目标。

五、论述题

1. 试述教师如何在图书角投放阅读素材。

2. 试述教师如何有目的地投放识字材料。

单元综合检测题二参考答案

单元综合检测题二

一、单项选择题

1. 在语言区角活动中，教师将枯燥的读书、书写等内容转化为“找找”“画画”等活动，体现出幼儿语言区角活动的特点是(　　)。

A. 语言学习的系统化　　B. 语言学习的潜移默化

C. 语言学习的游戏化　　D. 语言学习的个性化

2. 在语言区角活动中，幼儿在轻松愉快的氛围中，相互商讨、交流、合作和分享。这体现了幼儿语言区角活动的特征是(　　)。

A. 语言学习的互动性　　B. 语言学习的潜移默化

C. 语言学习的游戏化　　D. 语言学习的个性化

3. 语言区角活动都有一定的规则，幼儿在其中活动要理解规则、遵守规则，甚至制定规则，从而解决问题。这体现了幼儿语言区角活动的价值是(　　)。

A. 增强自信心　　B. 促进社会交往

C. 增强学习积极性　　D. 促进新知的学习

4. 教师在布置图书角时，摆放了有关中国传统文化的图书，也摆放了引进的国外的图书。这体现了图书角的特征是(　　)。

A. 环境活泼　　B. 材料多元　　C. 摆放有序　　D. 环境整洁

5. 以下不属于教师介绍识字角活动的规则的是(　　)。

A. 准入规则　　B. 行动规则　　C. 管理规则　　D. 交往规则

6. 图书角又叫阅读区，下列不属于图书角特征的是(　　)。

A. 温馨的　　B. 安静的　　C. 整洁的　　D. 严肃的

7. 下列不属于图书角设备设施的是(　　)。

A. 桌椅　　B. 宣传单　　C. 小音箱　　D. 包装盒

8. 语言活动区为幼儿介绍活动规则时，不包括(　　)。

A. 安全规则　　B. 行动规则　　C. 语言规则　　D. 管理规则

9. 在表演角活动中，教师对幼儿的指导可以是(　　)。

A. 角色分工　　B. 阅读故事

C. 复述故事　　D. 手工制作道具

10. 下列幼儿的语言能力不是在听说角得到锻炼的是(　　)。

A. 听懂别人说话　　B. 能够与别人交谈

C. 讲述故事　　D. 认识汉字

二、判断题

1. 图书角活动是指教师有目的、有计划地培养幼儿的观察力、理解力及对图书的兴趣，从而锻炼幼儿对语言的理解能力和幼儿的前阅读技能。(　　)

2. 为保证图书的质量，体现传统文化，只选择中国作家所著优秀图书。(　　)

3. 图书角活动主要培养幼儿对阅读的兴趣，在阅读中培养幼儿的读图能力、幼儿对文字的兴趣、图片与文字对应的关系和阅读技能等。(　　)

4. 表演角是幼儿玩耍游戏的地方，只要给幼儿足够大的地方，让幼儿能唱能跳就可以。(　　)

5. 听说角就是创设一个能使幼儿想说、敢说、喜欢说、有机会说并能得到积极应答的环境。(　　)

三、名词解释

1. 听说角活动

2. 识字角活动

四、简答题

1. 简述幼儿语言区角活动的价值。

2. 简述图书角活动的目标。

3. 简述表演角活动的目标。

五、论述题

1. 试述如何制定图书角的活动规则。

2. 试述教师如何指导舞台表演活动。

参考文献

1. 陈瑶．学前儿童语言教育．2 版．北京：北京师范大学出版社，2020.

2. 王佩佳，徐杰．学前儿童语言教育．镇江：江苏大学出版社，2013.

3. 张明红．学前儿童语言教育与活动指导．3 版．上海：华东师范大学出版社，2014.

4. 周兢．幼儿园语言教育活动设计与指导．北京：人民教育出版社，2010.

5. 赵寄石，楼必生．学前儿童语言教育．2 版．北京：人民教育出版社，2003.

6. 姜晓燕，郭咏梅．学前儿童语言教育．北京：高等教育出版社，2011.

7.［日］松居直．打开绘本之眼．海口：南海出版公司，2013.

8. 李季湄，冯晓霞．《3－6 岁儿童学习与发展指南》解读．北京：人民教育出版社，2013.

9. 张莉娜，学前儿童语言教育．北京：清华大学出版社，2019.

10. 张家蓉，卢伟．学前儿童语言教育活动指导．2 版．上海：复旦大学出版社，2009.

11. 李玉峰，李志行，侯红霞．幼儿园语言教育与活动指导．北京：北京师范大学出版社，2017.

12. 张芳．宝宝启蒙小故事绘本．长春：东北师范大学出版社，2019.

13. 舒阳花，李振江．幼儿语言活动指导．北京：北京师范大学出版社，2013.

14. 梁周全，尚玉芳．幼儿游戏与指导．北京：北京师范大学出版社，2011.

15. 闫传学，于忠惠．幼儿语言教学指导用书　上．北京：北京师范大学出版社，2010.